LGBTQ로 살아가기

성정체성을 고민하는 10대들을 위한 안내서

LGBTQ로 살아가기

성정체성을 고민하는 10대들을 위한 안내서

켈리 휘걸 매드론 지음

김혜림 옮김 | 선호찬 감수

징검돌

모든 일의 파트너이자 어떤 말로도 다 담을 수 없는

사랑을 가르쳐준 말라Mala에게,

지금 모습 그대로를 사랑하는 세상에서

마음껏 성장하길 바라는 딸들에게,

세상 모든 곳의 퀴어 청소년과 젊은이들에게

이 책을 바칩니다.

끝까지 자신의 모습을 지키길,

세상이 넓어지도록 한계를 밀어내길 바랍니다.

여러분 모두를 사랑하고 존중하며 지지합니다.

혼란을 넘어 여정으로

　지금의 사회를 마주해봅니다. 성소수자 당사자와 지지자들의 얼굴로 만들어진 아이다호[1] 광고를 게시하자 누군가 칼로 난도질했습니다. 교육부의 교육과정 개정 시기에 일부 세력은 '동성애'를 거세게 반대했고, 이후 교육과정에서 '성평등'과 '성소수자'는 사라졌습니다. 학교에서는 98퍼센트의 청소년 성소수자들이 교사나 또래로부터 차별을 받았다[2]고 합니다. 이들 청소년 성소수자는 생존을 위해 스스로 숨을 수밖에 없습니다.

　이 이야기는 이 책이 처음 출판되었던 2003년의 이야기가 아닌 2022년 현재 대한민국의 이야기입니다. 여전히 차별과 혐오로 뒤덮인

---

[1] 매년 5월 17일은 국제성소수자혐오반대의날IDAHOBIT(아이다호)이다. 1990년 5월 17일 세계보건기구 WHO가 국제질병분류에서 동성애를 정신장애 부문에서 삭제한 날이며, 전 세계적으로 LGBT 혐오를 반대하는 날로 기념한다.

[2] 국가인권위원회, '성적 지향, 성별 정체성에 따른 차별 실태조사', 2014년.

사회에서 청소년 성소수자들은 낙인으로 뒤덮이거나 아예 없는 존재로 살아가고 있습니다.

살면서 마주하는 다양한 갈림길에서 우리는 혼자 힘으로 어려움을 해결하기도 하지만 사람들과 함께 고민을 나누거나 여러 가지 도움을 받기도 합니다. 주변의 친한 친구나 지인일 수도 있고, 교사나 부모님일 수도 있습니다. 책을 찾아보거나 인터넷을 통해 정보를 알아볼 수도 있습니다. 그렇지만 성소수자에 대한 고민을 마주했을 땐 도움받을 수 있는 곳이 거의 없어 대부분 청소년 성소수자들은 혼자서 고민할 때가 많습니다. 학교에 다니면서 수학 문제는 어떻게 풀고, 우주는 어떤 구조로 되어 있는지, 역사는 어떻게 변해왔는지에 대해서는 10여 년 동안 배우지만 그 어디에도 성소수자로 살아가는 것에 대해서는 알려주지 않습니다.

이 책은 그런 의미에서 글쓴이의 말처럼 '안내서' 같은 책입니다. 혐오와 차별의 시선이 아닌 자긍심과 존중을 바탕으로, 성소수자가 온전히 '나'로 살 수 있도록 돕는 정보가 담겨 있습니다. 무지갯빛 길모퉁이에 서 있는 사람이라면 책을 통해 자신과 비슷한 고민을 하는 사람들을 만나고, 사회에서 지우려 하는 '없는 존재'에서 '있는 존재'로서의 자신을 찾아갈 것입니다.

청소년 성소수자 지원센터 띵동은 수많은 청소년 성소수자를 만납니다. 같은 또래 청소년 성소수자를 만나고 싶어서, 성소수자로서 어떻게 살면 좋을지 몰라서, 정체성과 관련된 고민을 나눌 곳이 없어서, 다양한 이들이 찾아오고 있습니다. 어떤 고민은 단번에 해결되기도 하지만 몇 년이 걸려도 실마리를 찾지 못해 전전긍긍하기도 합니다.

그중에서도 모두가 비슷하게 갈증을 느끼는 것은 '고립감'입니다. 띵동까지 찾아온다면 이 갈증을 조금은 해결할 수 있겠지만, 띵동과 같은 단체조차도 모르는 청소년 성소수자들은 자신과 같은 이들이 없을까 봐, 자기와 비슷한 고민을 하는 사람은 존재하지 않을까 봐 걱정하며 고립감이라는 늪에 빠져 끊임없이 괴로워합니다.

그럼에도 우리는 존재합니다. 학교에서 수업을 듣거나 쉬는 시간에 수다를 떨기도 하며 진로를 고민합니다. 학교 외에도 가족 안에서, 지역에서, 우리 곁에서 청소년 성소수자들이 있습니다. 우리는 성소수자가 혐오와 차별 없는 사회에서 살아가는 미래를 함께 꿈꾸기도 합니다.

최근 띵동에서는 성소수자 친화적인 가상의 학교 '무지개학교'를 메타버스로 만들었습니다. 청소년 성소수자들과 함께 내가 다니고 싶은 학교를 상상해서 그려낸 공간입니다. 우리가 상상한 무지개학교에서는 누구나 자신의 정체성에 대해 편하게 말하고 성소수자에 대해 즐겁게 배울 수 있습니다. 모두가 편하게 이용할 수 있는 성별 구분 없는 1인 화장실이 있으며, 성소수자를 지지하는 선생님에게 상담을 받을 수 있습니다. 가상의 무지개학교를 방문한 청소년 성소수자들은 학교에서 자신을 숨기며 사는 게 힘들다고 호소하기도 하고, 현실에 이런 학교가 꼭 있었으면 좋겠다고 이야기합니다. 우리는 움츠려 사는 '없는 존재'에 머무르지 않고 서로의 존재를 확인하며 혐오와 차별 없는 세상을 위한 목소리를 냅니다.

책을 읽으면서 저 역시도 띵동에서 청소년 성소수자들을 만나며 습관처럼 말하는 것을 글쓴이가 이야기해서 반가운 마음이 들기도 했습니다. 주변의 혐오와 차별로 인해, 사회에서 나를 없는 존재로 만들 때도 '나에 관해 진정한 전문가는 나'입니다. 그 누구도 나에 대해 정의할 수 없으며 나의 타이틀은 내가 정한 고유한 '나'를 말하는 언어입니다.

많은 이들이 청소년 시기에 정체성을 고민하는 것을 단순한 혼란이나 착각이라고 말하기도 합니다. 혼란과 착각은 나를 불완전하고 미숙한 사람으로 보이게 할 때도 있습니다. 또, 그 시기가 너무 깊고 어둡기도 합니다. 그럼에도 고민이 있거나 어려움을 해결하기 위해 이 책을 선택했던 당신의 고민이 해소되기를 바랍니다. 혼란을 넘어 여정으로, 고민의 순간이 청소년 성소수자 스스로 삶을 찾아가고 미래를 꿈꾸며 다양하게 그려볼 수 있는 여정이 되기를 바랍니다.

선호찬
청소년 성소수자 지원센터 띵동 사무국장

　대한민국에서 성소수자로 살아가는 일의 어려움과 고통을 여기서 다시 언급할 필요는 없을 것입니다. 고 변희수 하사에 대한 사회구조적 타살부터 동성애 혐오 발언이 방치되는 교육공청회장 풍경까지, 공사 영역 가릴 것 없이 성소수자를 향한 무시, 혐오, 폭력이 만연해 있습니다. 더 안타까운 사실은 LGBTQ 청소년들이 민주주의 사회의 시민으로서 서로 존중하고 배려하는 교육을 받아야 할 학교에서조차 폭력을 경험한다는 점입니다. 2015년 국가인권위원회가 발표한 〈성적 지향, 성별정체성에 따른 차별실태조사〉에 따르면 "성적 소수자 청소년들의 대부분(98.0퍼센트)이 교사나 다른 학생으로부터 일반적 혐오 표현을 들은 경험이 있다"고 답했습니다.

　그럼에도 변화가 없는 것은 아닙니다. 2022년 7월 열린 퀴어축제에 주최 측 추산 10만 명이 참가해 연대를 표시하고 필립 골드버그Philip Goldberg 미국 대사를 비롯해 각국 대사들이 참석해 지지 연설을 했습니다. 2022년 6월 한국갤럽 여론조사에 따르면 '성별, 장애, 성적 지향, 학력 등을 이유로 한 모든 차별을 금지하는 포괄적 차별금지법 제정'에 응답자 57퍼센트가 찬성했고 반대는 29퍼센트였습니다. 일부 극성 시위자들의 주장이 과대 대표되고 있지만, 또 당사자와 연대자 들이 느끼기에 더디고 더디지만 그럼에도 한국도 앞으로 나아가고 있습니다.

이런 가운데 LGBTQ 청소년들을 위한 개론서가 나와 참 반갑습니다. LGBTQ 및 젠더 관련 학술이론서는 비교적 많이 나온 반면 성소수자 학생들 눈높이에 맞춘 책들은 찾기 어려운 터라 더 반갑습니다. 이 책에는 혐오 표현에 대응하기, 커밍아웃하기, 학교에서 권리 찾기, 데이트와 성관계 등 실용적이고 구체적인 조언들이 담겨 있습니다. 중간중간 성소수자 청소년의 목소리, 전문가 조언, 영화와 책 소개, 누리집 정보 등도 담겨 있습니다.

편집자로서 먼저 읽은 평을 짧게 하자면 성소수자 여부를 떠나 민주사회의 구성원으로서 살아가는 태도와 방법을 알려주는 좋은 책입니다. 자기 자신과 상대방 존중하기, 열린 태도와 배우는 자세, 자녀의 커밍아웃에 혼란스럽고 당혹스러울 부모의 마음까지 헤아려 시간을 드리라고 조언하는 역지사지의 마음 등 이 모든 존중과 배려는 사회적 소수자에 대한 이해를 넘어 사회구성원 모두가 시민으로서 상호 존중하는 사회로 나아가는 데 꼭 필요한 태도일 것입니다. LGBTQ 청소년들뿐 아니라 LGBTQ가 아닌 청소년들도, 가족과 친구, 교사, 상담가도 그리고 이 모두와 더불어 살아가는 우리가 함께 읽으면 좋을 책입니다.

미국에서 쓰여서 한국 상황에 맞지 않는 부분들도 있습니다. 외국의 사이트 정보는 일부 삭제하거나 국내 정보로 대체했음을 밝힙니다. 새로이 추가한 국내 LGBT 관련 웹사이트들을 살펴보면 유용한 정보와 성소수자 및 연대 커뮤니티들을 접할 수 있습니다. 저자도 말하듯이 목차에서 필요한 부분만 찾아 읽는 식으로 부담 없이 읽으면 좋겠습니다.

본문을 읽다가 "여러분을 잃고 싶지 않습니다"라는 구절에서 순간 뭉클했습니다. 지금도 학교와 가정에서 정체성과 고민을 숨기고 그림자처럼 살아갈지 모르는 LGBT 청소년들에게 이 책이 하나의 길잡이가 되었으면 좋겠습니다. 칼 세이건의 말처럼 별의 먼지에서 온 우리가 지구에서 찰나 같은 삶을 살아가는 동안, 사랑만 하기에도 짧은 인생에서 서로 이해하고 존중하는 데 많은 힘을 기울였으면 좋겠습니다. 그런 삶과 사회로 나아가는 데 이 책이 작은 징검돌이 되길 희망합니다.

차례

1장 LGBTQ, 나는 누구인가?

2장 저는 트랜스젠더 청소년입니다

3장 불편한 시선, 혐오와 차별에 맞서기

LGBTQ+는 인간 역사의 기록만큼 오랫동안 존재해왔습니다. 우리는 구약성서에도 등장하며 성경은 약 3,000년 전에 쓰였지요. 세계 모든 곳에서, 인류의 역사 속에서 사람들은 우리에 대해 다양한 태도를 견지했습니다. 그중에는 긍정적인 것도 있지만 부정적인 것도 있었습니다. 1950년대 미국에서는 LGBTQ+에 대한 태도가 매우 부정적이었고 이는 1960년대에 많은 활동가가 LGBTQ+ 인권운동에 힘쓰는 계기가 되었습니다. 저의 활동도 거기서부터 시작되었지요.

저는 변호사로서 20년 넘게 LGBTQ(특히 트랜스젠더)가 차별을 극복하고 법을 활용해 평등을 성취하도록 돕고 있습니다. 또한 트랜스젠더 인권 변호사들로 이뤄진 작은 모임의 일원으로서 트랜스젠더들과 우리 커뮤니티를 위해 더 큰 자유와 수용, 존중을 위해 일하며 매일매일 행복을 느낍니다. 물론 좋은 날도 있고 나쁜 날도 있습니다. 하지만 언젠가 (사회가 지금과 같이 계속 나아간다면) 사람들이 LGBTQ+를 그저 존재의 한 방식으로 이해할 것임을 생각하면 기쁩니다. 마치 누구는 왼손잡이고, 누구는 초록색 눈동자인 것을 이해하듯 말이죠. 이 책을 읽는 것은 그 과정의 한 부분이고, 그래서 여러분에게 감사하다고 말씀드립니다.

오래지 않은 과거에 사람들은 레즈비언, 게이, 양성애자, 트랜스젠더, 논바이너리 혹은 젠더 논컨퍼밍이라는 존재가 거의 또는 전혀 없다고 생각했습니다. 그들이 생각하는 세상은 무척 견고해서 많은 사람이 마치 특수 임무를 띤 비밀요원처럼 자기가 누구인지 아무에게도 이야기하지 못하고 숨어 지냈지요. 어렸을 때 저는 그 사실이 너무 슬펐습니다. 힘든 삶이었고 제가 보고 싶은 평등한 사회가 아니었습니다. 모든 사람은 평등하게 법의 보호와 대우를 받을 자격이 있습니다. 이것이야말로 열심히 노력할 가치가 있는 비전으로, LGBTQ+를 위해 변호사로서 제가 하는 일입니다. 여러분도 이 책을 읽음으로써 동참하고 있습니다.

평등과 관련된 많은 일이 여러분을 포함한 젊은 사람들의 손에서 이뤄질 겁니다. 여러분은 변화를 만들어내는 선봉에 서 있습니다. 젊은이들은 그저 존재만으로, 그저 자신의 모습으로 가족과 친구들에게 영향을 미칩니다. 나다움을 지키는 것이 대단한 변화처럼 들리지 않겠지만 실제로 그 영향은 여러분이 생각하는 것보다 훨씬 강력합니다.

역사에서도 이를 볼 수 있습니다. 20세기 말에 커밍아웃하는 레즈비언, 게이, 양성애자가 많아지자 많은 사람이 LGBTQ+도 인간임을 깨닫기 시작했습니다. LGBTQ+들도 존엄성과 인권을 가지며 다른 사람들만큼 친절하게 대우받을 자격이 있다고 보기 시작한 거죠. 이로써 더 많은 사람이 자신이 누구인지 말할 용기를 냈습니다.

10년 전까지만 해도 트랜스젠더나 논바이너리라고 커밍아웃하는 사람들이 비교적 적었습니다. 대다수 사람이 TV에 등장하는 허구의 인물 외에는 트랜스젠더인 사람을 알지 못했고, 자신을 트랜스젠더로 생각하는 사람이 많지 않다고 여겼습니다. 사람들은 논바이너리나 젠더

퀴어 같은 트랜스젠더의 정체성에 대해 몰랐습니다. 저 역시도 무척 겁이 나서 나이가 들 때까지 트랜스젠더임을 커밍아웃하지 못했지요. 저 자신을 이해하는 데도 오랜 시간이 걸렸는데, 제 주변 사회가 아무런 지침도 제공하지 않았기 때문이기도 했습니다. 하지만 이제 사람들은 우리가 그저 몇 명만이 아님을 이해하기 시작했습니다. 트랜스젠더이면서 유명 인사인 사람들도 꽤 있고, 점점 많은 젊은이가 부모에게 커밍아웃하고 있습니다. 그리고 많은 부모가 트랜스젠더 자식을 지지합니다.

LGBTQ에 관한 이번 개정판은 초판과 2판보다 트랜스젠더에 대해 좀 더 많은 정보를 담았습니다. 젊은이들이 필요한 정보를 얻기 힘들다는 점에서 여러모로 도움이 될 거라고 생각합니다. 제가 어렸을 때 이 책이 있었으면 얼마나 좋았을까 생각했고, 여러분이 이 책을 읽을 수 있어서 매우 다행입니다.

하지만 우리의 일은 아직 끝나지 않았습니다. 요즘은 미국인 대다수가 LGBTQ+인 사람들에 대해 그냥 괜찮다고 말합니다만 그렇게 생각하지 않는 사람들도 있습니다. 그들이 나빠서가 아니라 잘못된 생각을 갖고 있기 때문입니다. 어쩌면 자라면서 LGBTQ+는 뭔가 잘못된 사람들이라고 믿도록 배웠을지 모릅니다. 그렇기에 우리는 다른 사람들이 새로운 생각을 이해하고 받아들이도록 도와야 합니다. 여러분이 새로운 개념을 이해하기 위해 타인의 도움이 필요하듯 그들도 그런 것뿐이니까요.

이 세상을 조금 더 낫게 만드는 일은 아름답습니다. 그러나 때로는 힘들고 그 짐을 지고 싶지 않다고 느낄 수 있습니다. 어떤 날은 그 일이 절대로 끝나지 않을 것 같은 생각이 들기도 하지요. 그러나 이 점을 기억하길 바랍니다. 여러분이 끝낼 필요가 없습니다. 여러분이 이 세상 모두를, 심지어 가족 모두를 설득할 필요가 없습니다. 그저 나다움을 지키는 것부터 시작할 수 있습니다. 조금씩 세상을 바꾸는 데 동참하도록 다른 사람에게 영감을 준다면 그것으로 충분합니다.

지금 당장 이 세상을 훨씬 좋게 바꾸는 요술봉이 있었으면 좋겠습니다. 그러나 진정한 진척은 한 번의 대화, 한 번에 한 사람, 한 번에 한 가지 생각에서 생겨나듯 이 한 권의 책이 여러분의 세계를 이해하는 데 도움이 되고, 나아가 다른 사람의 이해를 돕는 데 사용되기를 바랍니다. 독자들에게 다시 한번 감사하며, 함께 더 나은 세상을 만들어갈 수 있기를 바랍니다.

질리언 와이스
질리언와이스 법률상담소 jtweisslaw.com

　자신이 LGBTQ, 즉 레즈비언, 게이, 양성애자, 트랜스젠더 혹은 성정체성을 고민하는 사람임을 알게 되거나 그럴지도 모른다는 생각을 마주하는 일은 쉽지 않을 수 있습니다. 그 마음을 충분히 이해합니다. 고등학교 때 이미 저는 제가 다른 아이들과 약간 다르다는 것, 이상한 방식으로 다르다는 것을 알았습니다. 하지만 제가 살던 곳은 LGBTQ가 많이 눈에 띄지 않는 곳이었고 엘렌 드제너러스[1]가 TV 토크쇼에서 커밍아웃하는 역사적 사건이 있기 훨씬 전이었습니다. 따라서 제가 이성애자 이외에 다른, 그것도 다양한 선택을 할 수 있다는 생각은 하지 못했습니다. 그저 다른 여자아이들처럼 완벽한 결혼을 꿈꿀 만큼 적절한 남자를 만나지 못한 거라 여겼습니다.

　대학에 들어간 뒤 처음으로 커밍아웃한 LGBTQ들을 만났습니다. 그들을 보고 있으면 거울을 보는 듯했습니다. 마치 잃어버린 퍼즐 조각이 맞춰지듯 제 감정이 이해되기 시작했습니다. 동시에 제가 정말 퀴어일 수 있다는 생각에 겁이 많이 났습니다. 가족과 친구들이 뭐라고 할까? 어떻게 '저런 삶'을 살 수 있지? 저는 절망했고, 제 마음을 아무에게

─────────

[1] 미국 코미디언이자 배우로 자신의 이름을 건 토크쇼를 2003년부터 2022년까지 진행했다. 1997년에 공식적으로 자신이 레즈비언임을 밝혔다.

도 이야기하지 못했습니다. 당시 스무 살이었고 다른 어려운 일도 있었던 저는 이 고통에서 벗어나는 길은 스스로 목숨을 끊는 방법밖에 없다고 생각했습니다.

어느 날 밤 약을 한 움큼 입에 넣었습니다. 그리고 거울을 봤는데 이상한 일이 일어났습니다. 제 안의 깊은 곳에서 '살아야 한다'고 말하는 목소리를 들었습니다. 무슨 일이 있어도, 사는 게 너무나 힘들어도 인생은 경험할 가치가 있다고 말했습니다. 그 말을 그대로 믿지는 않았지만 그래도 그 말을 듣기로 했습니다. 당시 남자 친구에게 제가 한 짓을 고백하고 병원에 데려가 달라고 부탁했습니다.

그날 밤이 제게는 가장 견디기 어려운 순간이었습니다. 그 뒤에는 힘든 상황이 올 때마다 진정한 제 모습을 지키기 위해 더욱 열심히 싸웠습니다. 그리고 친구들과 가족들에게 편안하게 커밍아웃하기까지는 오랜 시간이 걸렸지만 결국은 해냈습니다.

그렇게 혼란과 두려움에 움츠리던 때부터 커밍아웃해서 자부심과 성취감으로 가득한 지금의 제가 되기까지, 얼마나 많은 고비와 장애물을 넘기며 용기를 내야 했는지 모릅니다. 그러다 2012년 친한 친구이자 이성애자인 말라와 사랑에 빠지면서 커다란 도약의 계기를 맞았습니다. 정말 당황스러웠고 충격에 빠졌죠. 우리 사이에 갑자기 커다란 감정이 일었지만 우리는 둘 다 우정을 잃을까 봐 겁이 났습니다. 그러나 제가 기꺼이 도전하겠다는 뜻을 말라에게 전하자 놀랍게도 그녀도 같은 마음으로 화답했습니다. 말라는 이전에 한 번도 여성에게 끌린 적이 없었는데도 말입니다.

2년 후 우리는 결혼했습니다. 우리를 어떻게 부르든 상관없었습니다. 말라는 더 이상 자신을 이성애자라고 하지 않지만 그렇다고 게이나 양성애자라고 하지도 않습니다. 그녀는 '켈리를 사랑하는 여자'라는 것 이외에 그 어떤 다른 이름으로 자신을 규정할 필요가 없다고 느낍니다. 아이러니하게도 과거 이성애자였던 여성의 진지하고 수용적인 태도 덕분에 저도 제가 누구인지에 대해 조금 더 열린 마음을 갖게 되었습니다. 이전에는 저를 레즈비언이라고 말했지만 이제는 꼬리표 따위에 신경 쓰지 않습니다.

LGBTQ 용어에 대하여

이 책에는 '퀴어queer'라는 말이 자주 등장하는데 예전에는 LGBTQ들을 비하하거나 공격하는 말로 사용되었다. 아직도 그렇게 사용하는 사람들이 일부 있지만 지금은 LGBTQ들이 긍정적으로 사용하는 용어가 되었다. 이 책에서는 또한 LGBTQ라는 머리글자를 사용하는데 레즈비언, 게이, 양성애자, 트랜스젠더, 정체성을 고민하는 사람을 의미한다. 그 밖에도 '비非이성애자', '비非 시스젠더'(시스젠더는 성정체성이 태어날 때의 생물학적 성별과 같은 사람)를 묘사하는 머리글자들이 있다. 예를 들면 LGBT+가 있고, LGBTQIA에서 'I'는 간성intersex, 'A'는 에이섹슈얼asexual이다. 이 책에서 LGBTQ는 이 모든 것을 대표하는 약칭으로 쓰인다. LGBTQ 용어에 대해 더 알고 싶으면 1장 39~45쪽에 있는 설명을 참조하라.

말라와의 관계를 통해 저는 인간으로서 우리가 최선의 모습일 때, 즉 타인을 신뢰하고 자신의 모습을 잘 알고 있을 때 모든 형태의 사랑에 마음을 열 수 있음을 알았습니다. 그렇다고 우리가 모두 팬섹슈얼pansexual(누구에게나 매력을 느낄 수 있는 사람) 혹은 젠더를 구분하지 않는 포스트젠더postgender가 되자는 말은 아닙니다. 단지 우리에게 도움이 되는 꼬리표가 있고 그렇지 않은 것도 있다는 말입니다. 인간 마음의 포용력과 도량을 아우를 만큼 큰 이름이 과연 세상에 존재할까요?

저의 개인적 여정은 또한 두 가지 중요한 사실을 알려줍니다. 첫째, 인생은 전혀 상상도 못 한 곳으로 갈 수 있습니다. 둘째, 성정체성과 젠더는 변하는 개념입니다. 지금 있는 곳이 꼭 미래에 있을 곳이라 보장할 수 없고, 그래서 인생은 아름답습니다. 살면서 다양한 방식으로 거듭 깨닫고 있는 사실은, 우리가 마음을 열기만 하면 인생에는 굉장한 배움의 기회가 무수히 기다리고 있다는 것입니다.

때로는 인생이 아직도 도전이지만 그것에 감사합니다. 제 딸들을 바라볼 때(네! 말라와 저는 '엄마'입니다. 제가 그렇게 불리리라고는 전혀 생각지 못했던 이름입니다), 우리가 함께 웃을 때, 다른 사람을 돕는 희열을 경험할 때 저는 수년 전 생을 마감하려 했던 그날 밤을 떠올리면서 믿음을 갖고 버텨준 과거의 제게 고마움을 느낍니다.

저 자신을 받아들이고 사랑할수록 다른 LGBTQ와 그들의 가족이 자신과 서로를 수용하도록 도울 수밖에 없었습니다. 커밍아웃에 두려움을 느끼는 젊은이들과 대화를 나누고 LGBTQ라고 커밍아웃한 자식을 보고 놀란 그들의 가족들과 이야기를 나누었습니다. 이들 청소년과 가족이 혼란과 분노에 사로잡혀 있다가 서로의 진정한 모습을 받아들이고 기뻐하는 모습을 지켜보는 일은 놀랍습니다(물론 가정마다 다양한 모습이 있습니다. 부모가 모두 있을 수도 있고, 편부모나 조부모나 친척들 집에서 자랄 수도 있고, 보육원이나 특별한 환경에서 자랐을 수도 있습니다. 이 책에서 '부모'는 아이를 양육하고 보살핀 가족 혹은 어른들을 말합니다).

저자 사인회, 소셜 미디어, 편지와 이메일을 통해 만나는 독자들에게도 변화가 있음을 느낍니다. 자신이 이성애자 혹은 시스젠더가 아님을 어린 나이에 깨닫는 사람들이 늘고 있습니다. 젊은이들이 젠더, 성정체성, 성적 지향에 대한 지평을 꾸준히 넓히고 있습니다. 또한 이제 갓 커밍아웃한 자녀를 자랑스럽게 여기고 어떻게 하면 그들에게 힘이 되면서 젊은 LGBTQ가 환영받는 안전한 공동체를 만들 수 있는지를 묻는 부모들이 증가하고 있습니다.

그럼에도 LGBTQ 청소년들은 종종 삶이 외롭다고 느낄 수 있습니다. 물론 LGBTQ 인권운동이 전국적으로 이뤄지고 있고 우리를 도와주는 단체들이 많지만 일상에서는 이 모든 것과 분리된 느낌을 받기 쉽습니다. 자기가 겪는 일에 아무도 관심을 두지 않는다고 느끼기 쉽지요. 그러나 그렇지 않습니다. 전 세계에 있는 LGBTQ들과 그들의 부모, 친구, 가족 그리고 또 다른 사람들이 레즈비언, 게이, 양성애자, 트랜스젠더와 모든 유형의 성정체성을 지닌 사람들을 이해하고 받아들이려고 노력하고 있습니다.

그중에서도 특히 십대를 돕기 위해 많이 노력하고 있습니다. 학교에서의 안전을 가장 중요하게 생각하는 PFLAG는 원래 레즈비언과 게이의 부모와 친구들Parents and Friends of Lesbians and Gays의 줄임말이었지만 지금은 모든 가족과 양성애자, 트랜스젠더까지 포함합니다. GLSENGay, Lesbian & Straight Education Network은 LGBTQ 학생들의 학교 환경 개선에 중점을 두고 활동합니다. GLAADGay & Lesbian Alliance Against Defamation는 미디어에서 퀴어들이 더 긍정적이고 정확하게 묘사될 수 있도록 싸웁니다. 람다 법률회사Lambda Legal는 LGBTQ 인권의 온전한 승인을 이뤄내는 데 전념하고 있습니다. 이런 노력들을 나열하자면 끝이 없습니다.

전국 혹은 지역 단위로 활동하는 다른 단체들은 매일 LGBTQ 젊은 이들과 연합해 우리의 권리를 위해 투쟁하고 있고 실제로 놀라운 발전을 이뤄냈습니다. 학내 워크숍에서 학교 이사회, 교장단, 교사, 직원들을 교육하고 워싱턴D.C.의 국회의사당에서 더 나은 법안을 상정하기 위해 로비하고 있습니다. 때로는 작은 걸음으로, 때로는 성큼성큼 내디디며 우리는 이렇게 앞으로 나아가고 있습니다.

> **전문가의 귀띔** 창의적인 방법으로 학교와 커뮤니티에 퀴어라는 주제를 소개하는 LGBTQ 젊은이들과 지지자들이 많다. 이 책 군데군데 '전문가의 귀띔'이라는 제목으로 학교 과제나 동아리 활동으로 좋은 주제를 나눌 예정이다.

이 책 초판은 2003년에 출간되었습니다. 2011년에 개정판이 나온 뒤 더는 내용을 크게 수정할 일은 없겠다고 생각했습니다. LGBTQ 권리 보장의 상승 곡선을 그대로 이어가면 되는 듯 보였습니다. 그런데 동성결혼 법안 통과, DADT[2]의 폐지, 트랜스젠더의 권리에 대한 대통령의 지지와 같은 성취가 이뤄지자 역풍이 불기 시작했습니다. LGBTQ들의 인권 보장에 반대하는 단체들이 이를 방해하는 새로운 법적 전략을 사용하기 시작했고 LGBTQ 혐오범죄, 특히 트랜스젠더를 향한 혐오가 증가하기 시작했습니다. 이런 상황이 주는 메시지는 분명했습니다. 아직 해야 할 일이 많다는 것입니다.

---

2 'Don't Ask Don't Tell'의 줄임말. 미국 LGBTQ의 군복무와 관련된 제도로서 성정체성을 '묻지도 말하지도 말라'라는 의미다. 원래 LGBTQ의 미군 복무를 허용하려는 취지에서 도입했으나 커밍아웃한 성소수자들을 강제로 전역시키는 근거로 이용되기도 했다.

이 책《LGBTQ로 살아가기: 성정체성을 고민하는 십대들을 위한 안내서》3판은 이 모든 것을 염두에 두고 한 권에 담을 수 있는 한도 내에서 LGBTQ 인권 보장의 발전, 문화적 변화, 십대 퀴어들의 생활과 경험에 관한 최신 데이터를 반영했습니다. 최근 정보로 수정하면서 가장 기뻤던 부분은 사실과 숫자보다 눈에 보이지 않는 의식의 변화입니다. 이는 지속적으로 진화하는 십대들의 태도와 관련이 있습니다.

지금 십대 퀴어들은 성과 젠더 표현에 훨씬 열려 있고 시야도 넓습니다. 지금 40대인 제가 청소년이었던 시절에는 LGBTQ를 레즈비언, 게이, 양성애자, 트랜스젠더로만 구분했지만 지금은 젠더와 젠더 표현, 성과 성적 지향에 대한 이해가 기하급수적으로 확대되었습니다. 요즘 십대들은 자신을 이 중 하나로(또는 하나만으로) 규정하는 경우가 많지 않습니다. 나아가 여성도 남성도 아닌 에이젠더agender, 성에 관심이 없는 에이섹슈얼, 양성적인 특징을 모두 지닌 안드로진androgyne, 성적 지향이 성별과 무관한 범성애(팬섹슈얼), 퀴어인 사람들에게 매력을 느끼는 스콜리오섹슈얼skoliosexual까지 다양한 정체성을 받아들입니다(여기에 소개된 명칭과 더 많은 것을 알고 싶으면 379쪽의 용어 설명을 참조하세요).

십대 이성애자와 시스젠더들의 시각도 달라졌습니다. 여러분이 그렇게 느끼지 않을지 몰라도, 전반적으로 더 수용적으로 바뀌었고 LGBTQ 친구들이 겪는 문제들을 많이 알고 있습니다. 이런 태도가 사회에 미치는 영향을 돌아보는 일은 즐겁습니다. 의식과 이해가 확장되어 LGBTQ든, 이성애자나 시스젠더든 상관없이 많은 커뮤니티가 대체로 모든 사람을 기꺼이 받아들이고 있습니다. 과거에 통용되던 젠더 규범에 우리가 강하게 도전하는 것을 보고 어떤 사람들은 자신의 믿음을 돌아보거나 많은 경우 자신이 누구인지에 대해 다시 생각합니다. 이들 중에는 예전에 자신을 LGBTQ라고 전혀 생각하지 않았던 사람도 있습니다. 그렇게 '남성', '여성', '게이', '이성애자' 등에 관한 엄격한 정의가 사라지면 모든 사람이 자신의 경이롭고 고유한 자아를 드러낼 공간을 가질 것입니다.

그러나 '오케이, 다 좋아. 하지만 지금 당장은 어떻게 해? 우리 학교는 그렇게 좋은 상황이 아닌데?'라고 생각하는 독자들이 있을 겁니다. 언젠가는 모든 것이 괜찮아질 거라고, 이건 성장 과정 일부라는 말도 눈앞의 괴롭힘과 왕따 앞에서는 무력하게 느껴질 수 있습니다.

이것이 제가 책을 쓴 이유입니다. 그 걱정과 불안, 두려움을 저는 생생하게 기억합니다. 때로는 눈앞의 학교 성적을 걱정하다가도 이내 '앞으로 어떻게 살아야 할까?' 같은 인생의 커다란 문제를 고민하는 시기입니다. 여기에 나와 같은 성별을 가진 누군가에게 끌린다는 사실을 갑자기 알게 된다면? 또는 겉보기와 달리 내면은 항상 자신이 여자라고 느끼기 때문에 체육 시간 전에 다른 남자아이들과 함께 옷을 갈아입는 시간이 두렵다면? 또는 나의 참모습과 느낌을 주변 어디에도 보여줄 수 없다면?

자신이 LGBTQ일 수 있음을 아는 것은 커다란 깨달음이고 이를 받아들이는 과정에서 중요한 것이 정보입니다. 이 책이 모든 질문에 답할 수 없고 여러분이 LGBTQ에 대해 들었던 모든 오해와 거짓을 풀어줄 순 없지만, 다른 어떤 곳에서도 찾을 수 없는 사실과 조언을 담고 있다고 확신합니다.

'나다움'으로 나아가는 길의 안내서

이 책《LGBTQ로 살아가기: 성정체성을 고민하는 십대들을 위한 안내서》에서 여러분은 무엇을 얻을 수 있을까요? 우선 심리학, 사회학, 의료 전문가들이 제공하는 정보를 얻을 수 있으며 퀴어가 무슨 의미인지 이해하고 파악할 수 있습니다. 또한 LGBTQ 권리를 위해 노력하는 단체와 조직에서 알려주는 조언, 커밍아웃할 때의 요령, 더 수용적인 학교 분위기를 만들 수 있는 아이디어, 그 외에 다양한 이슈와 상황에 대한 도움을 얻을 수 있습니다.

이와 함께 여러분과 같은 상황을 겪었을 십대와 젊은이들의 경험담도 실었습니다. 이들 중에는 자신의 상황과 매우 다른 이야기도 있을 것이고, 자기 삶을 그대로 적은 듯한 이야기도 있을지 모릅니다. 이들의 이야기는 여러분에게 용기와 실생활의 조언을 주고 그 외에 소개한 책, 영화, 웹사이트 등 다른 자료들도 도움이 될 것입니다.

이 책은 모든 LGBTQ 청소년을 염두에 두고 썼습니다. 자신의 성적 지향이나 성정체성을 확신하든, 아니면 이제 막 살펴보기 시작했든 이 책이 도움이 되었으면 하는 바람입니다. LGBTQ에 관한 질문에는 딱 떨어지는 정답이 없는 경우가 많음을 기억해야 합니다. LGBTQ도 개인마다 달라서 모든 사람에게 적용되는 답을 찾기가 어렵습니다. LGBTQ 커뮤니티 안에서도 특정 이슈들에 대해, 우리를 어떻게 불러야 할지 등에 대해 항상 합의가 이루어지는 것은 아닙니다. 이 책은 일반적으로 받아들여지는 해답들과 함께 각자의 질문에 맞는 답을 어떻게 찾는지를 제안합니다.

이 책은 안내서입니다. 여러분이 필요한 방식으로 사용할 수 있습니다. 처음부터 끝까지 차례대로 읽을 수도, 여러분이 마주한 특정 문제를 다룬 내용과 목차를 찾아 읽을 수도 있습니다. 부담 없이 읽었으면 합니다. 삶의 어느 단계에 있든 읽고자 하는 부분을 읽으면 됩니다. 이 책의 목표는 결정된 답을 얻는 것이 아닙니다. 한 질문에 대한 답이 다른 질문으로 얼마든지 이어질 수 있고 그 또한 괜찮습니다. 그 모두가 자신을 알아가는 과정이니까요.

지금 자신의 성정체성을 고민하기 시작하거나 궁금한 독자도 괜찮습니다. 여러분이 원하지 않으면 꼭 하나의 꼬리표를 선택하지 않아도 됩니다. 많은 사람이 자신을 퀴어 또는 '기타'로 표시하거나 "저는 저를 분류하지 않습니다. 저는 저입니다"라고 말합니다. 이 책의 목적은 여러분이 하나의 꼬리표를 선택하게 하는 게 아니라 자기가 누구인지 알고 더 편안해지도록 돕는 것입니다. 내가 누구인지 아는 것이 가장 중요합니다.

LGBTQ들은 다양한 모습으로 존재합니다. 흑인, 라틴아메리카 출신, 미국 원주민, 아시아인, 아랍인, 인도인일 수도 있고 가톨릭, 개신교, 불교, 유대교, 이슬람교, 힌두교 교인이거나 무신론자, 불가지론자일 수도 있습니다. 우리 중에는 교사, 변호사, 의사, 건설노동자, 경영자, 운동선수, 예술가, 작가, 정치가도 있고 그 외에 여러분이 알고 있는 모든 직종에 우리가 있습니다. 우리는 부모거나 친구거나 파트너이기도 하며 아들이자 딸, 자매, 형제, 고모, 이모, 삼촌, 할아버지, 할머니이기도 합니다. LGBTQ들은 어디에나 있으며 그 무엇도 될 수 있습니다. 초판과 2판이 출간된 후 남녀노소를 막론하고 이 책의 내용에 영향을 받은 독자들이 연락을 해왔습니다. 질문이 있거나 자신의 이야기를 하고 싶은 분은 마음 놓고 연락하기를 바랍니다. 독자의 이야기를 듣고 소통하는 일은 언제나 환영하며 항상 즐겁습니다. 제게 이메일을 보내거나 아래의 주소로 편지나 엽서를 보내주세요. 여러분을 둘러싼 사랑에 마음을 열기 바랍니다.

사랑을 듬뿍 담아,
켈리 휘걸 매드론

추신: 트위터에서 LGTBTQ guide, 인스타그램에서 lgbtqguide를 팔로우하면 LGBTQ에 관한 최근의 정보를 접할 수 있습니다. 저를 직접 보고 싶으면 kellymadrone.com/events에 들어가서 일정을 확인할 수 있습니다.

이메일 주소
help4kids@freespirit.com

주소
Free Spirit Publishing
6325 Sandburg Road, Suite 100 Minneapolis, MN 55427-3674

한국에서 도움이 필요하다면

LGBTQ의 일상생활이 나아지고 있다고 하지만 아직도 엄청나게 힘들 수 있다. 자신이 퀴어라는 것을 깨닫기 시작한 젊은이들은 더욱 그렇다. 우울하거나 혼란스러워 대화 혹은 상담이 필요하다면 아래 단체들에 연락할 수 있다.

● **청소년 성소수자 지원센터 띵동**은 위기 상황에 있는 청소년 성소수자를 상담하고 지원하는 활동을 하는 단체다. 전화상담 및 카카오톡 상담을 한다. 심리 상담, 낮 시간 식사, 낮잠방, 생필품 및 구급약도 지원한다.

　　상담 전화: 02-924-1227

　　상담 카카오톡: ID 검색 → '띵동119' 친구 추가 후 일대일 대화하기

　　홈페이지: www.ddingdong.kr

　　이메일: LGBTQ@ddingdong.kr

● **마음연결**은 한국게이인권운동단체 친구사이에서 진행하고 있는 성소수자 자살예방 프로젝트다. 캠페인과 상담, 생명지킴이교육(무지개돌봄) 등의 사업을 펼치고 있다.

　　전화: 02-6953-7941(화요일, 목요일 20시-22시 30분, 공휴일 제외)

　　상담 게시판: chingusai.net/xe/online

　　홈페이지: chingusai.net/xe/main_connect

　　이메일: contact@chingusai.net

● **긴급한 상황에서는 다음 공공기관 서비스를 이용할 수 있다.**

　　자살예방센터 핫라인(24시간): 1393

　　정신건강 상담전화(24시간): 1577-0199

　　희망의 전화(24시간): 129

　　청소년 전화(24시간): 1388

● 성소수자 커뮤니티, 연대 단체들에 관한 정보는 다음 사이트를 참조하라.

성별이분법에 저항하는 사람들의 모임 '여행자'	gender_voyager.blog.me
성소수자 부모모임	pflagkorea.org
성소수자차별반대 무지개행동	lgbtqact.org
언니네트워크	unninetwork.net
무지개인권연대(대구)	queer.or.kr
마포레인보우주민연대	maporainbow.net
비온뒤무지개재단	rainbowfoundation.co.kr
한국게이인권운동단체 친구사이	chingusai.net/xe/main
한국레즈비언상담소	lsangdam.org
한국성적소수자문화인권센터	kscrc.org
행동하는 성소수자 인권연대	lgbtpride.or.kr

트랜스젠더와 관련된 단체

조각보 트랜스젠더 인권단체	transgender.or.kr
청소년 트랜스젠더 인권모임 '튤립연대'	youthtranskor.blog.me
트랜스해방전선	TransLiberationFront.com
트랜스젠더를 위한 정보·인권 길잡이 '트랜스로드맵'	transroadmap.net
TS토크	tstalk.kr

정신건강 및 심리상담

성소수자알권리보장지원 노스웨스트호   theshipnorthwest.tistory.com

'노스웨스트호'는 성소수자 당사자들의 경험을 토대로 성소수자에 대한 이해가 있다고 여겨지는 정신건강의학과, 심리상담소 목록을 만들고 있는 프로젝트다. 노스웨스트호에 들어가면 성소수자들이 추천한 전국 각 지역의 정신건강의학과, 심리상담소 목록을 볼 수 있다.

아하!서울시립청소년성문화센터   ahacenter.kr

HIV/AIDS에 관해 도움받을 수 있는 기관 및 모임

동성애자에이즈예방센터 아이샵iSHAP   ishap.org

청소년·청년 감염인 커뮤니티 알   cafe.daum.net/R-YPC

한국HIV/AIDS감염인연합회KNP+   knpplus.org

HIV와 함께 살아가는 사람들의 모임 가진사람들   pl@chingusai.net

종교

무지개예수   rainbowyesu.org

무지개예수는 성소수자 그리스도인 및 성소수자와 함께하는 그리스도인 연대 모임으로, 홈페이지에 들어가면 성소수자 친화적인 교회, 연대 단체 등의 목록을 볼 수 있다.

불교이반모임   cafe.daum.net/buddhaban

차별 없는 세상을 위한 기독인 연대   facebook.com/equalchristcom

법률

공익인권변호사모임 희망을만드는법   hopeandlaw.org

공익인권법재단 공감   kpil.org

성적지향·성별정체성SOGI 법정책연구회   sogilaw.org

나이듦 전문 기관

큐라이프센터   qlifecenter.kr

한국성적소수자문화인권센터가 만든 '성소수자의 나이듦 전문 기관'이다. 50대 이상의 성소수자 인터뷰부터 생활법률, 성소수자의 노후와 장례 관련 정보까지 성소수자들이 나이들며 겪는 경험과 고민을 함께 풀어간다.

1장 LGBTQ, 나는 누구인가요?

언젠가는 '우리'가 있다

여러분은 아마 몇 년 전부터 자신이 LGBTQ라는 것을 알고 있었을지 모릅니다. 혹은 이제 막 자신의 성적 지향 또는 성정체성에 의문을 갖기 시작했을 수 있습니다. 그리고 지금, 그 사이 어느 상태에 있든 여러분은 혼자가 아닙니다.

2016년에 발표된 연구에 따르면 설문에 답한 Z세대(대략 1996~2010년 사이에 태어난 사람)의 48퍼센트, 밀레니얼세대(1980~1990년대에 태어난 사람)의 56퍼센트가 자신이 '배타적 이성애자'라고 답했습니다. 그리고 Z세대의 56퍼센트가 '젠더중립적gender-neutral인 대명사'[3]를 쓰는 사람을 알고 있다고 했습니다.

LGBTQ가 정말로 몇 명인지 정확한 수치를 내놓기는 어렵습니다. 그렇더라도 전 세계적으로 LGBTQ의 수는 꽤 많다고 말할 수 있으며 점점 그 수가 늘고 있음을 보여주는 연구가 많습니다. 오늘날 LGBTQ 인구의 증가는 여러 요인 때문일 수 있습니다. 과거에는 두려워서 자신의 정체성을 인정하지 못하던 사람들이 지금은 기꺼이 인정하면서 LGBTQ 커뮤니티와 이슈가 눈에 더 잘 띄기 때문이기도

---

3 젠더중립적 대명사란 영어에서 'she/her' 혹은 'he/him'처럼 성별을 나타내는 대명사 대신 모든 사람에게 'ze/zim' 혹은 'xe/xem' 등을 사용하거나 한 사람 또는 하나의 물건을 지칭할 때도 'they/them'을 사용하는 것을 말한다.

하고, 이제는 퀴어의 의미가 예전보다 더 광범위하게 정의되고 있기 때문이기도 합니다.

극장이나 운동경기장 등 사람이 많이 모이는 곳에 가면 이 통계를 떠올려보길 바랍니다. 여러분이 알든 모르든 당신의 학교, 이웃, 가족 중 LGBTQ가 있을 수 있습니다.

'동성 부부' 범주가 생기다

미국에서 스스로 부부라고 말하는 동성 커플의 수를 조사한 것은 2010년 인구조사가 처음이었다. 2014년 인구조사에서는 동성 배우자를 '같이 거주하는 파트너' 범주가 아닌 '결혼한 부부' 범주에 넣어 집계하기 시작했다. 이 새로운 명칭은 동성 가정에 관해 더욱 정확한 데이터를 제공해서 이후 법률과 지원에 관한 결정에 영향을 미쳤다.

그러나 다양한 성적 지향에 관한 이야기를 불편해하는 사람이 많기에 무지함이 생깁니다. 여러분은 아마도 자라면서 LGBTQ들에 대한 소문과 오해들을 들어본 적이 있을 겁니다(그중 유명한 몇 가지는 이 책에서도 다룹니다). LGBTQ들을 포함해서 많은 사람이 나쁜 의도가 없더라도 퀴어가 무엇을 의미하는지에 대해 잘못된 지식을 갖고 있기도 합니다.

편견과 무지에 가장 강력한 대응은 지식입니다. 그래서 이 장에서는 LGBTQ가 무엇인지 설명할 것입니다. 그중 어떤 것은 매우 기초적인 정보로 보일 수 있습니다. 그러나 여러분이 LGBTQ와 관련 이슈에 대해 많이 알고 있다고 생각하더라도 이 장을 읽다 보면 또 다른 새로운 사실에 놀랄 수도 있습니다.

LGBTQ와 퀴어 용어에 대하여

퀴어 커뮤니티에서 혼란스러운 것 중 하나는 용어입니다. 때로는 전혀 다른 언어들이 존재하는 듯 보이기도 합니다. LGBTQ 커뮤니티 안에서조차 용어의 뜻과 어떤 단어를 언제 사용하는지에 대한 합의가 부족합니다. 또한 성적 지향과 성정체성에 대한 이해가 진화하면서 용어 자체도 계속 변하고 있습니다. 예를 들면 일반적으로 받아들이던 줄임말이 바뀌면서 이 책의 제목이 GLBTQ에서 LGBTQ로 바뀐 것도 그렇습니다.

몇십 년 전에는 단순히 게이와 레즈비언을 줄여 G&L이라고 불렀습니다. 양성애자bisexual를 뜻하는 B가 추가되면서 줄임말은 GLB 또는 LGB가 되었고 이후 트랜스젠더를 뜻하는 T, 성정체성을 고민하는questioning 사람을 뜻하는 Q까지 들어오게 되었습니다. 이제는 LGBT, LGBTQ(때로는 GLBTQ), 간성intersexual의 I와 성에 관심이 없는 에이섹슈얼asexual의 A까지 포함한 LGBTQIA 그리고 레즈비언, 게이, 양성애, 트랜스젠더 이외의 정체성을 '+'로 표현한 LGBT+까지, 여러 용어를 흔히 볼 수 있습니다.

성적 지향과 성정체성

미국심리학회American Psychological Association 내에 있는 '성적 지향과 성 다양성 분과'에서는 성적 지향을 남성, 여성 혹은 양성에게 정서적으로, 로맨틱하게 그리고(또는) 성적으로 끌리는 지속적인 성향이라고 서술한다(모든 사람이 남성이나 여성이라는 이분법적 분류를 가정했을 때). 또한 이것은 자신이 누구에게 끌리는지에 관한 한 사람의 정체성을 지칭한다.

미국 SIECUS에[4] 따르면 성정체성은 자신이 여성, 남성, 이 두 가지 성에서의 변형, 젠더를 초월한 형태 등이라고 느끼는 내적 의식이다. 많은 사람이 염색체와 생식기의 해부학적 모습을 근거로 한 출생 성별과 성정체성이 같고 이들을 시스젠더cisgender라고 한다. 트랜스젠더는 출생 성별과 성정체성이 다른 사람들이며 여성 혹은 남성으로 나누는 이분법적 체계 이외의 정체성을 갖는 논바이너리nonbinary를 포함한다. 간성인 사람은 성적 특징 그리고(또는) 염색체의 특징이 하나의 생물학적 성에 국한되지 않는다.

이 책에서는 줄임말로 LGBTQ를 일관되게 사용할 것입니다. 어떤 이슈가 레즈비언, 게이, 양성애자, 트랜스젠더 중 일부에만 해당하는 경우는 특별히 그들을 지칭하는 단어를 사용합니다. 그리고 보통 LGBTQ와 이성애자·시스젠더로 나누기는 하지만 모든 트랜스젠더가 레즈비언, 게이, 양성애자가 아니라는 사실을 기억해야 합니다. 사실은 많은 트랜스젠더가 동성애자지만 어떤 사람들은 이 명칭 중 어느 것에도 해당하지 않습니다. 그리고 트랜스젠더를 LGBTQ라고 지칭하는 것이 그들의 성적 지향이 레즈비언, 게이, 혹은 양성애자임을 뜻하지 않습니다. 하지만 이 책에서는 일관성을 위해 LGBTQ라는 줄임말을 사용할 것입니다.

자주 등장하는 또 다른 단어는 '퀴어'입니다. 이 단어는 한때 LGBTQ들을 부정적으로 묘사하는 단어였고 지금도 일부 사람들은 그렇게 쓰고 있습니다. 그러나 이제는 많은 LGBTQ와 우리를 지지하

---

4 Sexual Information and Education Council of the United States는 1964년 미국에 설립된 비영리조직으로 성에 대한 정보를 알리고 교육을 증진하는 것을 목표로 한다.

는 사람들이 이 단어를 매우 긍정적으로 사용합니다. 예를 들어 많은 대학에서 퀴어 연구나 퀴어 이론 과목을 찾을 수 있고 종종 논바이너리가 자신들을 젠더퀴어라고 말하기도 합니다.

이 책에서는 퀴어라는 단어를 긍정적으로 사용할 것입니다. 퀴어는 단순히 '평균이나 일반적으로 기대되는 것 이외'라는 뜻으로 지금 우리 문화에서는 이성애자·시스젠더가 '평균이나 일반적으로 기대되는 것'에 해당되니 그 외 정체성은 퀴어라고 부를 수 있습니다. 그리고 레즈비언, 게이, 양성애자, 트랜스젠더라는 명칭이 너무 제한적이라고 생각하는 사람들에게 퀴어는 사용하기 좋은 단어입니다. 자신이 원하지 않는 특정 꼬리표에서 벗어날 수 있기 때문입니다.

젠더중립적 대명사에 관하여

이번 개정판에서는 '그he' 또는 '그녀she'라는 대명사 대신 '그들they'을 사용했다. '그들'을 단수로 사용하는 것 때문에 많은 영어 선생님이 불편하겠지만 '그들'이 이분법적인 '그'나 '그녀'보다 훨씬 포괄적이고 초서, 셰익스피어, 바이런, 오스틴, 킹제임스성경 등 고전에서도 이렇게 사용한 전례가 있기에 이 책에서도 '그들'을 단수 대명사로 적었다. 젠더중립적 단수 대명사 '그들they'은 2015년 미국언어연구회American Dialect Society가 선정한 올해의 단어였다.

이 책 마지막에 있는 '용어 설명'에 이 책에서 기술한 다양한 용어와 정체성 그리고 혹시 다른 곳에서 마주칠 수 있는 관련 단어들을 자세히 나열했습니다. 여기서는 기본적인 용어만 살펴보겠습니다.

L: 레즈비언

레즈비언은 육체적, 감정적으로 다른 여성에게(많은 경우 여성에게만) 매력을 느끼는 시스젠더나 트랜스젠더인 여성을 의미합니다. 레즈비언이란 말은 기원전 630~612년에 태어난 그리스 시인 사포^{Sappho}에게서 유래되었습니다. 사포는 고향 레스보스섬에서 소녀들을 가르치며 시를 썼는데 그중 많은 시가 여성 사이의 사랑에 관한 것이어서 그 섬 이름이 동성애자 여성과 동의어가 되었고 레즈비언이란 말이 탄생했습니다.

G: 게이

이 용어는 동성애자 여성과 남성 모두를 지칭하는 데 쓰입니다. 남성에게 쓰일 때는 육체적, 감정적으로 다른 남성에게 매력을 느끼는 시스젠더나 트랜스젠더인 남성을 의미합니다. 대략 1950년대 즈음부터 '게이'가 동성애자 전반을 아우르는 표현으로 사용되고 있습니다.

정체성은 변하기도 한다

레즈비언이나 게이라는 정체성이 유동적인 사람들이 있다. 예를 들면 나 같은 사람은 '대체로 레즈비언'이라고 생각한다. 즉 대부분 경우에 여성에게 끌리지만 꼭 여성에게만 매력을 느끼는 것은 아니다. 마찬가지로 대체로 게이, 대체로 이성애자인 사람도 있다. 이것이 양성애자와 다른 점은 무엇일까? 두 가지가 같다고 하는 사람도 있을지 모르지만 어떤 명칭이 자신에게 가장 적합한지 결정하는 것은 바로 자기 자신이다. 여러분은 여자에게만 혹은 남자에게만 매력을 느낄 수도 있다. 하지만 보통은 남자를 좋아하는데 여자인 친구 한 명에게 이상하게 자꾸 끌릴 수도 있다. 여러분이 누구에게 끌리는지가 성별이나 젠더와 상관이 없어 보일 수도 있고, 상대에게 감정적으로 매력을 느끼지만 육체적으로는 끌리지 않을 수도 있다. 모두 자연스러운 현상이다.

B: 양성애자

전통적으로 양성애자는 감정적으로나 육체적으로 여성과 남성 모두에게 매력을 느끼는 사람을 의미합니다. 그러나 이 정의는 이분법적 체계와 결부되어 있습니다. 종종 사람들은 자신의 성정체성에 의문을 품는다는 의미로 자기가 양성애자라고 말하거나 처음에는 양성애자라고 했다가 나중에 게이나 레즈비언으로 정체성을 찾기도 합니다. 그러나 많은 양성애자는 말 그대로 양성애자이고 그렇게 계속 정체성을 유지하거나 자신을 팬섹슈얼이라고 부르기도 하는데, 상대방의 성별이나 성정체성에 관계없이 누구에게라도 끌릴 수 있음을 의미합니다.

안타깝게도 양성애자라고 말하는 사람들 또는 둘 이상의 성적 지향이나 젠더에 끌린다고 인정하는 사람들이 게이 커뮤니티를 포함한 주변 사람들에게 오해를 받기도 합니다. 사람들은 그들에게 "네가 게이인 것을 인정하지 않는 거야" 또는 "마음을 정하지 못하는군"이라고 말하기도 합니다. 그런 말을 하는 사람이 LGBTQ든, 이성애자·시스젠더든 상관없이 이는 타인을 판단, 재단하는 태도이며 도움이 되지 않습니다. 다른 모든 사람처럼 양성애자와 팬섹슈얼인 사람들도 그들 모습 그대로 인정받아야 합니다.

T: 트랜스젠더

트랜스젠더는 일반적으로 자신이 태어날 때 주어진 생물학적 성별과 다른 젠더라는 걸 느끼는 사람들입니다. 트랜스젠더의 의미는 단순하지 않으며 자주 오해됩니다. 그런 오해 중 하나가 모든 트랜스젠더가 성전환 수술을 원한다거나 몸을 바꾸기 위해 호르몬 주사를 맞는다는 이야기입니다. 그런 사람도 있지만 그렇지 않은 사람도 있습니다. 또 다른 오해는 모든 트랜스젠더가 동성애자라는 것입니다. 트랜스젠더도 이성애자일 수 있고 레즈비언, 게이, 양성애자 혹은 또 다른 정체성일 수도 있습니다. 어떤 트랜스젠더는 처음에 레즈비언, 게이 또는 양성애자라고 했다가 나중에 자기가 트랜스젠더임을 깨닫기도 합니다. 그 반대의 경우도 있고요. 그리고 트랜스젠더 중에는 자기를 남성 또는 여성이라고 분류하는 사람이 있는가 하면 일부는 그런 이분법적 분류를 하지 않습니다.

이성애자든, 퀴어든 트랜스젠더들이 겪는 이슈와 감정은 레즈비언, 게이, 양성애자가 자주 경험하는 것과 비슷합니다. 예를 들어 고립감과 커밍아웃 욕구는 모든 LGBTQ가 느낄 수 있습니다. 그러나 태어날 때의 성별이 아닌 젠더 또는 하나 이상의 젠더로 자신을 규정하는 데 따르는 또 다른 감정과 어려움이 있습니다. 이런 이슈들은 나중에 2장에서 논의하겠습니다.

[주의!] 트랜스젠더와 간성이 가끔 혼용되는데 이 둘은 같지 않습니다. 간성은 태어날 때 생식기나 성기의 해부학적 형태가 일반적인 남성 또는 여성과 다른 다양한 상태를 지칭하는 용어입니다. 이 역시 2장에서 더 논의하겠습니다.

Q: 성정체성을 고민하는 사람

이들은 성적 지향 또는 성정체성이 확실하지 않거나 특정 지향으로 규정되길 원치 않는 사람들입니다. 많은 십대가 이렇게 의문을 품는 것으로 시작합니다. 청소년기에는 많은 것이 변하기에 '고민 중'이라고 결정하면 레즈비언, 게이, 양성애자, 이성애자 같은 정체성을 선택해야 한다는 압박에서 벗어날 수 있습니다.

'퀴어' 단어의 뿌리

마틴 듀버만Martin Duberman과 공저자들이 쓴 《역사에서 숨겨진 것: 게이와 레즈비언의 과거를 다시 이야기하다Hidden from History: Reclaiming the Gay & Lesbian Past》에 따르면 1800년대 말에 남자 옷을 입고 남자로 "통하던passed" 레즈비언들이 자신을 표현하는 긍정적인 언어를 개발했다. 성도착자를 뜻하는 '인버트invert'와 '히쉬he-she'와 같이 경멸적인 명칭으로 그들을 부르는 사람들도 있었지만 이 여성들은 '다이크dike'라는 단어를 사용하기 시작했다. 당시 이 말은 저녁 모임이나 시내에 가기 위해 정장을 잘 차려입은 남성을 지칭했다. 오늘날 철자가 'dyke'로 바뀐 이 단어는 긍정적인 문맥과 부정적인 문맥에서 동시에 사용된다. 누군가는 경멸적인 말로 사용하지만 일부 레즈비언들은 자신을 다이크라고 당당하게 말한다. 한 예로 프라이드 퍼레이드Pride Parade[5] 중 인기가 많은 '다이크 온 바이크Dykes on Bikes'는 오토바이를 탄 레즈비언들의 행렬이다.

LGBTQ 유전자가 있나요?

왜 누구는 LGBTQ이고 누구는 아닐까요? 현재로서 확실한 답은 없으며 어쩌면 정답은 영원히 없을 수도 있습니다. 이 질문에 답하기 위해 과학자, 철학자, 심리학자, 그 밖에 수많은 사상가가 의견과 이론을 내놓았지만 지금까지는 100퍼센트 확실한 이유를 찾지 못했습니다. 그렇긴 하지만 '게이 유전자' 찾기를 포함해 LGBTQ가 되는 이유가 무엇인지를 규명하려는 많은 연구가 시도되고 있습니다. 이런 노력 덕분에 과학자, 의료 전문가, 일반 대중 모두 성적 지향과 성정체성에 관한 폭넓은 정보를 접하게 되었습니다.

킨제이 보고서가 보여준 성 스펙트럼

1940년대에 알프레드 킨제이Alfred Kinsey 박사와 동료들은 남성의 성에 관한 연구를 수행했습니다. 이 연구를 바탕으로 킨제이 박사는 대부분 남성이 전적으로 게이거나 전적으로 이성애자는 아니라고 결론 내렸습니다. 즉 스펙트럼의 양 끝에 속하는 사람들도 있지만 대부

---

5 프라이드 퍼레이드는 LGBTQ의 자긍심을 높이고 성소수자들을 알리기 위한 행진이다.

분은 그 중간 어딘가에 속합니다. 그는 이 스펙트럼을 보여주기 위해 킨제이 척도를 개발했는데, 개인의 성적 경험과 반응을 0~6까지 숫자로 표시하는 평가 척도였습니다.

킨제이 척도는 사람들의 퀴어 성향을 미리 정해진 것으로 봤을 뿐 아니라 게이와 이성애자 사이의 넓은 회색지대를 보여주었다는 점에서 혁신적이었습니다. 이전에는 인간의 성이 검은색 아니면 흰색이라고 생각하는 전문가가 많았습니다. 이성애자는 100퍼센트 이성애자이고, 퀴어는 100퍼센트 퀴어라고 생각했죠. 또한 많은 사람이 이성애자가 정상이고 잘 적응한 사람들이며, 퀴어는 병이고 정상에서 벗어난 사람들이라고 생각했습니다. 킨제이 보고서는 이런 잘못된 생각을 반박하는 근거를 제시했고 생각보다 동성애자와 양성애자가 훨씬 많다는 사실을 보여주었습니다.

킨제이 척도

0 배타적 이성애

1 이성애가 많이 우세하지만 가끔 동성애를 경험함

2 이성애가 우세하며 동성애 경험이 가끔 이상으로 있음

3 이성애와 동성애를 동등하게 경험함

4 동성애가 우세하며 이성애 경험이 가끔 이상으로 있음

5 동성애가 많이 우세하지만 가끔 이성애를 경험함

6 배타적 동성애

남성의 성에 관한 연구 결과가 매우 흥미롭다고 느낀 킨제이 박사는 나중에는 여성까지 포함해 연구를 확장했습니다. 박사의 저서

중 가장 많이 알려진 것은 1948년에 출간된 《남성의 성적 행동Sexual Behavior in the Human Male》과 1953년에 출간된 《여성의 성적 행동Sexual Behavior in the Human Female》입니다. 킨제이 박사가 사용한 통계 방법이 오늘날 연구에 사용하는 기준에는 부족하지만 사람의 젠더와 성이 스펙트럼과 같은 연속선 위에 존재한다는 사실은 여전히 큰 영향을 미치고 있습니다.

성을 스펙트럼으로 생각해본 적 없는 사람에게는 이 개념이 처음에는 혼란스러울 수 있습니다. 그러나 누군가를 볼 때 그를 고유한 한 인간으로 만드는 모든 복잡한 요인을 고려하면 이해하기 쉽습니다. 모든 인간의 특성이 스펙트럼 위에 있으니까요. 하나의 특징 안에도 다양한 변주가 있습니다. 예를 들어 눈동자 색을 생각해보면 눈이 파란 사람이라도 옅은 파랑, 진한 파랑, 회색빛이 도는 파랑 등 여러 가지입니다. 따라서 성적 지향, 성정체성 그리고 생물학적 남성·여성 특성의 혼합 역시 여러 가지일 수밖에 없습니다.

젠더와 성의 새로운 모델

모든 사람을 게이와 이성애자 사이를 잇는 일직선 위에 놓고 상대적 위치로 정체성을 이야기하는 킨제이 모델에는 한계가 있어 보인다. 최근에는 젠더와 성적 지향을 살펴보고 설명하는 새로운 다면적 모델이 많이 사용된다. 그들 중에는 재미있는 것도 있고 기발한 것도 있지만 어쨌든 모두가 단순하게 0~6까지 분류하는 킨제이 척도보다는 성적 지향에 포괄적으로 접근한다. 가장 인기 있는 다차원 모델 두 가지는 젠더 유니콘(www.transstudent.org/gender)과 젠더브레드 퍼슨(www.genderbread.org)이다. 이 모델에서 고려하는 요인은 성정체성, 젠더 표현, 출생 성별, 신체적 또는 정서적으로 누구에게 매력을 느끼는가 등이다. 일부 학교는 이런 모델을 교육적 도구로 사용하기까지 한다. 젠더 유니콘과 젠더브레드의 가장 유용한 점은 이 모델이 어떤 사람을 단지 이것 또는 저것(예를 들면 단지 게이 또는 단지 이성애자)이라고 단정하는 대신 존재의 전체 스펙트럼을 인정한다는 것이다.

> **전문가의 귀띔** 여러 가지 젠더와 성 모델에 관한 조사와 발표는 학교 과제 연구나 GSA[6] 활동에 아주 적합할 수 있다.

왜 사람들은 퀴어 혹은 이성애자·시스젠더일까?

정말 좋은 질문입니다. 왜 어떤 사람은 LGBTQ이고 어떤 사람은 이성애자·시스젠더인지 여러분은 아주 많은 이론을 평생 듣게 될 겁니다. LGBTQ를 자기가 선택할 수 있다고 믿는 퀴어도 있고 그렇지 않다고 생각하는 이성애자·시스젠더도 있습니다. 또 그것이 언제든 벗을 수 있는 옷을 입는 것 같다고 말하는 사람이 있는가 하면, 사람 안에 깊이 내재된 무엇이라고 믿는 사람도 있습니다. 심지어 어떤 경험이 사람을 게이로 '만든다'라는 주장을 듣게 될지도 모릅니다. 많은 사람이 나름의 이론을 가지고 있고, 여러분이 아직 자기 생각

> "고등학생 때는 확실히 알 수 없었다. 나는 우리 학년 남자아이들 중 거의 절반을 좋아하면서 동시에 같은 동네에 사는 여자아이 둘에게 첫눈에 반하기도 했다. 신체적으로나 정신적으로 급격히 변하는 나이에 그런 경험은 무척 혼란스러웠다."
>
> _엔리케, 20세

---

6 GSA는 Genders & Sexualities Alliance의 약자로 젠더와 성 연대. 게이-이성애자 연대Gay-Straight Alliances Network라고도 부른다. 미국 대학뿐 아니라 일부 고등학교와 중학교에 있는 학생 활동 조직이다. 성적 지향, 성정체성, 젠더 표현과 관련된 이슈를 논의하고 서로를 지지하는 것을 목적으로 한다.

을 정하지 못했다고 해도 앞으로 천천히 정리할 수 있습니다. 이유가 뭐든 상관없다고 결정할 수도 있고요.

사람을 퀴어로 만드는 유전적 요인을 발견하기 위해 연구하는 과학자들도 있지만 많은 정신건강 전문가와 LGBTQ 지지자들은 LGBTQ가 환경적 요인과 생물학적 요인의 복잡한 상호작용의 결과라고 믿습니다. 미국정신의학회American Psychiatric Association와 PFLAG 같은 지지 단체들은 퀴어가 되는 것이 선택의 문제가 아니라고 합니다. 미국심리학회는 "인간은 게이 또는 이성애자가 되는 것을 선택할 수 없다"라는 입장을 일관되게 유지하고 있습니다. 미국심리학회는 《성적 지향과 동성애를 이해하는 데 도움이 되는 질문과 답변Answers to Your Questions for a Better Understanding of Sexual Orientation & Homosexuality》이라는 소책자에서 "성적 지향을 결정하는 어떤 특정 요인이나 다수의 요인이 아직 과학적으로 발견된 바 없다. … 대부분 사람은 자신의 성적 지향에 대해 전혀 또는 거의 선택의 여지가 없음을 경험한다"라고 밝혔습니다.

퀴어는 선택의 문제인가

노스이스턴대학교의 사회학과 교수이자 레즈비언임을 밝힌 수재너 월터스Suzanna Walters는 저서 《관용의 함정: 신, 유전자, 선의가 어떻게 게이의 평등권을 침해하는가The Tolerance Trap: How God, Genes, and Good Intentions Are Sabotaging Gay Equality》에서 퀴어가 선택의 문제가 아니라는 주장이 사실은 LGBTQ 권리 운동에 어떻게 피해를 주는지에 대해 몇 가지 재미있는 관점을 제시했다. 그러나 결국 그녀는 모든 사람에게 헌법상 동등한 권리가 보장되므로 성적 지향이 선택인지, 누구에게는 선택이고 누군가에겐 그렇지 않은지가 상관없다고 주장한다.

퀴어임을 부정하는 사람 vs. 퀴어를 바꾸려는 사람

LGBTQ 정체성의 발달과 실현은 많은 단계를 거칩니다. 초기에는 많은 젊은이가 자신을 바꾸고 싶어 합니다. 자신이 어떻게 느끼는지를 무시하고 이성애자·시스젠더로 행세하며 데이트를 하고 이성 친구를 사귀며 '정상'이라고 느끼고 싶어 이성과 성관계를 경험하기도 합니다.

지금 LGBTQ 커뮤니티에서 지도자가 된 많은 사람도 여러분처럼 혼란스럽고 두려운 시기를 겪었습니다. 트랜스젠더 활동가이자 작가인 케이트 본스타인은 저서 《젠더 무법자: 남자, 여자 그리고 우리에 관하여》에서 자신이 여자라고 느끼는 감정을 숨기려 했던 경험을 적었습니다. "네 살부터 내가 남자아이라기엔 뭔가 이상하다는 것을 알았지만 그 문제를 회피했다. 학교 공부, 싸구려 통속소설, 술과 마약 속에 숨었고 텔레비전, 대학 생활, 수많은 애인, 세 번의 결혼 속에 머리를 파묻었다." 결국 본스타인은 숨바꼭질을 멈추고 자신의 진정한 정체성을 받아들이고 사랑하게 되었습니다.

엘렌 드제너러스도 사회적인 배척이 심히 두려워 커밍아웃을 꺼렸던 사실을 공개적으로 이야기했습니다. 1997년 공개적인 커밍아웃 이후 그녀의 커리어가 잠시 흔들렸지만 지금은 그녀의 토크쇼가

낮 TV 방송 중 가장 사랑받는 프로그램의 하나로 자리 잡았습니다.[7] 〈엘렌 드제너러스 쇼〉는 방송 첫 6년 동안 거의 30개에 이르는 에미상을 받았고 2017년까지 엘렌 드제너러스 개인도 76개의 주요 상을 받았습니다.

케이트 본스타인과 엘렌 드제너러스가 십대였던 때와 달리 지금은 시대가 바뀌었고 LGBTQ인 사람들이 훨씬 많이 눈에 띕니다. 그렇지만 자신이 퀴어라는 깨달음은 아직도 매우 근본적이고 개인적인 경험이기에 처음에는 많은 이가 힘들어합니다.

처음에는 내가 뭔가 잘못되었다고 느낄 수 있습니다. 그러나 압도적으로 많은 주류 의학 단체가 퀴어라는 것에는 잘못된 것이 없고 따라서 치료하려고 해선 안 된다고 주장합니다. 미국소아의학회, 미국상담학회, 미국정신의학회, 미국학교심리학자연합회, 미국사회사업가연합회 모두 퀴어가 정신질환이 아니라는 입장을 견지하고 있습니다.

《성적 지향과 동성애를 이해하는 데 도움이 되는 질문과 답변》에서 미국심리학회는 "이성애적 행동과 동성애적 행동이 모두 인간의 성에서 정상적 양상이다. … 레즈비언, 게이, 양성애자를 정신적 장애가 있다고 묘사하는 끈질긴 고정관념에도 불구하고 이 나라에 있는 주류 의학 단체와 정신건강 단체들은 수십 년에 걸친 정신건강 연구와 임상 경험을 바탕으로 이런 성향이 인간 경험의 정상적 형태를 보여준다는 결론에 이르렀다"라고 기술합니다.

하지만 어떤 사람들은 성정체성이나 성적 지향을 치료나 다른 방

---

7 〈엘렌 드제너러스 쇼〉는 2022년 5월에 종료되었다.

법으로 바꿀 수 있다고 믿습니다. 많은 사람이 LGBTQ가 선택의 문제가 아니라는 개념을 강조하는 이유가 여기에 있습니다. 이른바 전환 치료, 회복 치료, 변혁 사역은 LGBTQ 사람들을 변화시키거나 치료하려고 노력합니다. 전환 치료는 동성애 감정 제거가 목표인 심리치료를 포함합니다. 변혁 사역은 사람을 변화시키기 위해 종교를 이용하는데 '엑소더스 인터내셔널Exodus International(2013년에 활동을 멈춤)'과 '힘든 길 위의 형제들Brothers on a Road Less Traveled'은 사람들을 하느님께 인도해 퀴어에서 해방하는 것을 목표로 합니다.

"처음에 내가 누구인지 깨닫고 내 모습 그대로를 받아들이려고 노력했던 시간은 표현할 수 없이 힘들었다. 청소년을 위한 성경을 꺼내 몇 시간 동안 동성애에 관한 구절을 찾던 날을 기억한다. 드디어 구절을 찾아 읽고 나는 숨 막히게 흐느껴 울었다. 몇 구절이 나를 단죄하고 있다고 생각했다. 나 같은 사람은 불의하고 추악하며 용서받지 못하고 영원히 불태워진다고 말하고 있었다. 이제까지 내가 들은 가장 가혹한 말이었다. 아마도 그 한 주 동안 그때까지 한 기도보다 더 많은 기도를 했을 것이다. 내가 정말 잘못되었는지, 내가 악마인지 알려달라고 하느님께 물었다. 나는 성경에서 말하는 그런 사람이 아니라고 속으로 부르짖으며 그렇게 믿으려고 노력했다. 그 과정을 넘어 회복하는 데 꽤 시간이 걸렸다."

_소냐, 19세

전환 치료를 직접 경험한 많은 사람이 이 방식을 고문이라고 표현했고 점점 더 많은 사람이 전환 치료의 악영향을 인식하고 있습니다. 그럼에도 UCLA 법과대학의 윌리엄스 연구소Williams Institute에서 발표한 보고서는 13~17세의 LGBTQ 청소년 2만 명이 18세가 되기 전에 의료 전문가에게 이런 종류의 치료를 받고 5만 7,000명이 종교 또는 정신적 지도자에게 전환 치료를 받는다고 추정했습니다(동성애와 종교에 관해서는 10장에 더 많은 정보가 있습니다).

전환 치료와 변혁 사역은 퀴어인 사람들의 자존감을 엄청나게 손상할 수 있습니다. 이런 치료는 LGBTQ들의 생각과 감정이 잘못되었고 부자연스러운 것이라고 설득하기 때문입니다. 자신의 LGBTQ 성향을 이해하는 데 도움이 필요하거나 누군가와 이야기를 하고 싶다면 심리치료와 상담을 통해 이런 문제를 논의하는 것이 좋습니다. 그러나 대화를 나누는 전문가가 나의 모습을 잘못된 것이라고 느끼게 만드는 사람이 아니어야 합니다. 여러분은 처음부터 잘못된 것이 전혀 없기 때문에 지금의 내가 누구든 고칠 필요가 없습니다.

전환 치료는 불법이다

2018년 중반까지 미국 15개 주와 워싱턴D.C는 미성년자에게 전환 치료를 금지하는 법안을 통과시켰다. 의학 전문가들이 치료 효과를 인정하지 않는 점, 전환 치료가 환자들에게 손상을 입힐 수 있다는 사실을 근거로 삼았다. 2017년 5월 대법원은 캘리포니아주의 전환 치료 금지를 인정했다. 코네티컷 법원은 전환 치료가 '해롭고 신빙성 없는' 진료라고 지적한다. 2018년 중반까지 미국에서 전환 치료 금지 법안이 상정된 주는 24개다.

전미 LGBTQ 태스크포스The National LGBTQ Task Force는 〈십자선 위의 젊은이들: 엑스-게이 운동[8]의 제3의 물결Youth in the Crosshairs: The Third Wave of Ex-Gay Activism〉이라는 보고서를 발간했습니다. 이 보고서는 LGBTQ 청소년을 겨냥한 특정 조직의 활동을 열거하면서 "전환 치료

---

8 기독교 사역을 통해 동성애자들을 이성애자로 바꾸려는 운동이다. 과거 게이, 레즈비언, 양성애자였으나 노력을 통해 지금은 동성애적 욕망을 없앴거나 억제한다고 주장하는 사람들이 활동한다.

가 효과가 없을 뿐 아니라 우울증, 가족과 친구로부터의 고립, 낮은 자존감, 동성애혐오 homophobia의 내재화, 심지어 자살 시도에 이르는 극심한 해를 초래한다"고 결론 지었습니다. 이에 더해 "전환 치료 대상자들은 자신의 성적 지향을 받아들이게 도와주는 다른 치료법이 있다는 정보를 제공받지 못한다"고 말합니다. 미국정신의학회는 회복 치료를 규탄하며 게이나 양성애자를 이성애자로 변화시키려는 시도는 의미가 없을뿐더러 개인적 편견에서 나오는 것이라고 주장합니다.

더 많은 정보가 있는 곳

인권캠페인 Human Rights Campaign   www.hrc.org

비욘드 엑스—게이 Beyond Ex-Gay   beyondexgay.com

국내 정보

● **비온뒤무지개재단**은 성소수자 권익 증진을 위해 힘쓰는 공익재단으로 1인 활동가부터 소모임, 문화 활동, 차별 저항 운동까지 다양한 활동을 지원한다.

홈페이지   rainbowfoundation.co.kr

나를 가장 잘 아는 건 나 자신이다

정말 중요한 것은 전문가의 말이 아닙니다. 나에 관해 진정한 전문가는 나이기 때문에 내가 어떻게 생각하는지가 가장 중요합니다.

성정체성을 '고민하는' 것의 중요성

겉으로 드러내고 말하는 사람이 드물지만 자신의 성적 지향성에 대해 의구심을 가진 사람이 생각보다 많습니다. '성정체성을 고민하는 사람'으로 불리면 자신이 혼란스러운 것처럼 보일까 봐 그렇게 분류되기를 꺼리는 사람들도 있습니다. 그러나 '고민하는 사람'은 자신의 성적 지향과 성정체성을 찾아가며 있는 그대로 이해하려는 열린 마음을 가지고 있다는 것입니다. 아주 좋은 태도죠. 이 세상에 마음이 열린 사람이 더 많았으면 합니다.

"많은 사람이 어린 LGBTQ를 진지하게 받아들이지 않는다는 사실이 정말 힘들다. 또한 청소년으로서 자신의 성정체성을 알아가면서 동시에 학교, 친구, 삶의 다른 부분들과 균형을 이루기가 쉽지 않다. 미디어나 TV에서도 이런 사례를 충분히 찾을 수 없어서 LGBTQ 청소년들은 외로움을 느끼거나 자신이 잘못되었다고 생각하기 쉽다."

_제이슨, 16세

"성정체성을 고민하는 것이 꼭 게이라는 의미는 아니다. 정확히 말 그대로 '내가 고민하고 있고 나에 대해 혹은 나의 성에 대해 잘 모르겠다'라는 뜻이다. 시간이 지나면 내가 누구인지 이해할 수 있을 것이다."

_놀런, 19세

성에 대한 고민은 계속된다

LGBTQ 청소년 문제를 처음으로 널리 제기한 케이틀린 라이언Caitlin Ryan과 도나 푸터맨Donna Futterman에 따르면 많은 레즈비언과 게이 젊은이들이 16세 즈음에 정체성을 드러내기 시작한다고 합니다. 하지만 동성을 향한 관심은 남자아이의 경우는 9세, 여자아이의 경우는 10세쯤에 처음 느끼기 시작하는 경우가 많습니다. 아이들이 생물학적 차이를 인식하는 것은 3세경부터입니다. 어린 시절과 청소년기에 걸쳐 계속 자

"내가 LGBTQ라는 사실을 깨달은 것은 어렸을 때, 아마 열한 살이나 열두 살 때였던 것 같다. 기억하는 한 나는 항상 여자에게 관심이 있었다. 텔레비전을 보며 화면 속 예쁜 여자들이 좋았고 그녀들을 만지고 싶었던 것이 분명히 기억난다. 그러나 열여섯 살이 되기까지는 생각해본 적이 없다가 결국 나 자신을 드러냈다."

_엘레나, 20세

"내가 어떻게 성정체성을 알게 되었는지 정확하게 말하기는 어렵다. 아마도 웹사이트들을 이리저리 서핑하며 트랜스젠더들에 대한 이야기를 읽으면서였다고 생각한다. 그때 나는 '갑자기 이유도 모르고 여자로 바뀌는 꿈'을 모든 남자아이가 꾸지는 않는다는 것을 알게 되었다."

_크리스, 19세

"정확한 용어는 몰랐지만 어려서부터 내가 양성애자인 것을 알고 있었다. 일곱 살 또는 여덟 살이었을 때 다른 여자아이와 함께 '여자 친구', '남자 친구' 놀이를 했던 게 기억난다. 나는 항상 여자와 남자 모두에게 끌렸지만 친구 중 한 명이 게이라고 커밍아웃을 한 것을 본 뒤에 내가 양성애자라는 생각을 하기 시작했다."

_준, 19세

신의 신체적 모습과 성정체성 사이에서 갈등했다는 트랜스젠더들이 많습니다. 요점은 LGBTQ 젊은이들 대부분과 성인들까지도 자신의 성에 대한 고민은 '지속되는 과정'이라는 점입니다.

LGBTQ임을 깨닫기 시작할 때

자신이 LGBTQ일지 모른다는 생각에 대한 반응은 사람마다 다르지만 보통 공통적인 단계를 경험합니다. 남들보다 빠르게 이 단계들을 지나는 사람도 있고, 특정 단계에서 다른 곳보다 더 많은 시간을 보내는 사람도 많습니다. 사회학자 리처드 트로이덴Richard Troiden은 〈동성애 저널Journal of Homosexuality〉에 그 과정을 다음과 같이 기술했습니다.

> "나는 언니에게 먼저 털어놓았다. 언니는 처음엔 조금 어색하게 받아들였지만 나이가 들면서 점차 괜찮아졌다. 나는 양성애자라는 사실이 점점 편해지고 있다."
>
> _샬럿, 19세

1 **민감 단계**: 자기가 다수의 사람과 근본적으로 다르다는 느낌은 사춘기 이전부터 느낄 수 있습니다. 가족과 친구로부터 외떨어졌다고 느낄 수 있어 매우 힘든 시기입니다.

2 **정체성 혼란 단계**: 실제로 동성 혹은 다른 젠더에 대한 생각과 감정을 더 많이 느끼기 시작합니다. 이 시기에는 동성애나 트랜스젠더에 대해 학습된 부정적 시각 때문에 자신이 느끼는 감정과 생각에 스스로 배신감이 들 수 있습니다.

3 **정체성 인정 단계**: 전체 과정 중 여기부터 조금씩 편안해집니다. 일반적

으로 LGBTQ가 된다는 것에 대해 긍정적이고 정확한 정보를 알기 시작하고 자신을 그런 방향으로 받아들이면서 시작되는 단계입니다.

4 **헌신 단계:** 일반적으로 예전에는 성인이 되어야 이 단계에 도달했지만 요즘은 많은 십대가 점점 더 어린 나이에 이 지점에 이릅니다. 아마도 LGBTQ에 대해 미디어가 긍정적으로 기술하고 정확한 정보를 폭넓게 얻을 수 있어서인 듯합니다. 이 단계에 이르면 사람들은 자신의 LGBTQ 정체성을 삶 속에 받아들이고 공개합니다(커밍아웃에 대해서는 4장을 참조하세요).

LGBTQ에 대한 편견 그리고 진실

학교에는 고정관념이 가득합니다. 무슨 옷을 입고 방과후에 무엇을 하는지에 따라 학생들을 공부벌레, 날라리, 찐따, 인싸, 불량 학생, 운동부 등으로 구분하지요. 이런 별명의 문제는 매우 일차원적이며 한 사람을 충분히 설명하지 못한다는 것입니다. 운동선수처럼 옷을 입고 다니지만 예술가의 영혼을 지녔을 수 있고 그 반대일 수도 있습니다.

누군가를 잘 알게 될수록 그 사람을 특정 범주로 분류하는 것이 적절하지 않아 보입니다. 예를 들어 제일 친한 친구를 하나 또는 두 개의 단어로 묘사해보세요. 아마도 그것들이 친구를 제대로 설명할 순 없다고 느낄 것입니다.

LGBTQ는 특히 더 고정관념에 취약합니다. 그 이유 중 하나는 그런 고정관념을 반박하면 남들이 자기를 LGBTQ라고 생각하고 괴롭힐까 봐 무서워하는 사람들이 있기 때문입니다. 고정관념이 강한 또다른 이유는 미디어에 나오는 LGBTQ에 대한 긍정적이고 정확한 묘사가 매우 부족하기 때문입니다. 예전보다는 늘어났지만 그래도 아직 많지 않습니다.

또한 많은 LGBTQ가 커밍아웃을 두려워하는 이유는 사회적 배척과 신체적 피해를 입을 수 있다는 두려움 때문입니다. 이들은 자신에게 수용적인 환경이 아닐 때 숨기 쉽고, 그것이 다시 오해를 키우는 악순환이 생겨납니다. 다행히 상황이 점점 개선되고 있습니다. 많은 활동가의 노력으로 사회에서 LGBTQ를 보는 시각이 변화하고 TV 프로그램을 포함한 미디어에서도 LGBTQ 청소년들을 일상적으로 볼 수 있는 사람으로 묘사합니다.

그러나 아직도 무지함은 계속되고 있습니다. 다음에 나열하는 고정관념들을 한번 생각해보세요. 이런 잘못된 정보나 이야기 중 몇 가지는 이미 들어본 적이 있을 것입니다. 이성애자·시스젠더인 사람들만 이런 말들을 한다고 생각하지 마세요. 안타깝지만 고정관념은 LGBTQ 커뮤니티에도 존재합니다.

퀴어에 대한 12가지 고정관념

고정관념 1 LGBTQ의 삶은 불행하다

오랫동안 우리 사회는 LGBTQ들이 은밀하거나 고통받는 삶을 사는 것처럼 그렸습니다. 하지만 많은, 어쩌면 대부분의 퀴어들이 퀴어임을 밝히고 다른 사람들처럼 사랑하는 가족들과 행복하게 삽니다. 사실은 사회에서 LGBTQ들을 '다르게' 보기 때문에 어려움에 부딪힙니다. 이는 퀴어가 무엇인지와 상관없는 이야기입니다. 오히려 LGBTQ를 힘들게 하는 것은 다른 사람들의 몰이해입니다. 또한 이성애자·시스젠더라고 해서 어려움 없는 삶을 사는 것도 아닙니다. LGBTQ든 이성애자·시스젠더든 상관없이 인생에서 만나는 도전에 어떻게 대처하는지가 행복과 성공을 결정합니다.

고정관념 2 게이는 모든 남자를 좋아한다

흔히 게이는 모든 남자를, 레즈비언은 모든 여자를, 양성애자는 모든 사람을 좋아한다고 생각합니다. 하지만 이는 잘못된 고정관념입니다. 이성애자·시스젠더처럼 퀴어들도 개인적 취향이 있고 자기가 좋아하는 음식, 자동차, 이상형이 다릅니다. 그러나 이 고정관념은 너무 널리 퍼져 있어서 '이 사람은 게이니까 나한테 관심을 가질 거야'라고 생각하며 처음에 LGBTQ를 만나면 불편해하는 사람들이 있습니다. 양성애자와 팬섹슈얼이 이런 문제를 가장 많이 겪을 것입니다. 여성과 남성 모두 또는 모든 젠더를 사랑할 수 있기 때문에 '모든 사람에게' 매력을 느낀다고 사람들이 생각합니다.

그러나 절대 사실이 아닙니다. 이렇게 생각해보세요. 어떤 사람은 디저트로 아이스크림만 먹고 어떤 사람은 아이스크림, 과자, 케이크를 골고루 좋아합니다. 그렇다고 모든 아이스크림, 과자, 케이크가 맛있다고 생각하지는 않습니다. 좋아할 수 있는 사람이나 디저트의 범위가 넓지만 그 안에서도 선택을 결정하는 취향이 있습니다. 실제로 퀴어와 친해질수록 이 사실을 더 잘 이해할 수 있습니다.

고정관념 3 게이는 여자가 되기를, 레즈비언은 남자가 되길 바란다

트렌스젠더와 게이·레즈비언은 매우 다릅니다. 동성에게 끌리는 사람이 있다는 것을 도저히 이해 못 해서 게이나 레즈비언이 신체적으로 다른 성이 되기를 바란다고 생각하는 사람이 있습니다. 이 고정관념은 일부 게이나 레즈비언이 전형적인 젠더 규범을 따르지 않는 데서 비롯됩니다. 이들은 생물학적인 성별에 기대되는 사회적 관행에 순응하지 않는데, 이성애자·시스젠더 중에도 그런 사람들이 있습니다.

이와 비슷하게 조금 더 여성적으로 보이는 게이나 남성적으로 보이는 레즈비언을 트렌스젠더라고 가정하는 경우도 있는데, 실제로 그럴 수도 있고 아닐 수도 있습니다. 또 다른 오해는 여성적인 게이나 남성적인 레즈비언이 그저 주목을 받고 싶어 그렇게 행동한다는 것입니다. 하지만 이들이 자신을 표현하는 방법은 다른 사람들과 똑같습니다. 성격이나 패션 스타일은 자신이 누군지를 드러내는 도구일 뿐입니다. 누군가의 패션 스타일이나 되고 싶은 모습을 비판하기 시작하면 모든 사람의 권리를 억누르는 게 됩니다.

고정관념 4 게이는 여자를 싫어하고 레즈비언은 남자를 싫어한다

게이 또는 레즈비언은 동성에게 육체적, 정서적으로 끌릴 뿐 다른 성이나 젠더에 대한 혐오와 아무 상관이 없습니다. 예를 들어 남자를 싫어한다고 레즈비언이 되지는 않습니다. 레즈비언은 여성과 함께 있고 싶은 욕구가 깊어 다른 여성과 사랑하는 사이가 되고, 게이는 같은 이유로 남성과 신체적이고 정서적인 사랑 관계를 형성합니다(그러나 퀴어가 되는 것이 선택의 문제라고 주장하는 사람들도 있는데, 이에 대해서는 앞 49쪽을 살펴보세요).

고정관념 5 퀴어들은 보통 나대고 과시한다

자동차에 퀴어를 지지하는 스티커를 붙이고 퀴어 인권운동에 동참하며, 동성애 관련 문구가 새겨진 티셔츠를 입거나 배지를 달고 공공장소에서 손을 잡고 다니는 LGBTQ들을 '나대고 과시한다'며 비난하는 경우가 종종 있습니다. 왜 조용히 자기들끼리 지내지 못하냐고 묻는 이성애자·시스젠더도 있습니다. 그러나 이성애자·시스젠더가 정상이라고 가정하는 사회에서 LGBTQ들은 그 가정이나 정체성에 도전해 우리가 혼자가 아니라는 것을 알리고 싶어 합니다. 자신의 성적 지향을 알리는 것이 자신을 떳떳하게 드러내기 위해서일 때도 있고, 단순히 모든 사람이 이성애자·시스젠더가 아니라는 사실을 상기시키기 위한 제스처일 때도 있습니다.

덧붙이자면 공공장소에서 손을 잡고 다니는 이성애자·시스젠더 커플들은 '나대고 과시한다'는 비난을 거의 받지 않습니다. 대부분의 LGBTQ도 단순히 자신의 연인, 배우자, 사랑하는 사람에 대한 애정을 표현할 똑같은 자유를 원할 뿐 어떤 정치적, 사회적 시위를 하려는 것이 아닐 때가 많습니다. 그저 자신의 마음에 충실할 뿐입니다.

고정관념 6 트랜스젠더는 모두 드랙퀸 또는 드랙킹이다

드랙퀸 혹은 드랙킹은 보통 여성적 분장 혹은 남성적 분장을 과장해서 하고 쇼를 하는 사람을 말합니다. 트랜스젠더는 태어날 때 정해진 성이 아닌 다른 젠더에 깊은 유대감을 갖습니다. 이들은 주목을 받기 위해 또는 쇼를 위해 특정 스타일의 옷을 입거나 행동하는 것이 아니라 단지 자기 내면을 드러내는 방법으로서 옷을 입고 행동할 뿐입니다. 트랜스젠더 중 드랙퀸이나 드랙킹인 사람도 있지만 대부분은 그렇지 않습니다.

고정관념 7 LGBTQ들은 모두 파티와 마약을 좋아한다

오랫동안 LGBTQ들이 모일 수 있는 안전한 곳은 이들을 받아주는 술집이나 클럽밖에 없었습니다. 그곳은 친구를 사귈 뿐 아니라 LGBTQ 같은 소수자를 위한 인권운동을 함께 논의하는 곳이 되기도 했지요. 아직도 LGBTQ를 위한 클럽이나 술집이 많이 있지만 요즘은 그 외에도 친구를 만날 수 있는 장소가 아주 많습니다. 그럼에도 많은 미디어에서 소개하는 퀴어들은 말초적이고 화려한 퀴어 파티 장면에 한정되어 있습니다. 심지어 그런 미디어 노출이 일부 이성애자·시스젠더들이 유일하게 보는 퀴어의 모습인 경우도 있습니다. 다른 사람과 마찬가지로 퀴어도 파티 이외에 다양한 관심사를 갖고 있습니다. 그리고 파티를 전혀 좋아하지 않는 퀴어도 매우 많습니다.

퀴어도 군대에 복무할 수 있다

이제는 LGBTQ가 공식적으로 육군, 해군, 공군, 해병대에 복무할 수 있으며 고위직에 오른 사람도 많다(트랜스젠더의 군 복무를 계속 허용할 것인지에 대해서는 논쟁이 있지만 수천 명의 트랜스젠더가 자랑스럽게 군대 생활을 마쳤거나 지금도 복무 중이다). 공개적으로 게이임을 밝힌 사람은 군인이 될 수 없는 '묻지도 말고 말하지도 말라Don't Ask, Don't Tell, DADT' 정책은 버락 오바

| 2010년 오바마 미 대통령이 DADT 폐지 법률에 서명하고 있다.

마 대통령이 2010년 12월 22일에 공식적으로 폐지했다. DADT가 폐지
되기 직전 몇 개월 동안 이라크와 아프가니스탄에서 무력분쟁들이 계속
되면서 이 정책에 대한 논쟁이 뜨거웠다.

2009년 오바마 대통령은 DADT를 끝내겠다고 선언했다. 그리고 2010
년에 국방부장관 로버트 게이츠는 실제로 DADT 시행을 상당히 어렵도
록 만들었다. 당시 군대 최고 위치에 있던 합참의장 마이크 뮬런을 포함
해 군대 지도자 대부분이 DADT 폐지를 지지했지만 일부 상원과 군부에
강한 반대파들이 있었다. 결국 복무 중인 군인과 가족들에게 이 정책 폐
지를 어떻게 생각하는지 묻는, 미국 군대 역사에서 가상 광범위한 설문조
사가 실시되었다. 위원회가 2010년 11월 30일에 발표한 보고서에 따르
면 "결과는 대다수의 군대 구성원들이 'Don't Ask, Don't Tell' 정책의 폐
기가 그들의 군사적 임무 수행 능력에 부정적 영향을 끼치지 않는다는 태
도를 보여주었다."

논쟁 끝에 상원과 하원은 이 정책을 폐지했다. DADT 폐지는 LGBTQ 인
권운동에서 커다란 도약이었으며 미국 역사에 기념비적인 사건이다. 그
러나 2017년 도널드 트럼프 대통령은 트랜스젠더의 군 복무 금지를 추진
할 것이라고 발표했다. 몇 개 단체가 군 복무 금지에 반대하는 소송을 제

기하고 연방 법원은 이 정책에 일시적 시행 금지 명령을 내렸지만 백악관은 계속 추진한다고 공표했다. 양 정당과 군대 지도자들 대부분이 군 복무 금지 법안을 비난했고 거기에는 4개 군부(육군, 해군, 해병대, 공군)의 최고사령관들이 포함되어 있었다. 이에 더해 2018년 미국 연안경비대 사령관인 폴 주쿤프트는 "연안경비대에서는 트랜스젠더의 복무를 계속 허용하겠다"라고 밝혔다. 마이크 뮬런 장군은 "트랜스젠더 미국인 수천 명이 현재 군대에서 임무를 수행하고 있으며 이 용감한 여성들과 남성들을 따로 구분해 그들에게 필요한 의료혜택을 거부할 이유가 전혀 없다"라고 분명하게 말했다.

군대에서 LGBTQ 문제는 새로운 것이 아니다. 역사적으로 수없이 많은 퀴어가 나라를 위해 봉사했다. 예를 들면 스튜벤 남작으로 알려진 프리드리히 빌헬름 폰 스토이벤Friedrich Wilhelm von Steuben은 프러시아 출신 미국 장교로 오합지졸 군인들에게 군사 전략과 전술을 가르쳐 미국 독립전쟁에서 미국군이 승리를 이끄는 데 주요 역할을 했다. 올리버 시플Oliver Sipple은 많은 훈장을 받은 베트남전 참전 해병대원으로 미국 포드 대통령 암살 시도 때 대통령의 생명을 구했다. 크리스틴 벡Kristin Beck은 트랜스젠더 여성으로 미국 해군 네이비실 특수부대에서 근무하며 혁혁한 공을 세웠다. 그리고 나중에 《워리어 프린세스: 네이비실에서 트랜스젠더로 커밍아웃하기까지Warrior Princess: A.U.S. Navy Seal's Journey to Coming Out Transgender》라는 책의 공동 저자가 되었다. 이들과 수많은 퀴어가 그동안 전 세계에서 당당히 나라를 지켜왔다.

고정관념 8 퀴어는 다른 사람들을 퀴어가 되도록 끌어들인다

이것은 LGBTQ를 선택할 수 있고, 따라서 다른 사람을 퀴어가 되도록 설득할 수 있다는 오해에서 비롯된 고정관념입니다. 이 고정관념이 특히 나쁜 점은 LGBTQ가 다른 사람을 유혹한다고 비난하기 때문입니다. 사실 이 책도 몇몇 도서관에서는 금지되었습니다.

이 책이 주는 정보가 젊은이들을 LGBTQ로 바꾸려 한다고 주장하는 사람들이 있기 때문입니다. 퀴어가 되는 것은 자동차를 사는 것과 달라서 말재간 좋은 판매원에게 넘어가지 않습니다. 성정체성과 성적 지향은 매우 개인적이어서 다른 사람이 이래라저래라 할 수 있는 것이 아닙니다.

> "대학 시절에 레즈비언인 친구와 함께 보내는 시간이 많았다. 내가 커밍아웃을 하자 엄마는 그 친구가 나를 게이로 만들었다고 말했다. 그러나 그렇지 않다. 그 친구와 같이 다니기 전부터 내가 느꼈던 것을 이해하는 데 도움을 받았을 뿐이다."
>
> _재스민, 22세

어떤 사람이 LGBTQ를 직접 만나거나 시간을 함께 보낸 후에 자신도 비슷한 느낌이나 특성이 있음을 깨달을 수는 있습니다. 많은 퀴어가 LGBTQ를 만나거나 그들에 대해 읽거나 이야기를 들은 후 자기 자신을 더 잘 이해하게 되었다고 기억합니다.

고정관념 9 퀴어는 부모가 될 수 없다

저를 포함한 많은 퀴어가 아이가 있으며 동성 부모가 점점 늘고 있습니다. LGBTQ 중에는 입양을 하는 사람도 있고 이전의 이성 관계에서 낳은 아이를 키우기도 합니다. 인공수정이나 대리모를 통해 아이를 갖는 사람도 있습니다. 예전에는 엄마, 아빠, 두 명의 아이가 있는 핵가족이 정상 가족이었습니다. 그러나 이제는 두 명의 엄마나 두 명의 아빠 혹은 한 명의 엄마와 두 명의 아빠가 있을 수 있습니다. 논바이너리나 '엄마, 아빠'라는 명칭을 좋아하지 않는 사람들은 단순히 '부모'라고 부르기도 합니다. 미국에서는 동성 가정에 제2의 부모 입양^{second-parent adoption}⁹을 허용하거나 동성 부부가 양부모가 되는 것을 허락하는 주가 늘고 있습니다. 또한 이제는 많은 주에서 동성 배우자가 제2의 부모로 출생신고서에 이름을 올릴 수 있도록 합니다. 미래 세대에는 퀴어 부모를 둔 사람들이 많아질 것이며 이는 LGBTQ들에 대한 이해와 수용의 확장에 기여할 것입니다.

고정관념 10 LGBTQ는 도시에만 있다

'어디에나 우리가 있다'라는 자동차 범퍼 스티커가 있습니다. 이 말은 사실입니다. 퀴어라는 것은 어디에 사는지, 어떻게 자랐는지에 따라 결정되지 않습니다. LGBTQ들이 도시에서 더 눈에 띄는 이유는 아마도 일반적으로 도시가 사람들 사이의 '다름'을 더 많이 받아들이기 때문일 것입니다(물론 '다름'을 잘 수용하는 시골도 있습니다). 처음에 자신이 퀴어임을 깨달았을 때는 혼자라고 느끼기 쉽지만 절대 그렇지 않습니다.

LGBTQ 청소년이 도움을 받을 수 있는 웹사이트

청소년 지지 모임   advocatesforyouth.org

이 웹사이트는 LGBTQ들의 건강과 권리 등 청소년들이 마주하는 이슈에 대해 정보를 제공한다. 또한 십대 LGBTQ들이 가입해서 할 수 있는 활동에 관한 정보도 제공한다.

ACLU 청소년과 학교   www.aclu.org

미국인권옹호협회^{American Civil Liberties Union, ACLU}는 모든 사람의 평등을 지지한다. 도시가 아닌 지역에 있는 학교를 포함해 어떻게 학교에서

---

9 어떤 아이의 생물학적인 부모가 아닌 사람이 파트너의 생물학적 자녀 또는 입양 자녀를 '첫 번째 부모'의 권리를 종료하지 않고 입양할 수 있는 절차.

LGBTQ에 대한 이해를 촉진할 수 있는지 등 여러 해결 방법을 이 웹사이트에서 찾을 수 있다.

● **친구사이**는 한국의 대표적인 성소수자 인권 운동 단체다. 앞서 언급한 성소수자 자살예방 프로젝트 '마음연결'를 비롯해 청소년 사업, 인권 지지 프로젝트 등 다양한 활동을 펼치고 있다. 홈페이지에는 커밍아웃한 사람들의 인터뷰, 상담게시판, 자료실 등이 있다.

홈페이지	chingusai.net/xe/main
전화	02-745-7942
이메일	contact@chingusai.net

● **한국레즈비언상담소**는 여성 이반 권리 운동 단체다. 홈페이지의 '고민 있어요?' 코너에서는 '동성 친구한테 고백을 받았는데 어떻게 반응해야 하나요?' 같은 구체적이고 다양한 FAQ를 제공한다. 게시판 상담 서비스도 있다.

홈페이지	lsangdam.org
상담게시판	lsangdam.org/counseling/
고민있어요	lsangdam.org/faq/
이메일	lsangdam@hanmail.net

고정관념 11 LGBTQ는 부도덕하다

LGBTQ들이 음란하거나 정상적이지 않다고 오해하는 사람들이 있습니다. 퀴어는 어떤 사람의 성적 지향을 말하는 것입니다. 그리고 부도덕하다는 것은 타인의 행동을 근거로 내리는 주관적 평가나 판단에 해당합니다. 무엇이 도덕이고 부도덕인지는 사람마다 다른 견해를 가지고 있으며 이런 개인적 의견에는 많은 요인이 영향을 미칩니다. 따라서 다른 사람의 개인적 판단이 '팩트'는 아니라는 점을 이해하는 것이 중요합니다.

고정관념 12 LGBTQ는 종교를 믿지 않는다

이것은 고정관념 11과 밀접하게 연관되어 있습니다. 많은 퀴어가 기성 종교 활동에 참여하거나 개인적인 영적 믿음에 따라 행동합니다. 심지어 성직자들도 있고 많은 교회, 절, 각종 신을 섬기는 곳에서 LGBTQ들을 환영합니다. 일부 교회들은 LGBTQ 시민권을 포함해 인권을 강력히 지지합니다. 잘 알려진 교회 중 하나는 메트로폴리탄 커뮤니티 교회입니다. 많은 신자가 LGBTQ들을 환영합니다(339쪽에 루터교회의 게이 목사들에 대한 소개를 볼 수 있습니다). 10장에는 다른 종교나 종파의 사례 등 LGBTQ인 사람들의 종교와 영적 활동에 대해 더 많은 정보가 수록되어 있습니다.

LGBTQ에 대한 고정관념을 깨라

LGBTQ 고정관념 중 가장 깨기 힘든 건 여러분이 스스로에 대해 품은 고정관념들입니다. 자신은 깨닫지 못할 수 있지만 어쩌면 여러분도 LGBTQ에 대한 부정확한 정보를 믿고 있는지도 모릅니다. 대부분의 십대는 사춘기에 이르기까지 들어온 LGBTQ에 대한 부정적 메시지를 어느 정도 내면화합니다.

또한 LGBTQ에 대한 고정관념은 자신이 퀴어라는 사실을 깨닫기 어렵게 만듭니다. 자신이 LGBTQ의 정의에 맞지 않아 스스로가 퀴어임을 알아차리기 힘들었다고 말하는 사람도 있습니다. 그러나 그 정의는 고정관념에 따른 것이며 LGBTQ가 무엇인지는 사람마다 다릅니다.

일부 LGBTQ는 많은 이성애자·시스젠더가 퀴어에 대해 가진 고정관념을 그대로 고수합니다. 여러분이 LGBTQ여서 특정 직업이나 아이를 가질 수 없다고 생각할지 모릅니다. 또는 정해진 방식으로 옷을 입고 행동해야 한다고 생각할지 모릅니다. 그러나 사실이 아닙니다. 일반적인 믿음과 반대로 '퀴어 라이프스타일'이란 존재하지 않습니다. LGBTQ가 무엇을 의미하는지는 여러분에게 어떤 의미인지일 뿐 다른 누구와도 상관없습니다. LGBTQ 커뮤니티도 이성애자·시스젠더들만큼 풍성하고 다양하며 여러분이 자기 모습 그대로일 수 있는 공간이 충분합니다.

자신에 대한 믿음을 키우는 생각들

부정적 고정관념을 마주하는 일은 어렵습니다. 특히 그것이 자신에게 적용될 때 그렇습니다. 여기, 자신을 부정적으로 생각하게 만드는 그릇된 정보들을 잊을 수 있는 긍정의 문장들이 있습니다. 너무 힘들면 이 말들을 반복해서 말해보세요. 많이 반복할수록 자신에 대한 믿음이 커질 겁니다.

- 내가 나의 주인이다.
- 나는 나를 사랑한다.
- 내가 내 정체성을 받아들일 때 다른 사람도 그렇게 할 수 있다.

2장 저는 트랜스젠더 청소년입니다

젠더는 '우주'다

최근 몇 년처럼 젠더 이슈가 관심을 받은 적이 없었습니다. 〈내셔널 지오그래픽 National Geographic〉 2017년 1월호는 젠더를 특별 이슈로 다루면서 십대 트랜스젠더들을 표지에 실었습니다. 또한 트랜스젠더의 화두들, 예를 들면 성정체성에 맞는 화장실을 이용할 권리 등은 학교에서뿐 아니라 미국의 주와 연방 단위의 입법 및 사법제도에서 논쟁의 대상이 되고 있습니다.

배우 래번 콕스와 아만들라 스텐버그, 유튜브 스타 재즈 제닝스와 모델 케이시 레글러 등 유명 인사들이 커밍아웃하면서 트랜스젠더와 논바이너리인 사람들에게 시선이 집중되었고 2018년에는 영화 〈판타스틱 우먼〉이 아카데미 시상식에서 최우수국제영화상을 수상했습니다. 트랜스젠더 이야기로 처음 오스카상을 받은 이 영화는 공개적으로 트랜스젠더임을 밝힌 배우 다니엘라 베가가 주연을 맡았습니다. 한편 이제는 메타(페이스북)에서 '맞춤' 젠더를 기입할 수 있는 선택지가 추가되었고 '그'와 '그녀' 대신 '그들'이라는 대명사를 선택할 수 있게 되었습니다.

"어렸을 때 나는 잠자리에 누워서 여자로 태어났더라면 얼마나 좋았을까 생각했다. 그러고는 '흥, 기가 막히는군. 내가 정말로 원하는 한 가지가 있는데 절대로 가질 수 없는 거라니'라고 생각하곤 했다.

_알렉산드라, 14세

우리 사회에서 트랜스젠더와 논바이너리의 존재가 전보다는 많이 드러났지만 아직 십대 트랜스젠더와 논바이너리는 다른 청소년 퀴어보다 쉽게 받아들여지지 못하고 있습니다. 젠더에 대한 생각과 감정이 어떻게 형성되는지에 대한 이해가 상대적으로 부족하기 때문이죠. 십대 트랜스젠더와 논바이너리들은 다른 게이, 레즈비언, 양성애자 친구들보다 더 고립감과 외로움을 느낄 수 있습니다. 하지만 이에 대한 인식도 계속 변하고 있습니다.

인권캠페인에 따르면 미국 전역에 걸쳐 트랜스젠더라는 용어의 의미와 트랜스젠더 공공정책에 관한 지식이 극적으로 늘고 있습니다. 더 열린 사회를 향해 성큼 다가가고 있음을 보여주는 증거입니다. 트랜스젠더가 겪는 경험을 일반인들에게 제대로 알리려면 아직 멀었지만 트랜스젠더를 수용하는 사람들은 늘고 있습니다.

트랜스젠더는 몇 명이나 될까?

역사상 트랜스젠더의 숫자에 대한 믿을 만한 추정치는 찾기 어렵다. 그러나 2017년 UCLA 법과대학의 윌리엄스 연구소Williams Institute에서 발표한 보고서에 따르면 미국에서 140만 명의 성인 그리고 13~17세 청소년 15만 명이 자신을 트랜스젠더라고 말했다.

안타깝지만 아직도 많은 사람이 트랜스젠더와 논바이너리인 사람들의 감정과 경험에 대해 무지합니다. 하지만 트랜스젠더와 논바이너리에 대한 상담 지원과 정보를 제공하는 곳은 주변에 분명히 있습니다. 실제로 젠더 전문 치료사와 상담사를 그 어느 때보다 쉽게 만날 수 있습니다.

여러분이 트랜스젠더거나 그럴 수 있다고 생각한다면 주위를 둘러보고 도움을 얻는 것이 중요합니다. 여러분에게 잘못이 있어서가 아니고 트랜스젠더 이슈는 지원과 자원이 있을 때 훨씬 쉽게 풀 수 있기 때문입니다. 논바이너리라고 생각하는 사람들도 상담 지원을 통해 유익한 정보를 많이 얻을 수 있습니다.

트랜스젠더 또는 논바이너리란 무엇인가

트랜스젠더들은 태어날 때 주어진 성별과는 다른 성정체성과 젠더 표현을 갖습니다. 잠시 여기서 몇 개의 정의를 살펴보는 게 도움이 될 것 같군요. 이분법적 성정체성은 자신이 여성인지 남성인지에 대한 내적인 감각입니다. 논바이너리는 자신을 여성이나 남성 그 어느 쪽으로도 느끼지 않거나 둘 다라고 생각하는 것을 의미합니다. 젠더 표현이란 성정체성을 어떻게 표현하는지를 말합니다. 예를 들면 패션이나 헤어스타일, 걸음걸이나 자세, 제스처와 같이 몸으로 하는 표현도 포함됩니다. 사회에서 사람들은 자주 젠더 표현을 근거로 다른 사람의 해부학적 성별이나 성정체성을 가정합니다.

최근 몇십 년 동안 우리는 트

"아주 어렸을 때부터 내가 다르다는 것을 알았다. 나는 경찰이나 소방관보다 공주로 꾸미는 것이 좋았다. 이런 성향은 어린 시절을 지나 청소년기까지 계속되었고 내가 여자가 될 수 없음에 점점 더 좌절했다. 부모님께 커밍아웃할 때 나는 내가 한 번도 남성이라고 느낀 적이 없으며 항상 여자가 되고 싶었다고 설명했다."

_알리샤, 19세

랜스젠더를 자신의 해부학적 성별과 성정체성이 일치하지 않는 사람으로 기술해왔습니다. 그러나 사실 이는 트랜스젠더의 의미에 대해 너무 단순하며 정확하지 않은 표현입니다. 자신을 트랜스젠더나 논바이너리라고 말하는 사람들과 이야기해보면 모든 사람의 경험을 쉽게 아우르는 간단한 방법이 없음을 곧 알게 됩니다. LGBTQ 커뮤니티 안의 많은 구성원조차도 트랜스젠더와 논바이너리가 자신의 광범위한 경험을 스스로 정의하도록 하는 게 가장 좋다는 사실을 깨닫기까지는 시간이 걸립니다(예를 들면 트랜스젠더와 논바이너리 중 자신이 경험하는 젠더는 한계가 없다고 말하는 사람이 많습니다).

하지만 여기서는 이런 생각의 맥락을 이해하는 데 도움이 되는 정보와 정의를 제공하려고 노력할 것입니다. 동시에 언어의 한계와 다양한 경험이 존재함을 인정합니다.

트랜스젠더라는 느낌은 사람마다 다릅니다. '맞지 않는 육체에 갇힌 느낌'이라고 묘사하는 사람들도 있습니다. 사회가 트랜스젠더를 더 잘 인식하고 받아들이면서 이 표현이 점점 줄어들고 있긴 하지만요. 어떤 사람들은 외적인 육체가 반영하지 못하는 자아의 내적 감각을 갖는 것이라고 말합니다. 또 어떤 사람들은 하나의 젠더에 국한되지 않은 포괄적이고 진화된 느낌이라고 표현합니다. 많은 사람이 트랜스젠더나 논바이너리라는 경험은 젠더를 어떻게 정의하고 표현하며 느끼는지에 대한 고정관념에서 해방되어, 말할 수 없는 자유로움을 느낄 수 있다고 전합니다.

젠더에 대한 자료

젠더라는 커다란 범주 안에 있는 주제를 폭넓게 다루는 훌륭한 자료로 샘 킬러먼Sam Killermann이 쓴 《젠더 안내서: 사회 정의를 지지하는 사람들을 위한 편람A Guide to Gender: The Social Justice Advocate's Handbook》이 있다. 킬러먼의 젠더브레드Genderbread Person 일러스트레이션[10]은 젠더와 성의 연속성을 설명하는 방법으로 인기를 얻고 있다. www.guidetogender.com에서 이 책과 샘 킬러먼에 대해 더 자세한 정보를 얻을 수 있으며 유튜브에서 그의 테드 토크TED Talk '젠더의 복합성 이해하기Understanding the Complexities of Gender'를 볼 수 있다. 또 다른 좋은 테드 토크는 덱커 모스Decker Moss가 트랜스젠더로서 자신의 경험을 이야기한 '박사님, 어떤 남자아이들은 여자아이로 태어나요Hey Doc, Some Boys Are Born Girls'가 있다.

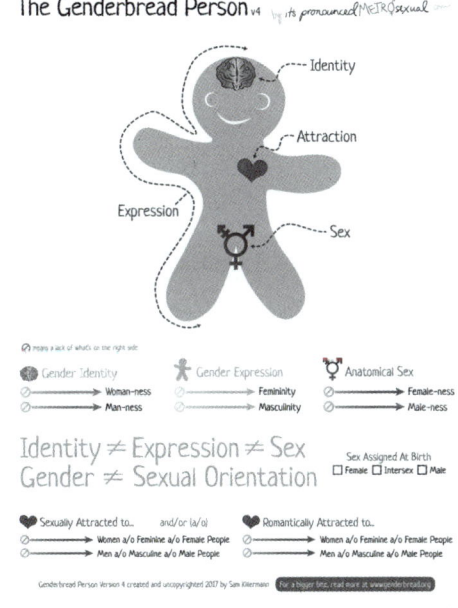

---

10   진저브레드맨The Gingerbread Man이라는 사람 모양의 생강 과자에서 아이디어를 빌려온 일러스트레이션이다. 젠더라는 개념을 쉽게 가르치는 도구로 이용된다.

트랜스젠더에 관한 Q&A

트랜스젠더가 무엇인지에 대해 궁금한 점이 많을지 모릅니다. 하지만 여러분만 그런 것이 아닙니다. LGBTQ 커뮤니티 전체가 사회에서의 존재감과 권리를 위해 노력하고 있지만 레즈비언, 게이, 양성애자들이 트랜스젠더보다 더 많은 인정과 수용을 받는 경향이 있습니다. 그 결과 트랜스젠더 이슈에 대해서는 아직도 잘 모르는 사람들이 많으며 가끔은 퀴어 커뮤니티 안에서조차 그렇습니다.

다음은 트랜스젠더 또는 논바이너리에 대해 흔히 하는 질문과 답변입니다.

왜 트랜스젠더나 논바이너리가 되나요?

PFLAG에 따르면 과학계의 많은 사람이 트랜스젠더는 태어날 때 결정되는 복잡한 생물학적 요인의 결과라고 믿습니다. 한편 젠더를 '수행performance'이라고 말하며 젠더가 사실 생물학에 근거하지 않는다는 관점을 지닌 사람들도 있습니다. 이들은 세상에 두 개의 젠더가 있으며 모든 사람이 이 둘 중 하나여야 한다고 믿게끔 우리가 사회화되었다고 말합니다.

트랜스젠더는 정신질환인가요?

트랜스젠더는 정신질환이 아닙니다. 정신건강의학계에서 트랜스젠더의 한 측면을 '성별불쾌감gender dysphoria(디스포리아)[11]'이라고 부릅니다.

---

11 gender dysphoria는 일반적으로 성별불쾌감, 성별위화감 등으로 번역되나 LGBTQ 커뮤니티에서는 원어 발음 그대로 '디스포리아', '디포'란 표현을 사용한다(편집자 주).

어떤 사람이 자신의 성정체성과 태어날 때 주어진 성별이 일치하지 않은 결과로 느끼는 고통, 불안, 혼란을 말하는 용어입니다. 사회적으로 인정하는 성역할과 젠더 표현에 순응해야 한다는 압박감과 사회의 일반적인 거부감도 이 성별불쾌감에 기여할 수 있습니다.

"잘못된 대명사나 이름으로 불리는 것 뿐 아니라 성별불쾌감을 느끼는 일 자체가 끔찍하다. 그러나 트랜스젠더로 사는 게 쉽거나 즐겁지 않더라도 내가 이만큼 왔다는 사실에 자부심을 느끼고 앞으로도 계속 나아갈 것이다. 또한 LGBTQ 커뮤니티에서 다른 사람을 가르치는 일이 매우 즐겁다."

_제이슨, 16세

예전에는 정신건강 전문가들이 트랜스젠더인 사람들을 성적 정체성 장애Gender Identity Disorder로 진단했습니다. 이 진단은 사람들이 정신적, 신체적 치료를 받는 데 일조했고 특히 신체적으로 젠더를 바꾸려는 사람들에게 그랬습니다. 그러나 많은 트랜스젠더가 '장애'라는 말이 들어가는 진단에 수치심을 느끼고 힘들어했습니다. 그리고 이 성적 정체성 장애 진단은 이분법적 성별 구분을 강화한다는 문제가 있습니다.

최근에 발표된《정신질환의 진단 및 통계 편람-제5판Diagnostic and Statistical Manual of Mental Disorders-5》[12]에서 성적 정체성 장애는 성별불쾌감으로 재분류되었습니다. 성별불쾌감은 정신건강의학계의 진단명이긴 하지만 이 진단을 받은 사람이 무언가 잘못되었음을 뜻하는 건 아닙니다. 다만 현실적으로 이런 명칭을 붙이는 것이 그들이 필요한 지원이나 돌봄을 받는 데 많은 도움이 됩니다.

---

12 미국정신의학회에서 발간하는 안내서로 정신질환의 분류 체계와 진단 기준을 제시한다.

이런 정의와 진단이 항상 변한다는 사실을 아는 것도 중요합니다. 예를 들어 세계보건기구WHO는 2018년에 《국제질병분류International Classification of Diseases》를 개정했는데 젠더에 관한 진단을 정신질환 분야에서 떼어내 '성건강과 관련된 상태'라는 새로 만든 장으로 옮겼습니다. 새 진단명인 '젠더 불일치gender incongruence'는 정신질환으로 분류되지 않습니다.

모든 트랜스젠더가 젠더확정수술을 원하나요?

아닙니다. 그런 사람도 많지만 그렇지 않은 사람도 있습니다. 미국성형외과학회에 따르면 2016년에 미국에서 3,200명이 넘는 사람이 젠더확정 수술gender confirmation surgery[13]을 받았습니다. 이 수술은 젠더재지정gender reassignment 수술 또는 젠더확인gender affirmation 수술이라고도 합니다. 3,200명이라는 숫자는 2015년보다 20퍼센트 늘어난 것인데 아마도 트랜스젠더들이 얻을 수 있는 포괄적 건강보험의 혜택이 증가했기 때문일 것입니다.[14]

많은 트랜스젠더가 '젠더 전환'의 기간을 겪습니다. 자신의 성정체성에 맞게 외모 또는 육체를 바꿔나가는 과정을 거치는 것입니다. 자신의 진정한 정체성을 나타내기 위해 다른 스타일의 옷을 입거나 헤어스타일을 바꾸며 걸음걸이나 동작이 달라지고 목소리를 조절할

13　국내에서는 '성전환 수술'이라고 불린다.

14　2016년 5월 미국 오바마케어는 연방정부의 지원을 받는 모든 보건 프로그램이나 활동에서 인종, 피부색, 출신, 성별, 나이, 장애 등을 이유로 차별하는 것을 금지하는 반차별 규정을 포함시켰다. '성별'의 개념에 성정체성을 포함시켜 의료인이나 보험사가 트랜스젠더에게도 의료 서비스를 제공하고 이에 대한 의료비를 지원하도록 의무화했다.

수도 있습니다. 많은 트랜스젠더가 호르몬을 복용하거나 주사를 맞고 영구 제모 같은 간단한 미용 시술을 받습니다.

따라서 젠더 전환이 꼭 수술을 의미하지는 않습니다. 모든 트랜스젠더가 자신의 1차 성징인 생식기관과 이차성징인 유방이나 음낭을 해부학적으로 바꾸는 수술을 원한다는 건 오해입니다. 자신을 태어날 때 주어진 성별로 생각하지 않는 사람이 성정체성과 신체적 구조를 일치시키기 위해 몸을 변화시킬 수 있지만 모두가 그렇지는 않습니다.

트랜스젠더의 승리

2010년 2월 2일 미국 조세재판소는 트랜스젠더 여성인 리애넌 오도나베인Rhiannon O'Donnabhain이 젠더확정 수술비용(원화로 약 3,000만 원)에 대해 세금을 공제받을 수 있다고 판결했다. 오도나베인이 세금 정산에서 이 비용을 공제하자 미국 국세청이 이 수술은 꼭 필요한 것이 아니라며 공제를 거부한 결정을 뒤집은 것이다. 이 판결에서 조세재판소는 국세청의 입장을 "의학적 증거로 철저하게 반박할 수 있다"라며 "좋게 봐도 상황을 피상적으로 파악한 것"이라고 분명히 말했다. 법률 그룹인 GLADGLBT Legal Advocates & Defenders가 법정 싸움 과정에서 오도나베인을 대변했다.

간성이란 무엇인가요?

간성intersex은 남성 혹은 여성이라는 전통적 정의에 일치하지 않는 신체적 특징이나 생식기관을 지닌 다양한 경우를 기술하는 폭넓은 용어입니다. 예를 들면 외적으로는 여성의 해부학적 모습을 하고 있으나 내적 생식기관이 남성인 사람, 일부 세포는 XX(여성) 염색체를 가졌지만 일부는 XY(남성) 염색체를 가진 사람이 있습니다. 사춘기가 되기 전에는 자신이 간성인 것을 모를 수도 있고 영원히 모를 수도 있습니다.

간성인 사람 중에는 해부학적 성별을 하나로 확실하게 정하기 위해 주로 유아기와 아동기에 걸쳐 수술을 받는 사람들이 있습니다. 불행히도 이런 수술은 아이의 동의 없이 진행되며 그 결과가 그 사람의 성정체성과 항상 일치하지는 않습니다. 결과적으로 어떤 간성들은 트랜스젠더가 경험하는 것과 같은 성정체성 혼란을 겪으며 성장합니다. 2017년 보고서에서 국제인권감시기구Human Rights Watch와 간성 청소년의 권리를 지지하는 인터액트interACT 등의 단체들은 아이들이 의사결정에서 능동적인 역할을 할 수 있기 전까지 그런 시술을 받아서는 안 된다고 주장했습니다.

간성 중에는 수술을 받지 않고 여성과 남성이라는 전통적 생각에 얽매이지 않는 신체 스펙트럼에 있는 자신의 모습을 받아들이고 수용하는 사람들도 있습니다.

젠더 X

2017년 캐나다에서는 여권에 남성의 M, 여성의 F 대신 중성 젠더인 X를 선택할 수 있도록 했다. 호주, 덴마크, 독일, 말타, 뉴질랜드와 파키스탄은 이미 X를 선택지로 포함했고 인도, 아일랜드, 네팔 같은 나라들도 다른 제3의 성을 선택할 수 있게 했다. 미국에서는 워싱턴D.C.와 오리건주에서 2017년부터 운전면허증에 성별을 X로 표기할 수 있게 했다. 또한 이 해에 캘리포니아주 의회에서도 '젠더승인법Gender Recognition Act'이라는 별명이 붙은 법안의 한 부분으로, 신분증에 논바이너리를 세 번째 성으로 선택할 수 있도록 결정했다.

트랜스젠더이면서 레즈비언이나 게이 또는 양성애자일 수 있나요?

트랜스젠더가 모두 레즈비언이나 게이 또는 양성애자라는 건 오해입니다. 자신을 이성애자라고 말하는 트랜스젠더와 논바이너리도 있고 그렇지 않은 사람들도 있습니다. 이는 LGBTQ들에게 자신의 젠더와 성적 지향을 이성애자·시스젠더가 사회 규범인 주류 문화를 기준으로 결정하라고 요구하는 또 하나의 영역이기도 합니다. 실제로는 다른 모든 사람처럼 트랜스젠더도 게이나 레즈비언 또는 이성애자라고 쉽게 이름 붙일 수 없는 넓은 범위의 성정체성을 가질 수 있습니다.

> "나는 내가 여자라고 느낀 적이 한 번도 없는데 여자아이답게 행동하라는 말을 자주 들었다. 그게 무슨 말인지 몰랐다. 결국 진정한 내 모습을 찾게 되었고 테스토스테론 호르몬을 맞기 시작했다. 나는 남자나 여자가 아닌 그저 '나'가 되었을 뿐이다. 다른 사람이 나를 이해하는 데 혼란을 느끼는 이유는 내가 이성애자인 트랜스젠더 남성으로 보이기 때문이라고 생각한다. 즉 태어날 때 여자였지만 지금은 남자처럼 보이고 여자와 데이트한다는 의미다. 하지만 나는 나를 그저 퀴어라고 생각한다."
>
> _레오, 35세

TV에 등장한 엔비[15]

2017년 〈빌리언즈Billions〉라는 TV 드라마에 처음으로 논바이너리(엔비)인 테일러라는 인물이 등장했다. 이 역은 실제로 엔비인 배우 에이셔 케이트 딜런Asia Kate Dillon이 맡았다. 드라마 속 테일러의 첫 대사는 "안녕하세요, 선생님. 제 이름은 테일러입니다. 저를 지칭하는 대명사로 '그들', '그들의', '그들에게'를 써주세요"였다.

15　엔비ENBY는 LGBTQ 커뮤니티에서 사용되는 논바이너리의 다른 말. 논바이너리Non-Binary의 첫 알파벳 N과 B를 그대로 읽는 소리다.

트랜스젠더는 왜 레즈비언, 게이, 양성애자와 묶여 생각되나요?

트랜스젠더와 논바이너리는 레즈비언, 게이, 양성애자들이 겪는 수용, 인정, 인권 문제의 많은 부분을 공유합니다. 젠더 표현과 성적 지향의 문제는 종종 중복되는데 흔히 반퀴어anti-queer 편견과 행동들은 성적 지향보다는 젠더 표현과 관련된 경우가 많습니다.

> "한동안 나는 레즈비언으로 다른 여자 아이들과 데이트를 즐겼다. 하지만 뭔가 이상했다. 나는 신체적으로 남자가 되고 싶었다."
>
> _케빈, 18세

예를 들어 머리를 짧게 자르고 남자처럼 보이는 옷차림을 좋아하면서도 자신을 여성으로 생각하는 사람이 레즈비언으로 불리고 괴롭힘을 당할 수 있습니다. 이전부터 내려오는 성역할의 경계를 넘었기 때문입니다. 이런 경우 사람들은 그녀의 성적 지향에 반응하는 것이 아닙니다. 그녀의 젠더 표현에 대한 반응입니다. 어떤 사람들은 전통적인 방식이 아닌 젠더 표현에 위협을 느끼거나 두려워하고, 화를 내거나 차별하기도 합니다. 이런 적대감은 부분적으로 변화에 대한 깊은 두려움이나 사회가 어떻게 나아가고 있는지를 이해하지 못하는 데서 올 수 있습니다. 그래서 레즈비언, 게이, 양성애자, 트랜스젠더는 젠더에 대한 다른 사람의 생각에 순응하지 않을 때 똑같은 차별을 받습니다. 이성애자와 시스젠더도 이런 형태의 차별에 부딪힐 수 있습니다.

때때로 트랜스젠더는 레즈비언, 게이, 양성애자 커뮤니티에서조차 차별을 겪기도 합니다. 실비아 리베라Sylvia Rivera와 마샤 존슨Marsha Johnson을 포함한 트랜스젠더 활동가들이 스톤월 항쟁Stonewall riots(이 항쟁에 관해서는 4장 149쪽을 보세요)과 그 이후의 LGBTQ 인권 운동에 중요한 역할을 했음에도 말입니다. 역사적으로 볼 때 대체로 이런 차별은 트랜스젠더에 대한 이해가 부족하고 LGBTQ 모두를 함께 포괄적으로 수용하려는 노력이 부족해서 나타난 것입니다. 다행히 오늘날 LGBTQ 커뮤니티는 다양한 성정체성과 성적 지향을 아우르면서 성장하고 있습니다.

다양한 젠더를 부르는 이름들

북미에서는 많은 원주민 부족이 다양한 젠더의 사람들을 부르는 특별한 단어로 그들에 대한 경외심을 표현했는데, 대표적인 예로 '두 개의 영혼 Two Spirit'이 있다. 오클라호마 다양성센터Diversity Center of Oklahoma의 대표이자 원주민 젠더치료사이며 '두 개의 영혼'인 켈리 블레어Kelley Blair에 따르면 많은 부족이 3~5개의 성역할(이에 대한 정의도 문화마다 조금 다르지만)을 가진 복수 젠더 체제를 믿었다.

'두 개의 영혼'들은 종종 치유자, 중재자, 주술사로 숭배되었다. 전통적으로 '두 개의 영혼'이란 정체성은 오직 젠더에 따른 것일 뿐 성적 지향과는 상관없었다. 역사 속에서 식민지화와 집단 학살을 겪으며 원주민들은 유럽 문화를 채택하게 되었고 '두 개의 영혼'이라는 개념을 포함한 수많은 원주민 전통이 사라졌다. 오늘날 원주민 트랜스젠더와 논바이너리 중에는 자랑스럽게 자신이 '두 개의 영혼'임을 주장하는 이들도 있다. 그리고 출신 지역과 소속 부족에 따라 이들의 정체성에 성적 지향이 포함되기도 한다.

마후mahu는 하와이에서 제3의 성이며 여성성과 남성성을 모두 보이는 사람을 가리킨다. 역사적으로 마후는 치료 효과가 있는 식물 등과 관련해 중요한 정보를 지키는 사람이었다. 남아시아의 히즈라hijra는 '제3의 카스트'로 불리며 그 역사가 4,000년 전으로 거슬러 올라간다. 영적 존재로 존경받았던 히즈라는 트랜스젠더, 간성, 환관(거세된 남성)으로 구성되어 있었다. 2014년 인도 대법원은 히즈라가 공식 문서에서 제3의 성으로 인정되어야 한다는 판결을 내렸다. 네팔, 파키스탄, 방글라데시에도 비슷한 법률이 존재한다.

트랜스젠더의 다양한 성정체성 표현들

트랜스젠더라는 말은 각기 다른 여러 집단, 그러나 서로 관련이 있는 집단을 아우르는 포괄적 용어입니다. 따라서 많은 트랜스젠더에겐 자신을 어떻게 표현하는지가 중요할 수 있고 실제로 그들은 다양한 용어로 자신을 기술합니다.

결국 나를 어떻게 말하는지는 매우 개인적인 결정입니다. 그 누구도 아닌 나만이 어떤 명칭을 쓸 것인지 선택할 수 있습니다. 사람들은 수많은 다른 방법으로 자신을 표현합니다. 트랜스젠더, 여성에서 남성Female-to-Male, FTM, 남성에서 여성Male-to-Female, MTF, 젠더 퀴어, 젠더 중립적, 복수 젠더, 트랜스 남성, 그 외에도 많이 있습니다. 여러분이 자신을 뭐라고 이름 붙이든(이름을 붙이기로 선택했다면) 가장 우선해야 할 점은 그 명칭이 자신에게 편하고 의미 있어야 한다는 겁니다.

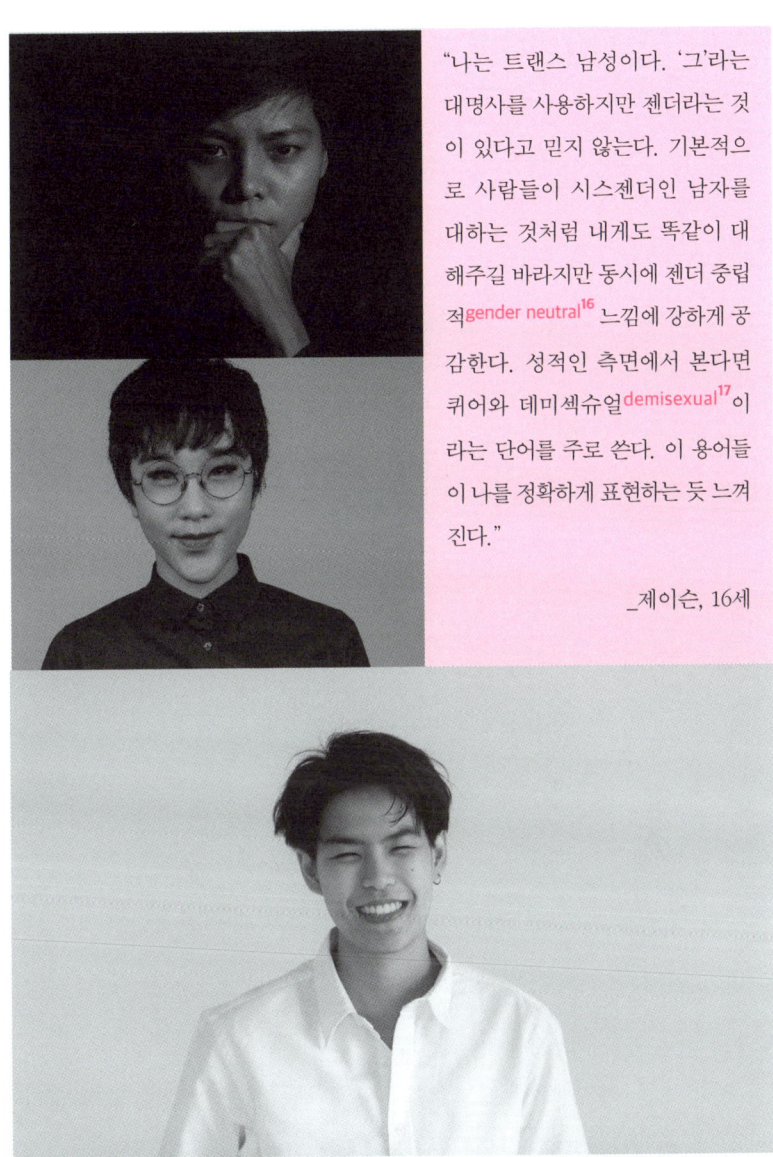

"나는 트랜스 남성이다. '그'라는 대명사를 사용하지만 젠더라는 것이 있다고 믿지 않는다. 기본적으로 사람들이 시스젠더인 남자를 대하는 것처럼 내게도 똑같이 대해주길 바라지만 동시에 젠더 중립적gender neutral[16] 느낌에 강하게 공감한다. 성적인 측면에서 본다면 퀴어와 데미섹슈얼demisexual[17]이라는 단어를 주로 쓴다. 이 용어들이 나를 정확하게 표현하는 듯 느껴진다."

_제이슨, 16세

[16] 여성 아니면 남성이라는 성별이분법 자체를 거부하거나 초월하는 성향. 혹은 남성과 여성 스펙트럼에서 중립적, 중간적 위치에 있다고 느끼는 성향.

[17] 정서적 교감이 느껴졌을 때만 끌림을 느끼는 사람.

내가 트랜스젠더인지 알아보는 질문들

내가 레즈비언인지 게이인지 혹은 양성애자인지를 깨닫는 것과 마찬가지로 자신의 성정체성을 발견하는 것은 하나의 과정입니다. 여러분이 기억하는 한 아마도 그동안 자신을 다른 성별이나 젠더처럼 느껴왔을 수 있습니다. 남성이나 여성 중 어느 것도 나라고 강하게 느끼지 못할 수 있고, 둘 다라고 느낄 수도 있습니다. 비교적 쉽게 자신이 트랜스젠더나 논바이너리라는 결론에 이르렀을 수도 있고, 확실한 느낌이 들 때까지 몇 개월 혹은 몇 년이 걸렸을 수도 있습니다. 모두 괜찮습니다. 누가 트랜스젠더인지 확실하게 알려줄 수 있는 체크리스트는 없지만 트랜스젠더들은 다음과 같은 경험을 공유할 수 있는데요. 이 중에서 여러분에게 친숙한 것이 있을 수 있습니다.

> "나는 열다섯 살 때 가족들에게 레즈비언이라고 커밍아웃했다. 그러면서 내가 진짜 여자인지 남자인지 고민했다. 그런 생각을 밀어낸 적이 많았지만 다시 그 주제로 돌아가곤 했고, 25세가 되었을 때 비로소 진심으로 그 문제를 해결할 준비가 되었다."
>
> _리, 26세

전형적인 '여자아이' 또는 '남자아이'라는 젠더가 내게 맞지 않다고 느낀 적이 있나요?

트랜스젠더들은 가끔 "내가 내면에서 느끼는 것과 내 몸이 일치하지 않는 느낌이다" 혹은 "맞지 않는 육체에 들어와 있는 듯하다"라고 표현합니다. 문제는 이런 생각이 젠더 이분법을 표준으로 생각하고 있다는 점입니다. 현실에서는 문화적 규범과 상관없는 온갖 젠더 경험과 성적 지향이 있습니다. 요즘 젊은이들은 다양한 성역할과 성 정체성 표현 방법에 좀 더 솔직해지면서 트랜스젠더나 논바이너리를 중립 젠더 또는 젠더 플루이드gender fluid[18]라고 표현하거나 그저 '기타'라고도 말합니다.

십대 때는 자기 정체성을 형성하는 과정을 더 강하게 경험합니다. 운이 좋으면 여러분이 성장하고, 배우고, 새로운 것을 경험하면서 그 발달이 몇 년 동안 계속되고 심지어 평생에 걸쳐 계속될 수도 있습니다. 중요한 점은 삶의 어떤 단계에서든, 여러분이 누구든 괜찮다는 사실을 아는 것입니다.

역사 속 트랜스젠더와 논바이너리

학교 역사책에는 나오지 않을지 몰라도 역사 속에는 남녀 구분이 안 되는 행동이나 차림을 한 유명한 사람들이 많고, 그중에는 트랜스젠더나 논바이너리일지 모르는 사람들이 있었다. 이집트 제18왕조의 파라오였던 하트셉수트Hatshesut 여왕은 자주 남성으로 등장한다. 그녀의 조각상 중에는 여자 가슴이 뚜렷한 남성으로 표현된 것들도 있다. 로마 가톨릭교회가 성인으로 공표한 잔 다르크도 전통적 남성 의상을 입었다. 프랑스의 앙리 3세도 자주 여성 옷을 입었고 그럴 때는 '여왕 폐하'라고 불렸다. 1800년 대 초 미국 원주민 크로족Crow의 여성 추장 비아와치치쉬Bíawacheeitchish 는 여자 옷을 입었지만 남성들처럼 전쟁에 나가는 인디언들을 이끌었으며 뛰어난 전투 기술로 명성을 얻었다.

---

18   고정된 성정체성이 없는 사람.

신체적으로 다른 성별이 되고 싶은 생각이 있나요?

'내가 남자면 인생이 더 편할 텐데' 혹은 '여자로 살면 어떨까?'라고 가끔은 생각할 수 있습니다. 하지만 스스로 느끼는 내면과 일치되기 위해 이름, 대명사, 몸을 바꾸고 싶은 생각이 끊임없이 든다면 그것은 다른 이야기입니다.

트랜스젠더나 논바이너리들의 경험에 강하게 공감하나요?

성정체성을 탐색하는 한 방법은 트랜스젠더나 논바이너리에 대해 더 알아가는 것입니다. 이들과 직접 이야기를 나누거나 이들의 이야기를 읽는 것이 도움이 됩니다. 트랜스젠더의 경험은 사람마다 다르지만 그들의 이야기가 무슨 말인지 이해되고 공감하는 자신을 발견할 수도 있습니다.

> "어렸을 때 내 주위 사람들은 자기가 남자인지 여자인지를 아는 것 같았다. 그러나 나는 그때나 지금이나 전혀 모르겠다. 어렸을 때는 내가 그저 정신이 이상하고 매우 심각하게 모자라는 아이라고 생각했다."
>
> _케이트 본스타인,
> 《젠더 무법자: 남자, 여자 그리고 우리에 관하여》

먼지 속 디바

프로 산악자전거 선수인 미셸 뒤마레스크Michelle Dumaresq는 젠더확정 수술을 받은 지 6년 후인 2001년부터 이 스포츠에 참여한 트랜스젠더 여성이다. 그녀는 〈먼지 속 디바Dirt Diva〉라는 여성 산악자전거 선수들에 관한 영화에 출연했고 〈100퍼센트 여성〉이라는 다큐멘터리의 주연을 맡기도 했다. 뒤마레스크가 여자 경기에 출전했을 때 논란이 없을 수 없었는데, 그녀가 남자로 태어났었기 때문에 여자 경기에서 불공정한 이점이 있다는 것이었다. 뒤마레스크는 "내가 세상을 바꾸겠다고 생각하는 것은 아니다. 그저 자전거 경주를 하고 싶을 뿐이다"라고 말했다. 오늘날에는 스포츠 분야에서 경쟁하는 트랜스젠더에 관한 소식을 자주 들을 수 있다. 육상 선수 캐스터 세메냐Caster Semenya는 여성 대회에 참가하려면 젠더 테스트를 받으라는 압력을 받았다.

> **전문가의 귀띔** 트랜스젠더 운동선수와 논바이너리 운동선수는 학교 프로젝트나 토론의 아주 좋은 주제가 될 수 있다.

트랜스젠더로서 나를 받아들이기

자, 여러분이 트랜스젠더 혹은 논바이너리라는 것을 알았습니다. 이제 어떻게 해야 할까요? 이것은 답이 여러 개일 수 있는 복잡한 질문입니다. 어떤 행동을 취하기 전에 시간을 좀 가지고 여러 가지를 생각해볼 수 있습니다. 그냥 트랜스젠더 혹은 논바이너리라고 커밍아웃할 수도 있고, 이름을 바꾸거나 옷차림에 변화를 주는 것부터 시작할 수도 있습니다. 아니면 자신의 몸이 정체성을 반영해야 한다고 생각해서 사춘기 예방약이나 호르몬 약에 대해 알아볼 수도 있습니다.

"아마도 나는 여자가 된다는 생각에 항상 매료되었던 것 같다. 예전에 TV에서 뜨거운 물에 닿으면 갑자기 소녀가 되는 남자아이에 관한 드라마를 보았다. 나는 그 소년이 소녀로 변하는 걸 왜 그렇게 싫어했는지 정말 이해할 수 없었다."

_크리스, 19세

그러나 무엇보다 가장 먼저 해야 할 일은 자신을 받아들이는 겁니다. 자신에게 '이상하다' 혹은 '비정상이다'라는 꼬리표를 붙이고 싶은 충동에 저항하세요. 트랜스젠더라는 게 절대로 뭔가 잘못되었다는 걸 뜻하지 않습니다. 오히려 진정한 자신의 모습이 됨으로써 모든 사람, 즉 LGBTQ와 이성애자·시스젠더 모두를 위해 더 개방적이고 폭넓은 세상을 만들 수 있습니다. 하지만 여전히 트랜스젠더라는 사실을 받아들이려면 시간이 걸리며, 자신의 미래를 위해 충분히 소화하려면 도움이 필요할 수도 있습니다.

사춘기를 지연시키는 청소년들

일부 십대 트랜스젠더들은 사춘기 시작을 늦추고 싶어 한다. 사춘기가 되면 신체에서 체모, 가슴, 변성기, 월경과 같은 이차성징을 만드는 성호르몬이 나오기 때문이다. 십대 트랜스젠더 중에는 이런 성 특징들이 발달하기 전에 자신의 정체성에 대해 더 생각할 시간을 벌고 성별불쾌감gender dysphoria(디스포리아)을 줄이기 위해 사춘기 예방약, 즉 사춘기의 시작을 지연시키는 약물을 복용하는 이들도 있다. 그러나 의학계에서는 신체 발달을 늦추기 위해 젊은이들에게 약물을 주는 것에 대한 논쟁이 있다. 나중에 사춘기 예방약의 효과를 완전히 상쇄할 수 있다고 주장하는 전문가도 있지만, 일부는 이 약물의 부작용과 장기적 결과에 대한 데이터가 아직 충분하지 않다고 우려한다. 한 가지는 확실하다. 사춘기 예방약은 자격증이 있고 신뢰할 수 있는 의료 전문가의 감독 아래에서만 사용해야 한다.

부정적 감정에 대처하는 법

자신이 트랜스젠더 혹은 논바이너리라는 사실을 깨닫고 받아들인다고 해도 아마 모든 과정이 끝난 것은 아닐 겁니다. 성정체성과 육체적 자아의 간극은 큰 도전입니다. 단순히 자신을 받아들인다고 그 차이가 사라지지는 않기 때문입니다. 여러분이 매우 복잡하고 치열한 정체성 문제를 겪고 있기 때문에 도움을 받는 것이 중요합니다.

자신의 몸을 사랑하라

사람들 대부분이 삶의 어떤 시기에는 자기 몸을 사랑하는 데 어려움을 겪는다. 그런데 몸이 내면을 표현하지 못한다고 느낀다면 이 어려움은 다른 차원의 문제가 될 수 있다. 열린 마음과 능력, 자격을 갖춘 전문가와 함께 치유 요가, 댄스 같은 신체 긍정적 활동에 참여하거나 마사지, 신체 훈련을 받음으로써 자기 몸에 대한 사랑을 북돋울 수 있다. 심지어 이 목적을 위해 설립된 업체들도 있다. 예를 들면 워싱턴D.C.에 있는 프리드 보디워크Freed Bodywork는 '모든 몸'을 위한 마사지 치료를 전문으로 한다. 이곳의 창립자이자 소유주인 프란시스 리드Frances Reed는 자신을 젠더퀴어라고 말한다. 다른 치료사 중에도 퀴어 또는 논바이너리의 정체성을 지닌 사람이 많다.

국내 정보

● **조각보**는 트랜스젠더의 인권 향상과 젠더/다양성에 대해 활동하는 단체다. 홈페이지에서 트랜스젠더 인터뷰, 법원 결정문, 토론회 자료집 등을 접할 수 있다.

홈페이지	transgender.or.kr
이메일	tgjogakbo@naver.com

● **트랜스로드맵**은 트랜스젠더를 위한 정보·인권 길잡이 누리집으로 트랜스젠더와 가족, 친구, 지지자, 관계 공무원 등에게 정보와 인권에 대한 길잡이를 제공한다. 트랜스젠더에 관한 기초 지식부터 보건의료 정보, 국제적 상황, 관련 자료 등을 제공한다.

홈페이지   transroadmap.net

도움 청하기

가족이나 친구, 학교의 어른 혹은 여러분이 신뢰하는 누군가에게 도움을 청할 수 있습니다. 이때 편협한 마음을 가지지 않은 사람에게서 응원을 받는 것이 중요합니다. 그 사람은 여러분에게 가장 유익한 게 무엇인지를 염두에 두고 여러분의 이야기와 감정에 귀를 기울여야 하고 자신의 생각을 강요하면 안 됩니다. 여러분에게 시간을 할애하고 여러분의 감정을 그저 일시적 단계라고 폄하하지 않는 사람과 이야기를 나누세요. 가족과 친구들의 지지를 받더라도 언젠가는 훈련된 전문가, 이왕이면 트랜스젠더 문제에 지식을 갖춘 전문가와 이야기를 나누는 것이 좋습니다. 트랜스젠더라는 것은 여러 가지 복잡한 감정을 유발할 수 있기에 그것을 이해하는 누군가와 대화를 나누는 것이 도움이 됩니다.

나를 이미 아는 사람과 이야기를 나누는 것이 불편하다고 포기하지 마세요. 여러분을 도울 수 있는 자원은 많습니다. 전국적인 단체 외에도 젊은 트랜스젠더와 논바이너리를 돕는 지역 단위의 단체들이 많고 다른 트랜스젠더들과 의사소통할 수 있는 다양한 웹사이트와 게시판, 포럼, 채팅이 있습니다.

상담 받기

연구자이며 트랜스젠더 활동가인 제시카 자비에르^{Jessica Xavier}는 트랜스젠더들에게 상담 받기를 권하면서, 이는 그들이 잘못되었고 무언가를 바꿔야 해서가 아니라 필요한 지원을 받기 위해서라고 말합니다. 상담은 트랜스젠더가 자신의 정체성을 이해하고 수용하며 좋게 느끼도록 돕는 것이어야 합니다. UCLA 법과대학의 윌리엄스 연구소에서 수행한 연구에 따르면 트랜스젠더나 그 외에 규범적 젠더에 순응하지 않는 사람의 41퍼센트가 살면서 한 번쯤 자살을 시도합니다. 이는 일반인의 자살 시도가 4.6퍼센트라는 수치와 비교됩니다. 언제 도움이 필요한지를 아는 것은 그냥 괜찮은 정도가 아니라 '대단히' 중요합니다. 여러분을 잃고 싶지 않습니다.

> "나는 친한 친구들에게서, 가끔은 부모님에게서도 힘을 얻었다. 또한 아주 훌륭한 심리치료사에게 도움을 청할 수 있었는데 그는 나를 돕기 위해 무엇이든 해주었다."
>
> _제이슨, 16세

사람들은 보통 젠더 문제를 불편해하고 트랜스젠더에 대한 두려움이 내면화되어 있습니다. 능숙한 상담사는 이런 문제를 끄집어내고 여러분 그대로의 모습이 절대로 잘못된 게 없다는 사실을 이해하도록 도와줄 수 있습니다. 여러분이 사는 지역이나 전국적인 LGBTQ 단체 혹은 트랜스젠더 단체에 연락하는 것부터 시작해보세요. 그리고 자신에게 맞는 상담사를 결정하기 전에 여러 명과 만나보는 것이 좋습니다. 내가 정말 편하게 느껴지는 사람을 선택하는 것이 중요합니다.

아라누틱 캠프 Camp Aranu'tiq

트랜스젠더라는 느낌을 아는 사람들과 같이 있고 싶은 적이 있는가? 아라누틱 캠프는 뉴잉글랜드 지역 남부에서 일주일간 열리는 무료 여름 캠프로 8~15세의 다양한 젠더 청소년들이 참가한다. 아라누틱은 알래스카 원주민 부족인 추가치Chugach 말로 남자와 여자의 영혼을 모두 구현하는 사람을 말한다. 이들은 전통적 젠더 규범을 초월하는 능력으로 숭배를 받았다. 자세한 내용은 www.camparanutiq.org에서 찾을 수 있다. 그 밖에도 트랜스젠더와 생물학적 성에 불응하는 젊은이들을 위한 다양한 캠프가 있으며 www.transstudent.org/camps에서 더 많은 정보를 찾아볼 수 있다.

커밍아웃에 관하여

자신이 트랜스젠더라고 깨달은 후 커밍아웃을 결심할지도 모릅니다. 아주 가까운 친구 몇 명이나 가족들에게만 할 수도 있고 많은 사람에게 할 수도 있습니다. 성정체성을 드러내는 삶을 시작하고 싶다면 커밍아웃은 특히 중요합니다. 젠더 전환을 원하는 트랜스젠더는 보통 커밍아웃을 할 수밖에 없는데, 다른 사람들에게도 변화가 뚜렷이 보이기 때문입니다.

상황이 어떻든 자신이 트랜스젠더라고 커밍아웃하는 것은 주변의 모든 사람에게 스트레스일 수 있습니다. 레즈비언, 게이, 양성애자라고 커밍아웃할 때와 비슷하게 사람들의 반응은 여러 가

"트랜스젠더라고 커밍아웃한 것은 태어나서 가장 심장 떨리는 일이었다. 커밍아웃을 하기 전에는 망설였지만 해야 하는 일이라고 생각했다. 예상대로 부모님이 충격을 받았지만 내가 털어놓은 것을 다행으로 여기는 듯했다. 우리는 몇 시간 동안 앞으로의 일을 의논했다. 부모님은 내가 행복해진다면 무엇이든 지원하겠다고 말했다."

_알리샤, 19세

지일 겁니다. 누군가는 잘 받아들이지만 누군가는 혼란스러워하거나 슬퍼하거나 화를 낼 수도 있습니다(커밍아웃에 대한 조언은 4장을 보세요). 이전에 여러분이 레즈비언이나 게이 혹은 양성애자라고 말하는 것을 들은 사람이라면 이번 트랜스젠더 커밍아웃에 어리둥절할 수도 있습니다.

"내가 십대였을 때 부모님은 내가 퀴어나 트랜스젠더라는 사실을 받아들이지 않을 게 확실했다. 처음에는 두려웠지만 선생님이나 직장 상사 등 나를 지지하는 어른들을 만나 커밍아웃할 수 있었다. 하지만 지금까지도 내가 부모님에게 자랑스러운 자식이 못 된다는 생각에 힘들다."

_레오, 35세

부모님들은 특히 자녀의 트랜스젠더 커밍아웃을 매우 힘들어합니다. 아들이나 딸을 잃는다고 믿는 분도 있습니다. 십대 청소년이 다른 젠더로(또는 젠더가 없거나 여러 젠더로) 살고 싶다고 말하면 사랑하는 이가 죽은 것 같은 느낌을 받는 어른이 있을 수도 있습니다. 그동안 키운 딸이나 아들을 갑자기 뺏긴 것처럼 느낄 수도 있고요.

커밍아웃을 해도 누군가는 트랜스젠더라는 의미를 이해하지 못하고 많은 질문을 할 수 있습니다. 또한 부모님이나 여러분을 사랑하는 사람들은 그동안 여러분이 괴로워했다는 사실을 알게 되는 게 힘들고 여러분의 미래를 걱정할지 모릅니다. 그리고 여러분을 돕고 응원하고 싶어 할 수 있습니다.

커밍아웃을 할 때 가족과 사랑하는 사람도 도움을 받을 방법이 있음을 알려주는 게 중요합니다. 부모님이나 보호자가 여러분의 경험을 이해하는 것을 돕는 책으로, 십대 트랜스젠더와 가족들을 위해 일하는 임상사회복지사 어윈 크리거Irwin Krieger가 쓴 《당신의 십대 트

"아빠는 내가 온라인에서 보는 사이트들을 보고 내가 트랜스젠더라는 것을 알았다. 그리고 '그래, 네가 인터넷에서 뭐를 보는지 이야기해보자'라고 말했다. 아빠는 많은 질문을 했고 나에 대해 궁금해했고 직접 인터넷을 찾아보기까지 했다. 그리고 젠더확정수술 비용을 포함해 관련 의사들도 알아보았다. 심지어 내게 도움이 될까 해서 남자에서 여자로 바꾼 트랜스젠더에게 연락을 취하기까지 했다. 나를 진정으로 사랑하는 사람이 있음을 아는 것만으로도 커다란 도움이 되었다."

_어맨다, 18세

랜스젠더 돕기: 부모를 위한 안내서Helping Your Transgender Teen: A Guide for Parents》라는 책이 있습니다. 또한 전국의 많은 트랜스젠더 단체들과 웹사이트 또는 전화 통화로 연결될 수 있습니다. 지역 전화번호 목록도 활용할 수 있습니다. PFLAG는 《트랜스젠더 가족과 친구들을 환영합니다Welcoming Our Trans Family and Friends》 등 두 종류의 소책자를 비롯해 트랜스젠더와 그 가족들을 위해 자료를 제공하고 있습니다.

이름을 바꾸고 싶다면

자신의 성정체성을 더 잘 반영하는 이름으로 바꾸는 트랜스젠더가 많습니다. 그러나 미성년자는 부모의 동의 없이는 법적으로 개명할 수 없습니다. 부모님이나 법적 보호자의 법적 통제에서 벗어나기 전에는 안 됩니다. 하지만 실제로는 많은 십대가 가족과 친구들에게 자기가 좋아하는 이름으로 불러달라고 부탁합니다.

자기의 참모습을 드러내는 이름으로의 개명은 진정한 정체성을 주장하는 긍정적 방법입니다. 때로는 사람들이 여러분의 개명을 진지하게 받아들이고 수용하도록 하는 게 어려울 수 있습니다. 일부 사람들 또는 학교에서는 매우 너그럽게 받아들이고 지원할 수도 있지만 다른 이름 사용 자체를 완전히 무시하는 경우도 있습니다.

여러분이 트랜스젠더나 논바이너리라고 확신하고 다른 이름을 사용하고 싶다면 다음 문제들을 먼저 생각해보세요.

1 커밍아웃을 먼저 하세요

가족과 친구들에게 여러분이 트랜스젠더나 논바이너리라고 말한 뒤 곧바로 다른 이름으로 불러달라고 하면 너무 많은 것을 한꺼번에 요구하는 것일 수 있습니다. 아마도 사람들은 트랜스젠더가 무엇인지 질문을 많이 할지도 모릅니다. 트랜스젠더가 무엇인지 먼저 이해시킬 수 있으면 여러분이 왜 이름을 바꾸고 싶어 하는지도 이해시키기 쉬울 것입니다. 물론 처음부터 여러분의 커밍아웃에 상당히 수용적이라면 다른 이름의 사용을 곧바로 의논해도 괜찮습니다. 어떻게 하든 여러분의 마음이지만 한 번에 한 걸음씩 가는 것이 좋습니다. 가족과 친구들에게도 마찬가지입니다.

2 인내심을 가지세요

바뀐 이름으로 불러달라는 여러분의 부탁을 존중하는 사람도 있지만 그렇지 않은 사람도 있을 것입니다. 여러분의 결정을 존중하는 사람들조차도 변화에 익숙해지는 데는 시간이 필요합니다.

임상심리학자 샌드라 로이터스타인Sandra Loiterstein 박사에 따르면 개명은 부모에게는 받아들이기 매우 어려운 일입니다. 자신이 아이에게 준 매우 개인적인 무언가를 거절당한 것처럼 느껴지기 때문입니다. 또한 이름을 바꾸면 상실감이 커져 부모로서 겪는 슬픔이 깊어지기도 합니다.

부모님이 힘들어하면 부모님과 함께 젠더 문제에 대해 많이 알고 있는 전문 상담사를 찾아가는 게 도움이 됩니다. 부모님이 이에 동의한다면 상담은 여러분의 가족이 지금의 상황을 이해하고 여러분의 정체성에 적응하도록 도움을 줄 것입니다.

3 신중하게 이름을 선택하세요

새 이름에 대해 많이 생각해보세요. 여러분의 성격을 잘 표현하거나 여러분에게 의미가 있는 이름을 선택합니다. 자신의 원래 이름의 여성형 혹은 남성형을 그냥 쓰는 트랜스젠더들도 있습니다. 빌Bill이 벨린다Belinda가 되고, 샬럿Charlotte이 찰스Charles가 되는 거죠. 알렉스나 크리스 같은 중성적인 이름을 선택하는 사람도 있습니다. 전혀 다른 이름을 선택하기도 하고요. 가장 중요한 건 자기 자신이라고 느끼는 이름을 고르는 겁니다.

4 학교에서 쓰는 이름을 바꾸고 싶으면 부모님의 도움을 받으세요

선생님이나 학교 직원들에게 바뀐 이름을 써달라고 하기는 어려울 수 있습니다. 하지만 부모님, 보호자가 뒤에서 지원하면 큰 도움이 됩니다. 그들은 여러분이 교장 선생님, 상담 선생님, 학과 선생님들과 이야기를 할 때 지원군이 될 수 있습니다. 다른 학교에 가거나 학년이 바뀔 때는 이름을 바꾸는 것이 좀 더 쉽습니다. 사람들이 이전 이름과 관련된 기억을 많이 가지고 있지 않기 때문입니다.

트랜스젠더 청소년 중에는 학교에서는 태어날 때 받은 이름을 그대로 쓰고 새 이름은 누구랑 혹은 어디에 있는지에 따라 선택적으로 사용하는 사람도 있습니다. 또 어떤 청소년들은 법적으로나 일상생활에서 자기가 이름을 바꿀 수 있는 나이가 될 때까지 기다리기도 합니다. 대부분 경우 학교에서 사용하는 이름을 바꾸거나 공식적인 학교 기록에서 이름을 바꾸고 싶으면 보호자가 이에 동의해야 합니다.

누군가 잘못된 젠더로 부를 때

누군가가 실수로 또는 일부러 변경 전 이름을 부르거나 잘못된 대명사를 사용한다 해도 상처받지 말아야 한다. 고의적이라고 해도 이는 바로 그 사람이 어떤 사람인지를 보여줄 뿐이다. 물론 타인의 이런 행동이 몹시 짜증 날 수 있다. 하지만 그 때문에 내가 경로를 벗어나서는 안 된다(우리 모두 때때로 연민을 가질 필요가 있다!). 앞으로 소개하는 장들에서는 이런 상황들에 대처하는 건설적인 방법을 제공할 것이다.

젠더 전환이란 무엇인가

젠더 전환은 다른 젠더를 가진 사람으로 24시간 살기 시작하는 과정이며 여러 단계로 나뉩니다. 정확한 정의에 따르면 이 전환은 수술이나 호르몬, 그 외 신체적 변화를 반드시 포함하지는 않습니다. 그러나 어떤 사람들은 위 과정의 일부 혹은 전체를 경험합니다.

"아마도 여섯 살 때쯤이었을 것이다. 토요일 아침 TV에서 하는 만화, 특히 벅스 버니Bugs Bunny가 원피스를 입고 가발을 쓰는 장면을 보면서 모든 게 시작되었던 것 같다. 나는 그 변신에 마음을 빼앗겼고 내가 하고 싶은 것이라고 정했다. 이것이 나의 '다름'에 대한 첫 기억이다."

_젤리아, 15세

전환은 주로 여러분이 다른 사람과 그리고 다른 사람이 여러분과 관계를 맺는 방식에 영향을 주는 요인들과 관련이 있습니다. 예를 들면 이름을 바꾸거나 옷차림을 달리하거나 헤어스타일이나 화장 등 외모에 변화를 주는 것입니다. 또한 습관적인 행동이나 목소리, 몸을 움직이는 모습도 바뀔 수 있습니다. 신체적 전환은 의료 전문가의 관리 아래 호르몬제나 사춘기 예방약 혹은 다른 약을 먹는 것이 포함됩니다. 수술을 받는 사람도 있는데 이는 주로 성인에 해당하는 사항이지만 항상 그렇지는 않습니다. 십대 트랜스젠더가 젠더확정 수술을 받을 방법은 많지 않지만 내분비학과 의사의 도움을 받아 호르몬 치료나 사춘기 예방약을 이용할 수 있습니다.

신체적 전환을 고민한다면

신체적 전환은 길고 복잡한 과정이지만 수술을 통해 변화하고 싶은 트랜스젠더에게는 매우 중요하고 보람 있는 여정일 수 있습니다. 그러나 젠더확정 수술은 비용이 많이 들기에 많은 사람이 이를 위해 오랫동안 돈을 모읍니다. 다행히 트랜스젠더를 위한 광범위한 혜택을 제공하는 보험회사가 늘고 있습니다.

신체적 전환에 시간이 걸리는 이유는 여러 가지입니다. 어떤 신체적 변화는 완성되려면 수개월에서 몇 년까지 걸리기도 합니다. 일반적으로 의료 전문가가 신체적 전환을 관리 감독하며, 길고 복잡한 여정에서 감정이나 결정을 탐색하는 데 도움을 줄 수 있습니다.

신체적 전환, 특히 수술을 받고 싶다면 결정하기 전에 먼저 진료표준절차Standards of Care, SOC를 알아두는 것이 좋습니다. 진료표준절차는 약물이나 수술을 이용해 신체적 전환을 하고 싶은 트랜스젠더 환자 진료에 대한 임상 가이드라인입니다.

미국에서 가장 많이 사용되는 것은 트랜스젠더의 건강을 위한 세계전문가협회World Professional Association for Transgender Health, WPATH에서 나온 진료표준절차입니다. 이것은 신체적 전환이 긍정적이고 합당한 단계라는 것을 확인하는 심리치료, 평생을 해야 하는 호르몬 치료의 시작, 실생활 경험, 마지막으로 본인이 원하면 젠더확정 수술을 하는 단계가 필요하다고 제시합니다.

정신의학 전문가와 진료를 받는 사람에 따라 진료와 평가 기간은 3개월 정도 걸리거나 더 길어지기도 합니다. 이 기간에 자신의 트랜스젠더 정체성이 의심받는 것처럼 느껴질 수 있습니다. 내가 확신하는 것에 다른 사람들이 이러쿵저러쿵한다고 생각하면 답답하고 좌절감이 느껴지겠지만 그런 감정들을 긍정적으로 해소하려고 노력해야 합니다(힘든 감정을 다루는 방법들은 9장에서 자세히 논의할 것입니다). 풍부한 경험을 지닌 좋은 상담사라면 진료표준절차나 그 밖의 과정에서 겪는 두려움과 좌절을 극복하는 데 도움을 줄 것입니다.

실생활 경험Real-Life Experience, RLE은 젠더를 전환하려는 사람이 자기가 진짜라고 느끼는 성정체성에 맞는 사람으로 하루 동안 살고 일해보는 기간입니다. 예를 들

"트랜스젠더로서 가장 힘든 부분은 내 성정체성과 몸이 맞지 않는다는 점이다. 이 문제는 끊임없는 좌절과 괴로움을 안겨준다. 나는 아직 상담을 충분히 받지 않아서 현재 호르몬제를 쓰지 않고 있다. 내가 가장 짜증 나는 것 하나는 나이가 어리다고 트랜스젠더 본인의 의사를 무시하는 사람들의 태도다."

_라일런, 19세

어 여성에서 남성으로 전환하는 사람이 하루 동안 남자로 사는 것입니다. WPATH의 진료표준절차에 따르면 실생활 경험의 목적은 "어색함을 극복하고 새로운 행동양식을 확립하며 익숙하지 않은 상황에 내적 자신감을 갖고 자연스럽게 접근하게 한다"입니다. 이 경험은 자신이 정말 신체적 전환을 원하는지, 정신적으로나 감정적으로 감당할 수 있는지를 확신하기 위해 고안되었습니다.

실생활 경험이 진료표준절차의 가이드라인이긴 하지만 모든 치료자가 이것을 요구하지는 않습니다. 실제로는 '고지에 의한 동의 informed consent'를 수용하는 의료 전문가들이 점점 많아지고 있습니다. 이는 의사나 치료자가 트랜스젠더에게 성전환에 대한 많은 사실과 정보 그리고 성전환이 신체적, 정신적, 정서적으로 삶에 어떤 영향을 줄 수 있는지를 알려주고 그들이 호르몬 대체 치료나 젠더확정 수술에 대해 스스로 결정을 내리도록 돕는 것을 의미합니다.

젠더확정 수술은 성별과 관련된 해부학적 모습을 영구적으로 바꾸는 것을 말합니다. 그리고 생식기 수술 이상의 추가적 수술을 받는 트랜스젠더가 많습니다. 예를 들어 남성에서 여성으로 전환하는 사람은 얼굴과 몸의 체모 제거, 음낭 크기 축소 그리고 전통적인 여성의 얼굴과 몸이 되기 위한 각종 성형수술을 할 수 있습니다. 유방 확대 수술을 받기도 하지만 생식기 수술과 함께 호르몬 치료에만 의존하는 사람도 많습니다. 호르몬 치료가 가슴의 발달을 촉진하기 때문입니다. 여성에서 남성으로 전환하는 사람은 유방 제거 수술을 받기도 합니다.

일부 십대들은 전환 과정까지 참지 못하거나 의사에게서 호르몬제나 사춘기 예방약을 얻기 힘들어서 암시장 또는 온라인에서 약물을 구매하기도 합니다. 이는 신체적 문제뿐 아니라 법적으로도 심각한 결과를 초래할 수 있습니다. 다른 모든 약도 그렇지만 공식적인 의료 체계 밖에서 구입한 호르몬제나 사춘기 예방약에 무엇이 들어있는지는 알 수 없습니다. 약물의 용량과 용법도 알 수 없고요. 이런 약물들은 의사의 지도 아래 적정량으로 사용되어야 합니다. 그리고 적정량은 사람마다 다릅니다. 아무리 힘들고 견딜 수 없는 상황이더라도 건강을 해치는 위험을 감수해서는 안 됩니다.

우리는 결코 혼자가 아니다

젠더 고정관념에 순응하라는 사회적 압력은 견디기 힘들 만큼 극심할 수 있습니다. 젠더 표현은 너무 눈에 띄고 명확하기에 여러분이 비전통적인 젠더 표현을 추구한다면 원하지 않는 주목과 괴롭힘을 받기 쉽습니다. 특히 트랜스젠더는 괴롭힘과 물리적 폭력을 자주 당합니다. GLSEN에 따르면 트랜스젠더 학생들 그리고 눈에 띄게 전통적 성역할에 도전하는 사람들이 가장 심한 괴롭힘과 신체적 폭력을 당하는 경우가 많습니다. 그래서 레즈비언, 게이, 양성애자 학생들의 안전도 중요하지만 트랜스젠더와 논바이너리 학생들의 안전은 더욱 중요한 이슈입니다.

레즈비언, 게이, 양성애자와 마찬가지로 트랜스젠더에 대한 차별과 학대는 절대로 괜찮지 않으며 어떤 이유로도 정당화될 수 없

습니다. 공격을 받으면 경찰에 신고하세요. 경찰이 여러분의 주장을 무시하거나 보고하지 않는다면 람다 법률회사Lambda Legal, 전국 LGBTQ 태스크포스National LGBTQ Task Force, 미국인권옹호협회American Civil Liberties Union 등이 도울 수 있습니다. 많은 트랜스젠더 단체들도 도울 수 있습니다. 이 조직들은 트랜스젠더를 대변하고 그들의 법적 권리를 위해 영향력을 행사합니다. 혼자서 침묵하며 고통을 견딜 필요가 없습니다.

트랜스젠더들이 겪는 가혹한 차별에도 불구하고 오늘날 트랜스젠더라고 커밍아웃하는 사람의 수는 늘고 있습니다. 이렇게 트랜스젠더의 존재감이 커지는 것은 사람들에게 트랜스젠더의 의미를 알리는 데 도움이 됩니다. 어려운 문제에 직면할 때도 있지만 많은 트랜스젠더가 의미 있고 성취로 가득한 행복한 삶을 꾸립니다. 여러분이 할 수 있는 가장 중요한 일은 자기가 아주 멋진 사람이란 사실을 그대로 받아들이는 겁니다.

젠더는 움직이는 개념이다

젠더란 무엇인가? 성교육자이며 인류학자인 말라 매드론에 따르면 이 질문에 대한 답은 누구에게 묻느냐에 따라 달라지기도 하지만 언제 묻느냐에 따라서도 달라진다. 매드론은 젠더를 정의 내리기 어려운 이유가 너무 많은 사회적 요소를 갖고 있고 고정된 개념이 아니기 때문이라고 한다. "문화는 살아 있고 자라는 유기체다. 생태계와 마찬가지로 문화는 끊임없이 변화한다. 상호 의존적이기도 하다. 어떤 개념이나 시각을 바꾸면 다른 것도 달라진다. 따라서 젠더에 대한 어떤 정의도 사실 그 순간 문화가 어디에 있는지를 보여주는 그 순간의 즉석 사진일 뿐이다."

3장 불편한 시선, 혐오와 차별에 맞서기

혐오는 가족 가치관이 아닙니다

알다시피 LGBTQ는 역사의 시작부터 존재했었지만 많은 역사책이 퀴어들을 못 본 척합니다. 그러다 LGBTQ의 존재를 어쩔 수 없이 인정하게 되는 경우엔 그조차 부도덕하고 부자연스러운 것으로 묘사하지요. 이런 존재의 부정과 잘못된 정보가 합쳐져 LGBTQ에 대한 무지에 한몫해왔습니다. 그리고 이 무지는 동성애혐오homophobia와 트랜스젠더혐오transphobia로 나타났습니다.

동성애혐오와 트랜스젠더혐오는 여러분에게 많은 스트레스가 될 수 있습니다. 특히 학교에서요. 자신은 LGBTQ라는 것이 익숙한데 급우들, 선생님들, 친한 친구들조차도 꽤 불편할 수 있습니다. 일부는 혐오감을 직접 드러내거나 폭력을 쓸지도 모릅니다.

뿌리 알기

역사 수업 과제를 준비하기 위해, 아니면 그저 여러분 이전에 LGBTQ였던 사람들의 삶에 대해 더 알고 싶다면 제롬 폴렌Jerome Pohlen이 쓴《아이들을 위한 게이와 레즈비언 역사: LGBT 인권을 위한 몇 세기에 걸친 투쟁Gay & Lesbian History for Kids: The Century-Long Struggle for LGBT Rights》이 훌륭한 자료가 될 수 있다. 이 책은 퀴어들에 대해 아주 흥미롭고 세상에 잘 알려지지 않은 정보로 가득하다.

동성애혐오와 트랜스젠더혐오는 끔찍하게 느껴질 수 있습니다. 여러분이 바라는 건 그저 여러분 자신이 되는 것인데 아무도 그것을 허락하지 않는다고 생각하게 됩니다. 혹은 이런 혐오들 때문에 세상을 변화시키고 싶다는 마음이 생길 수도 있습니다. 어떤 생각이 들든 꼭 기억해야 하는 점은 이런 혐오가 여러분 때문이 아니라 그들의 무지 때문이라는 것입니다.

"나는 다른 사람과 똑같다. 똑같은 인간이며 감정이 있다. 무지한 사람이 내게 다가와 이 모든 것이 내 선택이고 잘못이고 틀린 것이라고 말할 때 힘들다. 이럴 땐 내가 표적이 된 듯한 느낌이다."

_섀넌, 20세

혐오는 여러분이 누구인지에 근거하지 않고 LGBTQ에 대한 잘못된 개념과 부정을 기반으로 합니다. 동성애혐오와 트랜스젠더혐오가 여러분 삶에서 문제를 만들지만, 그건 여러분이 만든 게 아닙니다.

요즘은 LGBTQ에 대한 인식도 변화하고 있고 사회에서 LGBTQ들의 존재감이 커져 이런 혐오에 대응하는 데 도움이 되고 있습니다. 하지만 양성애자나 시스젠더가 아니라면(혹은 그저 다른 사람들에게 그렇게 보이지 않는다면) 여전히 미묘하거나 노골적인 동성애혐오와 트랜스젠더혐오를 경험할 확률이 높습니다. 따라서 동성애혐오와 트랜스젠더혐오가 어떻게 시작되는지, 그것에 어떻게 대처해야 하는지를 잘 알아두는 게 도움이 됩니다. 과연 이런 혐오들은 어디서 시작된 걸까요? LGBTQ는 잘못한 게 없는데 왜 혐오는 사라지지 않는 걸까요?

동성애혐오와 트랜스젠더혐오의 뿌리

동성애혐오와 트랜스젠더혐오는 어떤 사람이 LGBTQ이기 때문에 혹은 그렇게 보이기 때문에 그 사람에게 느끼는 두려움, 분노, 의심, 또는 이것들이 함께 섞인 감정입니다. 이 감정들은 LGBTQ에 대한 무지에서 비롯됩니다.

혐오는 무지에서 비롯된다

동성애혐오와 트랜스젠더혐오는 가벼운 정도에서 심한 정도까지 혐오가 드러나는 정도에 차이가 있으며 그 어느 것도 허용될 수 없습니다. 어떤 혐오들은 공공연하게 겉으로 드러납니다. 복도에서 "레즈!" "호모!" "트랜스!"라고 부르거나 "그거 정말 호모 같다" 등의 표현이 이에 해당합니다. 한편 미묘하게 표현되는 혐오도 있습니다. 예를 들면 체육 시간 전 옷을 갈아입을 때 조용히 거리를 두는 것 같은 행동입니다.

그러나 LGBTQ에 대해 무지한 사람도 퀴어라는 것이 실제로 어떤 의미인지를 알게 되면 자신의 부정적 생각을 바꿀 수 있습니다. 많은 동성애혐오자와 트랜스젠더혐오자가 친구나 사랑하는 사람의 커밍아웃 이후에 시각을 바꿉니다. LGBTQ도 대개는 다른 사람과 똑같다는 것을 깨닫기 때문입니다. 우리는 모두 똑같은 인간이라는 사실, 우리가 누구에게 끌리고 사랑을 하는지, 어떻게 옷을 입는지, 어떤 대명사를 쓰는지 등을 근거로 서로를 구분하는 것은 어리석다는 걸 이해하기 시작합니다.

2010년에 럿거스대학교 학생인 18세 타일러 클레멘티Tyler Clementi가 조지워싱턴 다리에서 뛰어내려 삶을 마감했다. 클레멘티가 다른 남성과 키스하는 장면을 룸메이트가 동영상으로 찍어 트위터에 올린 후였다. 그 룸메이트는 연방 법원에 기소되었고 사생활 침해에 대해 유죄가 인정됐다. 클레멘티의 죽음은 LGBTQ 젊은이들과 사이버 폭력 문제에 국가적 관심을 불러일으켰다.

동성애혐오와 트랜스젠더혐오가 깊이 뿌리박혀 LGBTQ에 대한 증오를 표출하는 사람들도 있습니다. 이들은 퀴어 반대 법안을 로비하거나 LGBTQ를 왕따시키고 물리적 상해를 입히는 등 여러 방법을 동원합니다. 많은 동성애혐오자와 트랜스젠더 혐오자가 저지른 가슴 아픈 사건들은 도처에 있습니다. 매튜 셰퍼드Matthew Shepard는 1998년 미국 와이오밍주에서 잔인하게 살해당했고, 2016년에는 플로리다주 펄스 나이트클럽에서 총기 난사 사건이 일어났습니다. 2017년에는 브랜디 실즈Brandi Seals가 비극적으로 살해되었고 그 외에도 수년간 셀 수 없이 많은 유색인종 트랜스젠더 여성들이 살해당했습니다. LGBTQ를 향한 괴롭힘 때문에 많은 젊은 퀴어가 자살하는 현상은 아직도 이 세상에 많은 증오가 있음을 보여줍니다. 이런 사건들은 퀴어들이 안전을 심각하게 걱정해야 함을 의미합니다.

혐오범죄의 예방과 처벌

2009년 10월 28일, 미국의 버락 오바마 대통령은 성적 지향과 성정체성을 포함하는 확장된 혐오범죄 연방 법안을 서명 승인했다. 매튜 셰퍼드와 제임스 비어드 증오범죄 예방법Matthew Shepard and James Byrd Jr. Hate

Crimes Prevention Act이라고 알려진 이것은 미국의 LGBTQ들에게 커다란 도약이었다. 2015년 FBI 보고서는 증오범죄의 18퍼센트가 성적 지향 때문에 그리고 약 2퍼센트가 성정체성이나 젠더 표현 때문에 발생했음을 보여주었다.

왜 사람들은 동성애나 트랜스젠더를 혐오할까?

사전을 찾아보면 공포증phobia을 '비합리적인 두려움'이라고 정의합니다. 따라서 동성애혐오나 트랜스젠더혐오는 논리적인 근거가 없습니다.

PFLAG 워싱턴D.C. 지부에서 코디네이터로 일하는 임상심리학자 샌드라 로이터스타인 박사에 따르면 동성애혐오에는 여러 원인이 있을 수 있습니다. 한 인터뷰에서 로이터스타인 박사는 이렇게 말했습니다. "LGBTQ들을 한 개인으로 보지 않고 편견을 통해 보기 때문입니다. 동성애혐오의 주요 원인으로 생각되는, 예로부터 내려오는 '다름'에 대한 공포는 종교와 여러 제도들 속에서 지속돼왔으며 정신건강 관련 단체도 이에 속합니다."

반 LGBTQ의 역사적 뿌리가 동성애와 상관이 없는 경우도 있습니다. 일부 문화에서는 이성이든 동성이든 상관없이 임신할 수 없는 모든 성적 접촉, 예를 들면 구강성교 같은 행위는 죄악이며 도덕적으로 잘못이라고 여겼습니다. 또 다른 경우는 행위를 하는 사람의 생물학적 성별보다 행위 그 자체를 못마땅해했습니다.《역사에서 숨겨진 것: 게이와 레즈비언의 과거를 다시 이야기하다》에 따르면 특정 문화와 종교에서 발견되는 동성애혐오와 트랜스젠더혐오의 뿌리가 성적 행위에 대한 그런 도덕적 믿음으로까지 거슬러 올라간다고 믿는 역사가들도 있습니다.

퀴어도 동성애혐오와 트랜스젠더혐오가 있을 수 있다

또 다른 동성애혐오와 트랜스젠더혐오는 '내재화된 동성애혐오·트랜스젠더혐오'라고 부르는 것입니다. 내재화된 혐오를 가진 사람들은 자신이 LGBTQ라는 것을 받아들이기 어려워합니다. 이들은 자신의 모습에 죄책감을 느끼거나 퀴어인 것이 자기에게 문제가 있다는 의미로 받아들입니다. 다른 사람을 향하는 동성애·트랜스젠더 혐오처럼 내재화된 혐오도 겉으로 드러나거나(자신이 LGBTQ라는 느낌을 부정하는 것부터 이성애자/시스젠더로 전환하려는 노력까지) 미묘하게 잘 드러나지 않을 수도 있습니다. 자기가 퀴어라는 사실이 드러날까 걱정되는 것들을 숨기기가 이에 해당합니다.

조지 와인버그George Weinberg는 심리학자이자 LGBTQ 인권활동가로 '동성애혐오'와 '내재화된 동성애혐오'란 용어를 만들었습니다. 그는 2002년 〈게이 투데이Gay Today〉 인터뷰에서 내재화된 혐오는 "남과 다름, 눈에 띄는 것, 험한 대접을 받거나 놀림을 받는 것 등에 대한 두려움"에 바탕을 둔다고 말했습니다. 또한 남들이 어떻게 생각하는지에 상관없이 자신의 모습 그대로를 받아들이면 내재화된 혐오는 감소한다고 설명했습니다.

영화 속 LGBTQ의 부정적 이미지

할리우드는 LGBTQ에 대한 사람들의 두려움을 오랫동안 이용한 것으로 유명하다. 《필름 벽장: 영화 속의 동성애Celluloid Closet: Homosexuality in the Movies》라는 책에서 비토 루소Vitto Russo는 영화에 등장하는 LGBTQ들의 역사를 탐구한다. 그는 할리우드 영화들이 어떻게 온갖 방법으로 LGBTQ들을 묘사했는지, 예를 들면 완전 무시("아니요, 여기 퀴어 없어요")부터 동성애·트랜스젠더를 혐오하는 고정관념("퀴어는 바보 같거나 무서워요")까지 그 사례들을 논의한다. 유약한 남성부터 정신병적 살인마까지 오늘날 떠도는 퀴어에 대한 부정적 고정관념이 영화에서 얼마나 오랫동안 지속되었는지를 알면 깜짝 놀랄 것이다.

동성애자와 트랜스젠더가 존재하지 않는 듯 행동하는 경우

LGBTQ는 사람들이 자신에 대해 굉장한 일인 듯 호들갑을 떨지 않기를 바랍니다. 그런데 마치 이 세상에 퀴어가 없는 것처럼 행동하는 사람도 있습니다. 예를 들면 여러분이 게이 남성이라면 친척이나 다른 사람들이 "누구 데이트하는 사람 없니?"라는 포괄적인 질문을 하는 게 아니라 "여자 친구 아직 없니?"라고 물을 때 곤란하고 당혹스러우며 신경이 곤두설 수 있습니다.

이렇게 상대방이 이성애자라고 가정하는 질문은 이성애 규범성heteronormativity 혹은 이성애주의heterosexism의 전형적인 사례입니다. 이성애 규범성은 이성애자들이 표준이며 LGBTQ는 약간 비정상이거나 열등하다는 생각입니다. 이런 가정이 동성애혐오의 한 원인입니다. 시스 규범성cisnormativity 혹은 시스젠더주의cissexism는 시스젠더가 정상이며 트랜스젠더들은 비정상이거나 시스젠더인 사람보다 열등하다고 믿는 것으로 트랜스젠더혐오를 낳습니다.

동성결혼이 인정되다

2015년 미국 대법원은 법적 결정권이 있는 성인 사이의 결혼은 기본 인권이며 동성 커플에게도 적용되어야 한다는 판결을 내렸다. 이 판결 이전에 존재했던 동성 커플들에 대한 제한적 결혼 권리가 이성애 규범성의 본보기다.

학교에서 마주하는
동성애혐오와 트랜스젠더혐오

'군중심리'라는 말을 들어봤나요? 혼자라면 보통 하지 않을 행동임에도 많은 사람이 하기 때문에 괜찮다고 생각하거나 참여해야 한다고 압력을 느끼는 것입니다.

동성애혐오와 트랜스젠더혐오가 만연한 이유 중 하나가 군중심리입니다. 사람들이 직접 또는 온라인에서 십대 LGBTQ들을 공격하고 괴롭히는 데 군중심리가 한몫합니다. 일부 사람들이 LGBTQ에 대해 강하게 반감을 표시하는데 아무도 이의를 제기하지 않으면 무지와 혐오는 지속되고 강화되기까지 합니다.

전 세계 LGBTQ 활동가들이 동성애혐오와 트랜스젠더혐오를 종식하기 위해 노력하고 있습니다. 미국에서는 '명예 훼손에 저항하는 게이와 레즈비언 연합GLAAD'이 미디어에서 LGBTQ에 대한 긍정적이고 정확한 정보가 전달되도록 활동하고 있습니다. 인권캠페인HRC과 전국 LGBTQ 위원회도 LGBTQ의 인권을 보호하는 법률을 통과시켜 사회 변화에 힘쓰고 있습니다. 람다 법률회사는 법률 제도와 정부

정책을 통해 LGBTQ의 인권 보장을 위해 노력합니다. 국제적으로는 퀴어에 대한 사람들의 태도를 변화시킴으로써 LGBTQ의 이해와 지지를 높이고자 PFLAG가 활동하고 있습니다. 이들은 퀴어들을 위해 더 좋은 세상을 만들기 위해 일하는 많은 단체들 중 일부에 불과합니다.

동성결혼을 인정한 국가들

2005년 7월 20일, 캐나다는 아메리카 대륙에서 처음으로 동성결혼을 인정한 국가가 되었다. 그 밖에 아르헨티나, 호주, 벨기에, 브라질, 콜롬비아, 크로아티아, 체코공화국, 덴마크, 영국, 핀란드, 프랑스, 독일, 그린란드, 아이슬란드, 아일랜드, 룩셈부르크, 말타, 멕시코 일부 지역, 네덜란드, 뉴질랜드, 노르웨이, 포르투갈, 스코틀랜드, 남아프리카공화국, 스페인, 스웨덴, 미국, 우루과이, 웨일스가 동성결혼 권리를 인정한다. 스위스 같은 나라들은 동성시민연합 또는 파트너등록을 허용하고 있다.

퀴어에 우호적인 법안을 통과시키기 위해 매일 국회의원들에게 로비를 펼치는 사람들이 있습니다. 예를 들면 성적 지향이나 성정체성에 근거한 직장에서의 차별을 금지하는 연방 법안 같은 것인데요. 캘리포니아주의 '학생 안전과 폭력 예방 법률'은 모든 캘리포니아 학교들은 학생들이 성적 지향이나 성정체성 때문에 차별이나 괴롭힘을 받지 않도록 보호할 의무가 있다고 규정합니다. 이 법은 2002년 학생이었던 조지 루미스George Loomis가 지역 단체 연합과 PFLAG, 미국인권옹호협회ACLU, 게이-이성애자 연대 네트워크Gay-Straight Alliances Network, GSA Network와 함께 지방교육청을 상대로 건 소송에서 승리하는 근거가 되었습니다.

2009년 14세였던 제이컵 설리번Jacob Sulivan은 뉴욕 인권옹호연맹의 도움을 받아 모하크 중부교육청에 소송을 제기했습니다. 제이컵이 남자라는 고정관념에 따르지 않고 성적 지향이 다르다는 이유로 끈질긴 괴롭힘과 신체적 학대를 받았고, 폭력의 위협에서 지방교육청이 그를 보호하지 못했다는 이유였습니다. "사람들은 자기가 이해하지 못하는 것을 조롱하지만 학교는 보호의 의무가 있습니다"라고 제이컵은 인터뷰에서 말했습니다. 2010년 3월 29일 이 사건은 합의를 봤고 지방교육청은 제이컵에게 5만 달러를 보상했습니다.

2017년 미국 하원에 상정된 '안전한 학교 개선법Safe School Improvement Act, SSIA'은 초중등교육법Elementary and Secondary Education Act, ESEA 기금을 받는 학교와 각 주 지방교육청들이 특별히 왕따와 괴롭힘을 금지하는 행동 수칙을 채택하도록 수정한 법안으로, 성적 지향과 성정체성을 이유로 한 괴롭힘도 포함하고 있습니다. SSIA는 또한 각 주가 교육부에 학교 폭력과 괴롭힘에 관한 데이터를 보고할 것을 요구합니다.

LGBTQ를 보호하는 캐나다의 인권법

연방정부를 포함한 모든 캐나다 관할 구역은 성적 지향과 관련된 보장을 분명하게 언급하는 인권법이 있다. 일부 지방 인권법은 성정체성 또는 젠더 표현도 언급하고 있으며 그렇지 않은 다른 지방과 작은 행정구역들은 성정체성 또는 젠더 표현이 법에 이미 포함된 것으로 이해한다.

캐나다 인권옹호협회에 따르면 LGBTQ인 학생, 직원, 가족들이 부딪치는 특별한 어려움을 인정하는 정책을 채택하는 교육이사회도 있다. 한 예로 유콘에서는 LGBTQ 커뮤니티 사람들과 가족들을 환영하고 합류시키는 주도적 전략을 모든 고등학교에 요구한다. 에드먼턴 공립학교들은 성차별적, 동성애혐오적 또는 트랜스젠더혐오적 발언이나 행동에 선생님과 직원들이 적절하게 대처하도록 학교 관계자들이 보장해야 함을 명시한 포괄적 정책을 유지한다. 또한 교육이사회는 매년 에드먼턴 프라이드 퍼레이드에 참여한다.

동성애혐오와 트랜스젠더혐오를 학교 복도에서 마주칠 때

여러분은 LGBTQ라는 이유로 또는 그렇게 보인다고 언어적, 신체적으로 놀림을 당할지 모릅니다. 여러분만 그런 게 아닙니다. GLSEN이 실시한 〈2015년 미국 학교 환경 조사 2015 National School Climate Survey〉는 약 60퍼센트의 LGBTQ 학생들이 성적 지향 때문에 학교에서 불안감을 느끼며

> "고등학교 2학년 때 친구들이 나를 계속 괴롭혔지만 선생님은 그냥 보고만 있었다. 선생님이 개입했어야 한다고 생각한다."
>
> _브라이언, 19세

40퍼센트 이상이 성정체성과 젠더 표현 때문에 안전하지 않다고 느낀다고 보고했습니다. 70퍼센트가 넘는 학생이 안심할 수 없어서 학교 행사에 참여하지 않으며 65퍼센트가 방과후활동에 참여하지 않는다고 말했습니다. 설문에 답한 LGBTQ 학생의 27퍼센트가 성적 지향을 이유로, 20퍼센트는 젠더 표현 때문에 물리적 괴롭힘(복도를 걸어가는데 막아서는 것 등)을 당한 경험을 이야기했습니다. 한편 13퍼센트는 성적 지향 때문에, 9퍼센트는 젠더 표현 때문에 지난 1년 동안 신체적 폭력(주먹으로 맞거나 발로 차이는 등)을 경험했다고 보고했습니다.

LGBTQ 관련 법안 진행 상황

인권캠페인 웹사이트(www.hrc.org)에 들어가면 현재 미국에서 논의 중인 법안의 진행 상태와 LGBTQ 관련 법안에 대한 정보를 얻을 수 있다. 이 정보들을 살펴보면 이 책에서 밝힌 법안은 빙산의 일각임을 알 수 있을 것이다. 수많은 LGBTQ 인권 법안이 주와 연방 수준에서 숙고되고 있다.

국내 정보

한국에서는 성소수자 차별 금지를 포함하는 의안으로 차별금지법안(정의당 장혜영 의원 대표 발의), 평등에 관한 법률안(더불어민주당 이상민 의원 대표 발의)이 발의돼 있으나 일부 종교단체, 반성동성애 단체의 반발과 로비로 통과에 어려움을 겪고 있다.
의안 원문과 검토보고서는 국회 의안정보시스템(http://likms.assembly.go.kr/bill/main.do)에서 검색할 수 있다.

국회의원, 학부모, 교육자, 활동가들은 학교에서 청소년들에게 LGBTQ에 대해 가르칠 것인가를 두고 계속 논의하고 있습니다. 이에 찬성하는 사람들은 학생들에게 긍정적이고 정확한 정보를 제공해 LGBTQ 혹은 그렇게 보이는 사람들에 대한 왕따와 괴롭힘을 줄일 수 있다고 말합니다. 반대하는 사람들은 이런 노력이 학생들의 퀴어 성향을 부추기고 조장한다고 주장합니다. 이는 널리 퍼진 LGBTQ에 대한 잘못된 생각 중 하나(59쪽 'LGBTQ에 대한 편견 그리고 진실'을 보세요)를 믿기 때문입니다.

GLSEN, PFLAG, 인권캠페인을 포함한 많은 단체가 '안전한 학교' 운동을 일으키고 있습니다. 이는 LGBTQ 청소년들에게 안전한 학교 환경을 만들기 위해 어른과 십대들이 함께 노력하는 운동으로 성적 지향, 성정체성, 젠더 표현을 이유로 가해지는 괴롭힘을 포함한 '괴롭힘과 폭력 방지' 정책을 도입하고자 힘씁니다. GLSEN의 2015년 보고서 〈놀림부터 고문까지: 학교 분위기 재고From Teasing to Torment: School Climate Revisited〉에 따르면 설문에 응답한 학생의 87퍼센트가 학교에 '괴롭힘 방지'와 관련된 일반적 정책이 있다고 답했습니다. 약 55퍼센트는 이 정책이 특별히 성적 지향이나 성정체성, 젠더 표현을 근거로 한 괴롭힘 금시를 포함한다고 대답했습니다.

'프라이드 퍼레이드 달' 선언

1999년 빌 클린턴 대통령은 미국에서 6월을 '게이와 레즈비언 프라이드 달Gay and Lesbian Pride month'로 선언했다. 2009년 버락 오바마 대통령은 게이를 넘어 범위를 확장해 6월을 '전국 LGBTQ 프라이드 달'로 선언했다.

어떤 학교들은 전교생을 모아놓고 LGBTQ 교육을 하거나 '프라

"매일 사람들은 나를 호모, 퀴어, 계집애, 남색이라고 불렀다. 그리고 결국 욕설뿐 아니라 심한 장난과 폭력으로까지 이어졌다. 누군가가 내 사물함 번호를 잘못 알아서 옆 사물함 문짝에 '남창'이라고 써놓기도 했다. 내 머리카락에 껌을 붙이고, 뒤에서 옷 안으로 종이를 꾸겨 넣거나 물건들을 던졌다. 신체적 폭력과 살해 협박까지 받았다. 학교는 최선을 다하고 있다고 했다. 그러나 내가 보기엔 아무것도 해결된 것이 없었다."

_로버트, 15세

이드 달' 게시물을 허락하기도 합니다. 일부 학생들은 학교와 일터의 변화를 위해 사람들을 교육하는 게이-이성애자 연대GSAs를 만들기도 합니다(GSAs와 다른 학교 관련 이슈는 5장의 202쪽을 보세요).

안전한 학교 운동은 학내 괴롭힘과 폭력에 이목을 집중시키며 LGBTQ 학생들이 학교에서 좀 더 환영받고 안전하게 느끼도록 돕습니다. 그러나 여러분이 지금 괴롭힘과 폭력을 당하고 있거나 차별을 받고 있다면 그런 상황이 영원히 변하지 않을 것처럼 느껴질 수 있습니다. 그렇다면 스스로를 지키기 위해 무엇을 할 수 있을까요?

학교에서 부딪히는 혐오에 대응하는 법

동성애혐오와 트랜스젠더혐오 그리고 그것이 왜 생기는지를 이해한다고 해도 직접 마주치는 괴롭힘과 폭력은 또 다른 문제입니다. 편견은 여러 방식으로 모습을 드러냅니다. LGBTQ라는 이유로 운동팀에서 제외되거나 코치들이 '문제아'라고 낙인찍을 수 있습니다. 학교 당국은 괴롭힘을 모른 척하거나 여러분이 자초한 일이라고 말할 수도 있습니다. 또 선생님이 여러분이 원하는 이름이나 대명사를 쓰지 않을 수도 있습니다. 이들의 태도와 행동을 무시하는 것부터 정면으로 부딪치는 것까지, 혐오에 대응하는 방법은 여러 가지입니다.

지속적인 놀림과 괴롭힘을 당할 때

계속되는 괴롭힘과 무시로 여러분은 두려움, 고립, 우울, 분노를 느끼거나 지치고 힘들 수 있습니다. 때로는 동성애혐오와 트랜스젠더혐오와의 싸움이 힘든 투쟁으로 느껴지고, 아무것도 나아지지 않을 것 같을 때가 있습니다. 자기가 LGBTQ인 것이 편안하고 대체로 만족할지라도 계속 괴롭힘을 당하면 매우 힘들며 의기소침해질 수밖에 없습니다.

동성애혐오와 트랜스젠더혐오에 대처하는 방법은 여러 가지입니다. 어떻게 상황을 처리할지의 결정에 상관없이 여러분이 당하는 끔찍한 대접은 여러분 탓이 아니며 동성애혐오와 트랜스젠더혐오를 혼자만 경험하는 게 아니라는 사실을 알아야 합니다. 기억하세요. 이런 혐오들은 여러분의 문제가 아니라 그 사람들과 그들의 시각에 문제가 있는 겁니다.

물론 동성애혐오와 트랜스젠더혐오가 여러분의 잘못이 아니라는 것을 알아도 그런 식의 태도에 부딪히면 마음이 상할 수 있습니다. 자신감을 북돋고 기분이 좋아지는 활

"몇 년 전 학교에서 괴롭힘을 당하자 부모님은 내게 가라테를 배우게 했다. 처음에는 가라테에 대해 아는 것이 없어 겁이 좀 났지만 지금은 무척 좋아한다. 덕분에 몸이 날렵해지고 자신감이 생겼다. 또한 상황의 위험성을 판단할 수 있게 되어 그 상황을 아예 피하거나 안전하게 움직일 수도 있다."

_카를로스, 16세

동에 집중하세요. 글쓰기, 그림 그리기, 댄스, 운동, 친구들과 시간 보내기 등 그런 활동의 예는 아주 많습니다. 가끔 다른 사람의 혐오가 자존감을 해치고 있지 않은지 자신을 살펴보는 시간을 가지세요. 자신의 모습을 건전하고 기분 좋게 느끼는 방법에 관한 정보는 9장에서 더 자세하게 알려드리겠습니다.

여러분이 다른 사람의 말과 행동을 통제할 수 없음을 아는 것이 중요합니다. 따라서 여러분이 통제할 수 있는 것, 즉 그런 말과 행동에 대한 여러분의 반응에 초점을 맞추세요. 어떤 반응이 최선인지를 결정할 때 몇 가지 고려할 사항이 있습니다.

안전한 상황인지 파악한다

무엇보다 안전을 먼저 생각해야 합니다. 동성애혐오와 트랜스젠더혐오에 어떻게 대응할지 결정하기 전에 상황을 먼저 파악하세요.

- 그 사람은 그저 무지한 건가요? 혹시 여러분을 해치려고 하나요? 판단하기가 쉽지 않지만 가끔 상대방의 의도가 확연히 보일 때가 있습니다.
- 그 사람의 말이나 동작이 공격적인가요? 공격적 말투를 사용하거나 여러분에게 가까이 다가오면서 위협하나요? 직감을 무시하지 마세요. 보통은 직감이 가장 좋은 지표입니다. 만약 조금이라도 안전이 걱정된다면 주의 깊게 행동해야 합니다.
- 이전에도 그 사람이 여러분을 괴롭힌 적이 있나요? 만일 그렇다면 그때보다 괴롭힘의 정도가 심해졌나요? 예를 들면 복도에서 놀리는 정도에서 이제는 어깨를 치거나 더 심하게 구나요?

- 여러분은 혼자인가요? 아니면 친구와 함께인가요? 도움을 줄 수 있는 어른이 근처에 있나요?
- 어디에 있나요? 도망칠 수 있는 곳인가요? 항상 출구가 어디인지 알아두는 것이 중요합니다.

동성애혐오와 트랜스젠더혐오는 많은 감정을 자극합니다. 그렇다 하더라도 잠깐의 기분에 따라 반응하기보다는 전체 상황을 살펴야 합니다. 같은 반 친구가 그런 말을 했을 때 나쁜 의도는 아니었을 수 있습니다. 어쩌면 그 말이 어떻게 들릴지 혹은 자신의 경험이 얼마나 제한적인지를 깨닫지 못했기 때문일 수 있습니다. 그러나 여러분에게 무언가를 던지면서 괴롭히는 사람은 앞으로 점점 더 폭력적으로 변할 수 있습니다.

> "내가 사물함 앞에서 소지품을 챙기고 있을 때 여자아이들이 내게 와 말을 걸었다. '너 레즈비언이구나.' 나는 뒤돌아 그녀를 보고 웃으며 답했다. '넌 그게 나쁜 것처럼 말하네.' 걔는 어이없어했다. 잠시 나를 노려보더니 그냥 뒤돌아 가버렸다."
>
> _애나, 17세

일단은 부드럽게 대응한다

첫 번째 선택은 꾹 참는 것입니다. 그러나 동성애혐오와 트랜스젠더혐오를 겪으면 화가 나기 때문에 그렇게 하기는 몹시 힘듭니다. 정말로 날카롭게 쏘아주고 싶을 때가 많겠지만 최대한 안전하고 효과적인 대응 방법을 생각해야 합니다.

긴장감을 완화하기 위해 일부러 부드럽게 대응할 수도 있습니다.

한 예로 생물학적 성별을 따르지 않는 니키는 사물함을 열 때 지나가던 학생이 니키의 치마와 립스틱을 보고 이렇게 소리치는 것을 들었습니다. "야, 너 뭐야?" 하지만 니키는 그 학생을 보고 미소를 지었습니다. 그러고는 큰 소리로 "수업에 늦었어!"라고 말하고는 뒤돌아 뛰어갔습니다.

혐오 발언을 못 들은 척하거나 가방에 붙여놓은 메모지에 반응하지 않음으로써 상대방의 동성애혐오나 트랜스젠더혐오를 완전히 무시할 수도 있습니다. 메모지를 그냥 버리면 됩니다. 하지만 이런 행동들을 무시하거나 용서하는 일은 대단히 어렵고, 만약 위험한 상황에 놓여 있다면 고려할 수 없는 선택입니다. 그리고 유머로 대응하거나 꾹 참는 방법을 선택하더라도 혐오 행위는 심각한 문제이며 그냥 웃어넘기거나 무시할 일이 아닙니다.

필요하다면 목소리를 높인다

소신 있게 목소리를 높이는 것도 하나의 방법입니다. 역시 상황을 고려해야 하며 한 사람 또는 여러 명을 적극적으로 상대하는 것이 생산적일 때만 선택해야 합니다. 여기서 생산적이라는 말은 단순히 여러분 기분이 나아지는 것일 수도 있습니다. 냉정함을 유지할 수 있다면 누군가 혐오감을 드러낼 때 소신 있는 발언으로 나쁜 상황을 긍정적 방향으로 바꿀 수 있습니다.

이런 상황에서 동성애혐오 또는 트랜스젠더혐오를 보이는 사람에게 대응하기로 결심했다면 여러분에게 도움이 되는 기본적인 규칙은 다음과 같습니다.

- 모욕을 모욕으로 갚지 않습니다. 그렇게 하면 대부분 상황을 악화시킬 뿐입니다.

- 공격적이지 않은 말투로 그 사람이 한 행동이 무엇인지 깨닫게 하거나 직접 말하도록 유도합니다. 예를 들면 "왜 그런 말을 하는데?" 혹은 "너 지금 한 말이 동성애혐오·트랜스젠더혐오같이 들리는 거 알아?"라고 물을 수 있습니다.

- 어떤 행동이나 발언을 한 사람에 대한 부정적인 말보다 여러분이 어떤 기분이 들었는지를 말합니다. 예를 들어 "네가 몰라서 그러는 거야"보다 "퀴어에 대해 잘못 알고 있는 게 많네. 우리도 사람인데 그런 말을 들으면 정말 마음이 상해" 또는 "트랜스젠더에 대해 잘못 알고 있는 것 같아. 만일 트랜스젠더에 대해 이야기를 나누고 싶으면 조금 더 정확한 정보를 알려줄 수 있어"라고 해보세요.

- 어떤 사람이 위협을 가하거나 공격적이 된다면 가능한 한 빠르고 침착하게 그 상황에서 벗어납니다.

'그대의 영혼이 당당하고 의연하게 서기를'

2009년 미국 메릴랜드주에 있는 몇몇 학교가 캔자스주에서 온 한 종교 단체 시위의 표적이 되었다. 캔자스주 토페카에서 온 일곱 명의 신도는 메릴랜드주 베데스다에 있는 월트휘트먼 고등학교 이름이 게이였던 시인의 이름을 딴 것이라고 항의했다. 학생들과 지역 주민들은 이 시위에 맞서기 위해 움직였다. 오후 2시 10분, 수업이 끝나자 학생 500명이 일곱 명의 시위자를 향해 한 줄로 서서 학교 이름을 연호하며 "집으로 가라!"고 외쳤다. 일부 학생은 월터 휘트먼의 유명한 문구인 '그대의 영혼이 당당하고 의연하게 서기를Let your soul stand cool and composed'이 새겨진 티셔츠를 입었다.

그 후 시위자들은 메릴랜드주 실버 스프링에 있는 블레어 고등학교로 가서 학교의 게이-이성애자 연대 동아리에 반대하는 시위를 했다. 이에 대응하기 위해 LGBTQ를 환영하는 한 지역 종교 단체가 모금 행사를 벌였다. 그들은 캔자스 사람들이 시위하는 시간을 분으로 환산해 그만큼의 돈을 교인들에게서 기부를 받아 그 지역에 있는 LGBTQ 인권단체에 전달했다.

어떤 경우에는 그냥 등 돌리며 "기분 나쁘네"라고 무시하는 게 적절할 때가 있습니다. 그러나 기왕에 동성애혐오와 트랜스젠더혐오에 대응할 것이라면 좀 더 건설적인 면이 있었으면 합니다. 그 사람에게 왜 그 말이 듣기 싫은지, 그들의 행동이나 말이 어떻게 상처를 주는지 알려주세요. 그리고 다시 말하지만, 냉정함을 잃지 마세요. 동성애혐오와 트랜스젠더혐오는 감정을 자극하기 쉬운 문제입니다. 건설적인 의도로 한 말이 싸움으로 번질 수 있습니다. 감정이 격해지면 욕설이나 모욕을 담은 제스처 이상의 것을 생각하기 힘들 수 있습니다.

동성애혐오와 트랜스젠더혐오에 대해 흔히 들을 수 있는 말들과 가능한 대응을 아래에 적었습니다. 유머가 있는 것도 있고 그렇지 않은 것도 있지만 모두 사람들이 자기가 한 말을 다시 생각하게 만듭니다. 혐오의 대상이 여러분의 성적 지향인지, 성정체성인지 각 상황에 맞게 대처하면 됩니다.

누군가 동성애혐오적·트랜스젠더혐오적 농담을 했을 때

대응: "그런 농담을 하면 LGBTQ를 놀려도 된다는 것처럼 보여. 우리를 인간 이하로 보는 것처럼 들리네. 너 정말 그렇게 생각해?"

"걔 완전 호모야" 혹은 "너 다이크처럼 보인다"

대응: "너를 '새끼만 낳는 동물'이나 '이성애자라'라고 부르면 기분이 어떨 것 같아?" "왜 그렇게 끔찍하게 싫어해?"

"벨린다라고 불러달라고? 웃기지 마. 계속 빌리라고 부를 거야"

대응: "다른 친구들이 별명이나 다른 이름으로 불리는 거랑 내가 원하는 이름으로 불러달라는 거랑 뭐가 다른데?"

"와, 그거 너무 게이 같다. 아, 나쁜 뜻으로 한 말 아니야"

대응: "그래도 듣기에 기분 좋지는 않네." "네 말이 무슨 말인지 알겠는데, 하지만 그런 뜻이 아니었다면 다른 사람이 기분 나쁘지 않을 다른 표현을 쓰는 게 낫지 않을까?" "네가 그런 뜻이 아니었더라도 그렇게 듣는 사람이 많아. 다른 사람들이 너를 동성애혐오자로 생각해도 괜찮아?"

"퀴어는 침대에서 뭘 해?"

대응: "잠을 자지. TV를 보거나 책을 읽을 때도 있고."

"너 게이 같아 보이지 않는데?"

대응: "내가 비밀 요원이기 때문이야. 위장이 먹힌다니 다행이군." "게이 같아 보이는 게 뭔데?"

"남자는 남자고 여자는 여자야. 젠더를 바꿀 수는 없어"

대응: "태어났을 때 내 신체 구조를 근거로 사람들이 나를 여자라고 결정했어. 과학은 젠더가 그보다 더 복잡하고 의사나 다른 누구도 나 대신 젠더를 규정할 수 없다고 말해. 나는 젠더를 바꾸려는 게 아니라 본래 내 젠더를 다른 사람들도 알도록 하려는 거야."

"네가 아직 너랑 맞는 남자(또는 여자)를 못 찾아서 그래"

대응: "너도 아직 너랑 맞는 여자(또는 남자)를 못 찾아서 그래."

"그냥 다 한때야. 지나가는 거야"

대응: "'평생'이 지나가는 '한때'일까?" "네가 이성애자임을 확신하는 것과 똑같이 나도 내가 퀴어라는 걸 알아." "퀴어 청소년들이 너무 어려서 자기 생각과 마음을 모른다는 말은 흔히 하는 오해야. 그 논리대로라면 우린 동갑이니까 너도 지금 네 생각과 마음을 모르는 것일 뿐 언젠가 게이인 걸 깨달을 수도 있어."

"너 같은 사람들은 왜 자기를 남들한테 과시하지?"

대응: "숨지 않는 게 과시는 아니야." "나는 그냥 내 모습을 보여주는 거야." (과장된 제스처를 곁들여) 어머 얘, 나 같은 사람은 세상에 또 없어!"

"너 같은 사람은 역겨워"

대응: "무지와 혐오가 역겹지." "그 말을 들으니 '나 같은 사람'에 대해 네가 잘 모르는 것 같다."

그 외에도 동성애혐오나 트랜스젠더혐오 발언이나 질문을 들으면 다음과 같이 정확하게 짚어줄 수 있습니다. "네가 한 말은 동성애혐오야." "뭣 때문에 그렇게 트랜스젠더를 무서워해?"

제대로 알도록 가르쳐준다

재기 넘치고 신랄한 답변을 쏘아붙이는 게 후련할 수 있지만 상대의 행동 변화를 이끌어내지는 못할 수 있습니다. 소신 있게 생각을 이야기하는 또 다른 방법은 그런 상황을 활용해 제대로 알려주는 것입니다. 예를 들어 "LGBTQ에 대한 어떤 생각 때문에 그렇게 말하는데? 함께 이야기해보자"와 같이 동성애혐오와 트랜스젠더혐오의 뿌리를 다룰 수 있습니다.

현실적으로 이 접근은 여러분을 위협하는 사람이 아닌, 친구나 지인들에게 효과적입니다. 그리고 사람들은 옆에서 부추기는 친구들이 없을 때 대화에 참여할 확률이 더 높습니다. 여러 명과 함께 있을 때보다 혼자 있을 때 더 이성적일 수 있다는 '군중심리'를 기억하세요. 여러분이 잘 판단해야 합니다. 모든 사람이 마음을 열지는 않겠지만 곧바로 긍정적 태도를 보이지 않는 사람도 앞으로 여러분의 말을 곱씹다 보면 긍정적인 효과가 나타날지 모릅니다. 실제로 몇 년 전 제가 한 말 때문에 많은 생각을 하게 되었다고 나중에 고백한 사람이 있었습니다. 세상일은 모르는 겁니다.

자기가 한 말이 남을 불쾌하게 만든다는 사실조차 깨닫지 못하는 사람들도 있습니다. 특히 가족이나 친구가 LGBTQ에 대해 농담을 하거나 부정적 발언을 할 때가 가장 괴롭습니다. 이성애자·시스젠더인 사람에게는 묻지 않을 사적인 질문을 하는 사람들도 있고, 그것이 모욕으로 느껴질 때가 있습니다. 따라서 때로는 그들을 비난하며 자리를 뜨기보다는 그들의 발언에 대해 대화를 시도하는 게 나을 수 있습니다. 그들이 뭔가를 배울 수 있기 때문입니다.

비폭력대화의 힘

마셜 B. 로젠버그Marshall B. Rosenburg가 창안한 비폭력대화는 가장 어렵고 분열된 상황도 성장과 이해의 기회로 만들도록 고안한 의사소통 방법이다. 비폭력대화는 모든 사람의 말과 행동 밑바닥에는(그것이 증오와 공격성으로 가득한 것일지라도) 그 사람이 충족하려는 욕구가 있다는 생각에서 출발한다. 예를 들면 많은 사람 앞에서 다른 학생을 '호모'라고 놀리는 학생은 또래집단에게 인정받고 어울리고 싶은 욕구를 만족시키려는 것이다. 한편 학생들이 성정체성에 따라 화장실을 사용할 수 있게 허락한 학교 정책에 반대 소송을 제기한 학생은 부모들의 부추김 때문에 그랬을 수 있다. 부모를 만족시키고 싶은 욕구, 사회적 시선 혹은 종교 단체의 관점에 어긋나지 않으려는 욕구가 있기 때문이다. 물론 그래서 괜찮다는 이야기가 아니다. 다만 사람들이 왜 그러는지를 아는 것이 공감의 기반이고 생산적 대화의 시작이다.

비폭력대화는 상대방의 이야기를 듣는 방법과 어떻게 자신의 욕구를 소통하고 갈등을 해결하는지를 배우는 것이다. 이는 모든 사람에게 강력한 도구가 되지만 특별히 소외 집단에 속한 사람들에게 유용하다. 비폭력대화에 대해 더 알고 싶으면 비폭력대화센터 웹사이트인 www.cnvc.org를 방문하거나 《갈등의 세상에서 평화를 말하다》 같은 로젠버그 박사의 책을 보기 바란다.

> **전문가의 귀띔** 비폭력대화에 대해 조사하거나 비폭력대화 전문가를 초청해 이야기를 들어보자. 학교 프로젝트나 게이-이성애자 연대 동아리 활동에서 아주 좋은 주제가 될 수 있다.

적극적 활동으로 동성애혐오·트랜스젠더혐오와 싸운다

조지 루미스와 제이컵 설리번 그리고 많은 십대가 괴롭힘을 중단시키고 다른 사람을 교육하기 위해 법적 조치를 취했습니다. 이들처럼 곳곳의 젊은이들이 변화를 위해 노력하고 있습니다.

한 예로 이글스카우트Eagle Scout[19]이며 프로 사이클 선수인 스티븐 코자Steven Cozza는 12세에 미국 보이스카우트 전체와 정면으로 맞붙었습니다. 스티븐은 스카우트 내부에 존재하는 동성애혐오에 대해 공개적으로 반기를 들었고 그의 의지는 전국적인 운동을 일으켰습니다. 그는 게이 스카우트의 권리를 위해 '모두를 위한 스카우트'라는 단체와 협력했고 나중에 잭 월스Zach Wahls와 조너선 힐리스Jonathan Hillis가 이끌고 이글스카우트 몇 명이 함께 참여하는 '평등을 위한 스카우

| 평등을 위한 스카우트, 2017 캐피털 프라이드 퍼레이드

---

19 미국 보이스카우트의 대원 중 엄격한 심사를 거쳐 2퍼센트의 극소수만이 선정되는 영예다.

트'를 조직했습니다. 2013년 미국 보이스카우트는 게이 스카우트 입단 금지 조항을, 2015년에는 게이 스카우트 지도자 금지를 폐지했습니다. 그리고 2017년에 트랜스젠더 스카우트 입단 금지도 해제했습니다.

퀴어 정체성에서 배운 용기와 의욕을 가지고 LGBTQ를 넘어선 인권 문제에 초점을 맞춰 적극적으로 활동하는 십대들도 있습니다. 고등학생인 에마 곤잘레스Emma González는 2018년 플로리다 파크랜드에 위치한 마저리 스톤먼 더글러스 고등학교에서 발생한 총기 난사 사건의 희생 학생들을 위한 연설로 유명해졌습니다. 같은 해 그녀는 워싱턴D.C.에서 '우리 생명을 위한 행진'을 조직하는 것을 도왔습니다. 이 행진은 총기 규제를 촉구하는 대중 집회로, 하루 동안의 학생 집회로는 미국 역사상 가장 큰 규모였습니다. 양성애자인 곤잘레스는 퀴어임을 밝혀 활동가로서 힘을 얻었다며 "진정한 나를 세상에 드러내는 경험이 없었다면 이 일을 하지 못했을 겁니다"라고 말했습니다.

세상을 다르게 만드는 방법은

"'전국 커밍아웃의 날' 행사 때 학교에서 포스터를 붙이고 무지개 스티커를 나눠 주었는데 참 재미있었다. 학교가 온통 무지개 천지였고 나는 잘 모르는 친구의 가방에 스티커를 붙이기도 했다! 무엇보다 좋았던 것은 사람들이 '게이'라는 말을 아무에게나 하지 않는 것이었다. 자기가 아는 사람 중에 게이가 있고 게이들이 그 말에 상처받는다는 사실을 알기 시작하면서 그 말을 쓰지 않았다."

_젠, 19세

"람다라는 그룹에서 활동하게 되었다. 이곳에는 연설부가 있어서 우리는 고등학교와 중학교에 가서 학생들과 선생님들에게 우리의 커밍아웃 경험을 이야기하고 질문에 답하는 시간을 가졌다."

_낸시, 19세

여러 가지입니다. 학교에서 게이
-이성애자 연대 동아리에 가입하
거나 다른 LGBTQ 그룹에 들어
갈 수도 있고 전국 혹은 지역의 단
체 활동에 참여할 수도 있습니다.
GLAAD, GLSEN, 인권캠페인뿐
아니라 여러 단체가 여러분을 환

"눈에 띄지 않으면 우리는 항상 그늘
에 머물 것이다. 사람들은 우리의 요구
와 우리가 여전히 마주치는 편견을 보
지 못할 것이다. 행사들에 참여함으로
써 우리는 두려워하지 않는다는 걸 세
상에 보여줄 수 있다."

_아이작, 20세

영합니다. 또한 이 단체들은 여러분의 지역이나 학교를 퀴어들에게
더 우호적인 곳으로 만드는 아이디어를 제공할 수 있습니다.

적극적인 활동 참여와 변화를 위한 노력은 학교와 여러분의 지역
사회를 더 개방적이고 수용적인 곳으로 만들 수 있습니다. 동시에 여
러분이 자신을 더 사랑하고 동성애혐오나 트랜스젠더혐오에 더 잘 대
처할 수 있도록 도와줄 것입니다. 때로는 아무것도 변할 것 같지 않은
무력감이 들기도 할 겁니다. 하지만 LGBTQ 문제에 적극적으로 참여
하다 보면 세상을 바꿀 힘이 눈에 보일 겁니다. 또한 다른 LGBTQ들
혹은 열린 마음으로 변화를 위해 애쓰는 사람들을 만나고 지지를
얻을 수 있습니다.

활동가가 되는 것은 매우 지치는 일일 수 있습니다. 자기 자신을
위해 그리고 학업, 직장 업무, 친구, 이미 삶에서 누리고 있는 긍정적
인 것들을 위해 활동한다는 걸 잊지 마세요.

혐오가 지속될 때 적극적으로 대응하는 법

동성애혐오와 트랜스젠더혐오는 괴롭힘으로 나타날 수 있는데, 온라인이나 오프라인 혹은 온오프라인에서 동시에 나타날 수 있습니다. 이런 괴롭힘에는 가끔 상처를 주는 한두 마디 말이 아닌 지속적 해코지, 점점 심하게 놀리기, 신체적 위협 등이 있습니다. 괴롭힘과 왕따는 절대 해서는 안 되는 일이며 여러분은 참을 필요가 없습니다.

"나를 공격한 아이들 대부분은 징계를 받지 않았다. 한번은 세 명의 아이들에게 사흘간의 정학이 내려졌는데 교장 선생님은 정학이 아이들의 언어폭력 때문이며 신체 폭력은 증명되지 않아 고려하지 않았다고 말했다. 물리적 폭력을 본 목격자가 몇 명 있었지만 교장 선생님은 그에 대해 별로 손쓰고 싶어 하지 않았다. 나중에 나는 복도에서 폭행을 당했고 그 상황이 잘 기억나지 않는다. 머리를 사물함에 여러 번 부딪쳤고 아마도 정신을 잃었던 것 같다. 나는 미국인권옹호협회를 통해 변호사를 소개받았고 전국 규모의 단체가 학교 관리자들과 대화하며 나를 도왔다. 최근에는 학교가 많이 도와주려고 애쓴다. 아마도 학교에 행사한 내 영향력과 압력 때문인 듯하다."

_랜디, 15세

GLSEN은 괴롭힘 사례를 기록해두라고 조언합니다. 되도록 기억이 생생하고 명확할 때 누가 무슨 말을 했는지, 언제, 어디였는지 등을 적는 게 좋습니다. 그때 누가 있었는지 사건의 목격자도 메모해두고 기록들을 하나의 파일이나 공책에 모아두면 나중에 신고하거나 보고할 때 정확하게 무슨 일이 있었는지 증거로 삼을 수 있습니다. 또한 괴롭힘을 누구한테 알렸는지, 여러분이 뭐라고 말했는지, 언제 어디서 보고했는지, 여러분의 보고를 들은 사람이 뭐라고 답했는지도 기록하세요. 이 정보는 보고 이후에 아무런 조치가 취해지지 않았거나 대응이 부적절했을 때 특히 유용합니다.

그럼 누구에게 알려야 할까요? 털어놓기 편한 선생님, 상담 선생님, 학교 직원 등 모두 가능합니다. 선생님이나 직원이 여러분이 괴롭힘당하는 것을 목격하고 심의위원회에서 지지해줄 수도 있습니다.

학교 선생님이나 책임자에게 털어놓는 것이 겁날 수 있습니다. 여러분이 당한 일 때문에 힘들 뿐 아니라 그 사람이 어떻게 반응할지가 걱정되기 때문입니다. 자신이 LGBTQ라는 사실 혹은 그것에 대해 이야기하는 게 편하지 않다면 더욱 힘들 겁니다. 그래서 부모님이나 다른 어른과 함께 가는 게 좋습니다. 그 사람이 여러분을 도와줄 수 있을 뿐 아니라 어른과 같이 감으로써 학교의 괴롭힘은 심각한 문제이며 이를 간과하지 않겠다는 의지를 보여줄 수 있습니다.

다음은 학교 책임자나 다른 어른에게 보고할 때 유의할 사항들입니다.

- 일단 침착하세요. 상황을 이성적으로 설명하면 어른들이 여러분의 행동을 과잉반응으로 보거나 감정적이라고 묵살하기가 힘들 겁니다.
- 일어난 일에 대해 정확하게, 가능하면 세세한 부분까지 이야기하세요. 여러분의 이야기를 증언해줄 목격자들이 있으면 도움이 됩니다.
- 이 문제가 제대로 해결되지 않는 한 여러분의 안전이 위협받는다고 설명하세요.

괴롭힘에 격분하는 학교 책임자도 있지만 뭔가 조처를 내리기를 꺼리는 사람들도 있습니다. LGBTQ 학생들이나 그렇게 보이는 학생들이 괴롭힘당할 일을 자초했다고 암시하거나 심지어 대놓고 말하는 사람도 있을지 모릅니다. 상해의 위협을 당하거나 물리적으로 공격을 당하면 경찰에 신고할 수 있습니다. 아무에게서도 도움을 받지 못할 때는 GLSEN, 람다 법률회사, 전국 LGBTQ 태스크포스, 미국인권옹호협회 같은 전국적 조직에 도움을 청하면 됩니다. 여러분을 도와줄 수 있는 지역 단체도 찾아보세요. 여러분은 괴롭힘을 견딜 필요가 없고 혼자 싸울 필요도 없습니다.

사이버 폭력에서 벗어나는 법

LGBTQ이거나 그렇게 보이는 청소년으로 최근에 자살한 십대의 많은 수가 사이버 폭력 피해자임이 알려졌습니다. 사이버 폭력은 휴대전화 등 전자기기를 이용해 협박하거나 다른 사람을 해치는 것입니다. 소셜 미디어의 인기와 문자메시지 사용은 사이버 폭력의 증가를 초래했습니다. GLSEN에서 발표한 〈2015년 미국 학교 환경 조사〉에 따르면 설문에 답한 학생의 거의 과반수가 지난 한 해 동안 사이버 폭력으로 피해를 받은 적이 있고 15퍼센트는 빈번하게 경험했다고 응답했습니다.

사이버 폭력은 이메일, 채팅방, SNS, 문자메시지, DM, 사진, 블로그와 같이 다양한 수단으로 다양한 장소에서 일어날 수 있습니다. 다음과 같은 것이 모두 사이버 폭력에 해당합니다.

- 적대적이거나 저속한 메시지 혹은 위협적인 메시지나 사진을 보내는 것
- 다른 사람의 민감하고 사적인 정보나 거짓말을 올리는 것

- 다른 사람인 척 굴며 일부러 좋지 않은 행동과 말을 하는 것
- 온라인 그룹에서 일부러 누군가를 왕따시키는 것

전자기기를 통해 소통되는 메시지는 빠르고 광범위하게 퍼지며 누가 보냈는지 찾기가 쉽지 않기에 이런 형태의 괴롭힘은 다루기 어렵습니다. 우리가 어디에 있든 문자 메시지와 소셜 미디어를 쉽게 사용할 수 있기에 사이버 폭력에서 벗어나기가 특히 더 힘들게 느껴집니다.

사이버 폭력을 근절하는 것도 오프라인에서 괴롭힘을 막는 과정과 비슷한 점이 많습니다. 국립범죄예방위원회National Crime Prevention Council, NCPC는 청소년들에게 괴롭힘을 받고 있으면 믿을 만한 어른에게 사실을 알려 적절한 기관의 도움을 받으라고 조언합니다. 마찬가지로 온라인 괴롭힘에서도 해당 사이트 관리자에게 피해 사실을 알리고 온라인 기능을 통해 상처가 되는 메시지를 차단할 것을 권장합니다. 심한 경우는 이메일 주소나 전화번호 변경을 제안합니다.

경찰이나 다른 기관의 개입이 필요할 때는 여러분이 사이버 폭력을 당했다는 피해 기록이 있어야 합니다. 불쾌한 메시지를 삭제하고 싶은 마음이 크겠지만 일어난 일에 대한 기록과 증거 차원에서 간직하면 좋습니다. 누가 보냈는지 모르는 경우 종종 전자 메시지로 진원지를 추적할 수 있습니다. 더 자세한 정보는 국립범죄예방위원회의 웹사이트인 www.ncpc.org에서 찾아보세요.

무지가 앎으로 바뀔 때 혐오는 사라진다

LGBTQ를 향한 부정적 시선이 여전히 많지만 세상은 점점 좋은 방향으로 변하고 있습니다. 모든 이성애자·시스젠더가 LGBTQ를 반대하지는 않습니다. 퀴어에 대한 긍정적 태도를 고취하기 위해 퀴어나 이성애자 상관없이 많은 젊은이가 발 벗고 나서고 있습니다. 매년 5월 미국에서 실행되는 갤럽 설문조사는 다양한 문제에 대한 태도를 묻는데 동성애에 대한 태도도 묻습니다. 2015년에 응답한 미국인 중에서는 63퍼센트가 동성애를 받아들일 수 있다고 했습니다. 이는 2002년 38퍼센트였던 것과 크게 대비됩니다. 살다 보면 동성애혐오나 트랜스젠더혐오를 마주치겠지만 수용적 태도 역시 접할 겁니다. 긍정적으로 생각하며 더 자주 만나기를 바랍시다.

4장 커밍아웃, 나에게도 당신에게도 시간이 필요하다

우리는 퀴어다, 모두 익숙해지길

역사를 통틀어 LGBTQ들은 괴롭힘과 차별을 피하기 위해 자신이 누구인지를 숨겨야 했습니다. 하지만 LGBTQ에 대한 사회의 태도에도 점차 변화가 일어났습니다. 스톤월 항쟁, '묻지도 말고 말하지도 말라' 폐지, 전국적인 동성결혼 합법화 물결과 같이 엄청난 전환점이 된 사건들은 더 많은 사람이 커밍아웃하기에 편안한 분위기를 만들었습니다. 이제는 점점 더 많은 LGBTQ가 진정한 자신의 모습을 드러내고 있습니다.

어떤 면에서 커밍아웃은 쉽습니다. 그저 가족과 친구, 다른 사람들에게 자신이 LGBTQ임을 밝히면 됩니다. 하지만 다른 한편으로는 그렇게 단순하지 않습니다. 여러분을 자기가 아는 다른 퀴어와 연결해주려고 한다든지, 아직 사라지지 않은 편견을 마주하거나 괴롭힘을 당하는 등 온갖 상황에 노출되기 때문입니다.

스톤월 항쟁

1969년 6월 뉴욕의 술집 스톤월 인Stonewall Inn에서 한 LGBTQ 집단이 경찰의 지속적인 괴롭힘에 항거했다. 이 사건은 미국에서 일어난 조직적인 퀴어 인권운동의 시발점이라고 여겨진다. 스톤월 항쟁을 기념하는 행사는 이후 미국 전역에서 열리는 6월 LGBTQ 프라이드 퍼레이드가 되었고, 스톤월 항쟁은 여러 책과 영화에서 다뤄졌다.

퓨리서치센터^{Pew Research Center}의 2013년 연구조사에 따르면 설문에 응답한 성인 LGBTQ의 92퍼센트가 지난 10년 동안 사회가 퀴어에게 더 수용적으로 바뀌었다고 말했습니다. 그러나 39퍼센트는 자신이 LGBTQ여서 친한 친구나 가족들로부터 배척당한 적이 있다고 답했습니다.

커밍아웃은 중대한 결심입니다. 특히 나이가 어린 경우는 아직 의식주와 같은 기본적 욕구 충족을 대부분 다른 사람에게 의존해야 하며 법적 권리가 제한되어 있기에 더욱 중요한 결정입니다. 커밍아웃한 십대들 일부는 괴롭힘을 당하거나 집이나 학교에서 폭력을 경험합니다. 집에서 쫓겨나거나 도망쳐 나오기도 합니다. 모두에게 이런 일이 일어나지는 않지만 커밍아웃을 하기 전에 자신의 안전과 안녕을 진지하게 고려해 보는 것이 중요합니다.

> "대학교 신입생 때 한 친구에게 커밍아웃을 했다. 그 친구는 학교에서 인기가 제일 많은 신입생이어서 처음에는 그녀에게 말하면 안 된다고 생각했다. 하지만 친구가 먼저 자신의 깊은 비밀을 이야기했고 나도 그녀를 믿어도 될 것 같았다. 내가 사실을 이야기하자 '와, 멋진데! 이런 거 물어봐도 되는지 모르지만…'이라고 말했다. 우리의 우정이 완전히 다른 차원으로 나아가는 시작이었다."
>
> _사샤, 20세

커밍아웃에는 긍정적 측면도 많습니다. 솔직하게 여러분의 삶을 살 수 있고 다른 LGBTQ들도 만날 수 있습니다. 커밍아웃으로 해방감을 느낀다고 말하는 십대도 많습니다. 자신의 모습에 솔직하다는 것은 매우 힘이 솟는 일입니다.

이 장의 목적은 커밍아웃을 '해라' 혹은 '하지 마라'를 말하려는 게 아닙니다. 여러분에게 맞는 결정을 도우려는 것입니다. 인생을 마음대로 살 수 없다고 느낄지 모르지만 내 인생을 어떻게 살지를 결정할 수 있는 사람은 궁극적으로 나뿐입니다. 거기에는 어떻게 나를 드러내고 싶은지도 포함됩니다. 커밍아웃하기로 마음먹었다면 어떻게 하면 좋을지 생각하는 데 이 장이 도움이 될 겁니다.

커밍아웃의 문 앞에서 생각해볼 것들

LGBTQ 커뮤니티에 대해 알아갈수록 커밍아웃이 매우 의미가 있다는 걸 깨닫게 됩니다. 여러분이 커밍아웃을 했는지, 누구에게 했는지를 묻는 사람이 있을지 모르고 자신의 커밍아웃 이야기를 나누고 싶어 하는 사람도 있을 겁니다. 모든 퀴어가 커밍아웃 생각에 집착하는 듯 보일 때도 있습니다. 심지어 인기 있는 LGBTQ 잡지의 제목은 〈아웃Out〉이며 미국에는 '커밍아웃의 날'까지 있습니다.

커밍아웃은 사람들에게 여러분이 퀴어라고 알리는 과정입니다. 커밍아웃이란 표현은 '벽장에서 나오다coming out of the closet'라는 말에서 왔습니다. 반대로 커밍아웃을 하지 않은 사람은 '벽장에 숨어 있다closeted'라고 말하며 이는 다른 사람들에게 자신의 LGBTQ 정체성을 드러내지 않기로 선택했음을 의미합니다.

커밍아웃은 범위가 넓습니다. 모든 사람에게 자신이 LGBTQ임을 밝혀 완전히 아웃하는 사람도 있고, 일부 사람들에게만 정체성을 밝히는 부분 커밍아웃도 있습니다. 어떤 사람들은 삶에서 매우 가까운

한 사람에게만 커밍아웃하기도 합니다. 평생 커밍아웃을 하지 않는 사람도 있습니다.

커밍아웃에는 장단점이 있습니다. 다른 십대 LGBTQ들과 만날 수 있는 문을 열어주고 자신이 누구인지 숨길 필요가 없이 자유롭게 살 수 있게 해줍니다. 그러나 여러분의 가족에게는 스트레스가 되고 기존의 우정이 삐걱댈 수 있습니다. LGBTQ 대부분에게 커밍아웃은 중대한 사건이며 인생이 변하는 경험입니다. 마치 가면을 벗고 내가 진짜 누구인지를 보여주는 것과 같습니다. 자신을 숨기다가 지쳐서 커밍아웃을 결심하는 사람들도 있습니다. 이들은 솔직한 삶의 자유를 얻기 위해 다른 사람에게 진실을 말하는 위험을 감수합니다.

커밍아웃, 서두르지 마라

커밍아웃에 대한 압박을 느낄 수 있지만 절대 서두르지 마세요. 사람마다 준비되는 시기가 다릅니다. 누군가는 열네 살에 커밍아웃 하기도 하지만 누군가는 마흔에 하기도 합니다. 커밍아웃은 멋지고 긍정적인 경험이지만 마음의 준비가 되어 있지 않으면 재앙같이 느껴질 수 있습니다.

LGBTQ들을 많이 상담하는 임상심리학자 샌드라 로이터스타인 박사는 이 점을 강조하며 이렇게 설명합니다. "자신의 정체성을 찾아가는 것은 일련의 과정이며 사람마다 자기만의 시간이 있다는 점을 알아야 합니다. 특히 십대들은 동시에 많은 문제를 다뤄야 하기에 자기가 누구인지를 찾는 데 힘든 시간을 보낼 수 있습니다."

스스로 커밍아웃의 압력을 느낄 수 있고 때로는 커밍아웃한 유명인 혹은 커뮤니티 안의 사람들을 보고 '나도 해야 한다'라고 생각할지 모릅니다. 친구 또는 LGBTQ 커뮤니티의 사람들이 압력을 줄 수도 있습니다. 여러분에게 커밍아웃해야 한다고 말하는 사람도 있는 반면 전혀 다르게 이야기하는 사람도 있을 것입니다. 부모님이나 사람들이 "게이들은 왜 꼭 그걸 얼굴에 써 붙이고 다녀야 하는지 알 수가 없어. 그냥 혼자 조용히 있으면 되잖아"라고 말할지도 모릅니다. 다른 사람이 뭐라고 하든 여러분이 책임져야 하는 제1순위는 바로 자기 자신입니다.

청색 제대와 LGBTQ 군인들

제2차 세계대전 중 LGBTQ임이 밝혀진 군인은 '청색 제대blue discharges'라고 불리는 불명예제대 명령을 받았다(명령이 전달되는 종이가 파란색이어서 붙은 이름이다). 청색 제대를 한 사람은 직장을 구하기 어려웠고 민간인 사회에서 많은 배척을 당했다. 최근까지도 LGBTQ 군인들은 자신의 성적 지향과 성정체성을 숨겨야 했지만 많은 퀴어가 군대에서 나라를 위해 복무했고 군에서 가장 높은 훈장을 받은 사람들도 있다.

2010년 UCLA 법과대학의 윌리엄스 연구소는 미군에 복무하는 레즈비언, 게이, 양성애자의 수를 7만 명으로 추정했으며 2014년에는 1만 5,500명의 트랜스젠더가 미군에 복무한다고 추산했다. 이들의 복무는 2017년 트럼프 대통령 정부 당시 위기를 맞기도 했는데, '묻지도 말고 말하지도 말라' 정책과 LGBTQ 군대 영웅들에 대해 더 알고 싶으면 1장의 64쪽을 참조하라.

전문가의 귀띔 군대에서의 LGBTQ 역사와 이들을 둘러싼 논쟁은 훌륭한 학교 프로젝트가 될 수 있다. 현직이나 전직 LGBTQ 군인을 인터뷰하거나 학교 수업 또는 게이-이성애자 연대 동아리에 강연자로 초청할 수도 있다.

나는 커밍아웃할 준비가 되었는가

확실히 그 어느 때보다 많은 십대가 커밍아웃을 하고 있습니다. 많은 연구와 뉴스 기사, 책들이 커밍아웃하는 나이가 어려지고 있음에 주목합니다. 퓨리서치센터의 2013년 설문조사에 따르면 자신이 레즈비언, 게이, 양성애자, 그 외에 이성애자가 아닌 무언가라고 느끼는 나이는 평균 12세이며 LGBTQ임을 확신하는 나이는 평균 17세입니다.

그러나 일부 사람들은 누군가가 어린 나이에 자신의 성적 지향에 대해 확신할 수 있는지 의구심을 드러내며 "그 나이에 그걸 어떻게 알지요?"라고 질문합니다. 정체성은 평생을 통해 발달하는 게 사실이지만 인생의 어느 단계에 있든 자신을 가장 잘 아는 것은 여러분 자신입니다. 또한 이성애 중심 문화에 잘 맞는 사람들은 종종 '맞지 않는' 느낌이 무엇인지 전혀 모릅니다. '물고기는 자기가 물에 있음을 모른다'라는 말과 같은 이치입니다. 하지만 자기는 육상동물인데 물에 있다면 알 수 있습니다! 자기가 어떤 종류의 육상동물인지 아직 정확히 모를 수 있지만 물고기가 아니라는 것은 확신할 수 있습니다.

오늘날 많은 LGBTQ 젊은이는 자신을 어떤 하나의 유형으로 규정하지 않습니다. 그보다는 성적 지향과 성정체성에 대해 열린 공간과 회색지대에 존재하는 것을 편안하게 생각합니다. 십대들 사이에서는 "뭐라 불리든 무슨 상관이야?"가 일반적인 태도입니다. 요즘 시대의 LGBTQ 젊은이들은 이전 세대보다 이성애자·시스젠더의 지지를 더 많이 받으며 커밍아웃하거나, 자신이 레즈비언 또는 게이 이외의 다른 것('대체로 레즈비언', '대체로 게이', '옴니섹슈얼omnisexual', '논바이너리' 혹은 단순하게 '이성애자 아님' 등)이라고 더 쉽게 말합니다.

이렇게 성적 지향을 유동적으로 규정하는 사람들이 있어 기존의 흑백 개념(게이와 이성애자, 남자와 여자)에 익숙한 사람들이 혼란에 빠지기도 합니다. LGBTQ 커뮤니티 사람이든 아니든 대다수에게 성적 지향과 성정체성에 관련된 새로운 개념과 명칭을 따라가기란 밀린 과제 같은 것일 테지만 괜찮습니다. 게다가 젠더에 대한 이해는 계속 진화하고 있고 이런 개념과 용어가 더 오래, 더 많이 눈에 보이고 광범위하게 사용될수록 더 많은 사람이 이해할 것입니다. 하지만 여전히 커밍아웃했을 때 상대방이 내 정체성을 이해하지 못하면 커밍아웃은 힘든 도전이 됩니다. 이런 문제에 접근하는 방법은 이 장의 뒷부분에 실어놓았습니다.

많은 젊은이가 커밍아웃을 선택한다고 해서 여러분도 꼭 해야 하는 건 아닙니다. 실제로 어떤 경우는 커밍아웃이 최선의 결정이 아닐 수 있습니다. 적어도 그때는요. PFLAG 필라델피아 지부의 공동 설립자이자 LGBTQ 자녀를 둔 부모들을 상담해온 톰 사워먼Tom Sauerman은 젊은이들에게 커밍아웃이 가정이나 학교에서의 안전과 삶의 질을 위협하지 않는다고 어느 정도 확신할 때까지 기다리라고 조언합니다. 진정한 내가 되지 못한다고 느낀다면 이 기다림이 정말 힘들 수 있지만 안전은 중요한 문제입니다. 또한 커밍아웃한 후 집에서의 상황이 어떻게 될지 걱정된다면 미국 일부 주에서는 가출한 십대를 체포할 수 있고 청소년법정에 세울 수 있음을 알아야 합니다.

노숙 생활과 LGBTQ

가수 신디 로퍼가 공동 설립자로 있으며 LGBTQ 젊은이들의 노숙을 막기 위해 노력하는 단체인 트루 컬러스 유나이티드^{True Colors United}에 따르면 노숙자 경험이 있는 젊은이 160만 명 중 40퍼센트가 LGBTQ라고 한다. 전체 청소년 인구의 대략 7퍼센트가 LGBTQ라는 사실을 감안할 때 이 숫자는 매우 크며 LGBTQ 젊은이들의 노숙 문제를 보여준다. 인터넷 홈페이지 truecolorsunited.org에 들어가면 주거가 불안정한 사람들을 위한 '홀로서기: 독립한 LGBTQ 청소년을 위한 생존 가이드'를 볼 수 있다. 가출을 생각하고 있다면 트루 컬러스 유나이티드 혹은 미국가출안전망(www.1800runaway.org)에 먼저 문의하길 바란다.

커밍아웃을 하기 전 해야 할 질문들

커밍아웃 시기를 결정할 수 있는 것은 나밖에 없으며 그럴 준비가 되어 있는지가 중요합니다. 감정적으로 준비가 되어 있는 사람은 그렇지 않은 사람보다 커밍아웃이 더 긍정적 경험이 될 것입니다. 다음은 스스로 준비되었는지 점검할 수 있는 몇 가지 질문입니다.

내가 LGBTQ라고 확신하는가?

내가 LGBTQ라는 확신이 없으면(성정체성을 고민 중일 수도 있습니다. 그것도 괜찮습니다) 조금 기다려봐도 좋습니다. LGBTQ 대부분은 내가 느끼고 경험하는 것을 다른 사람들이 알아주었으면 하는 마음에서 커밍아웃합니다. 만약 여러분이 LGBTQ인지 잘 모르겠으면 기다리거나, 특정 명칭을 선택하기보다 이성애자나 시스젠더가 아닌 그냥 퀴어라고 커밍아웃할 수 있습니다. 이런 경우에는 남들에게 자신을 더 설명해야 할지도 모릅니다. 사람들이 퀴어, 젠더퀴어, '기타'와 같은 일반적 개념보다 레즈비언, 게이, 양성애자, 트랜스젠더 등의 용어를 더 잘 알고 있기 때문입니다. 설명할 준비가 되어 있다면 내가 누구인지 탐색 중이라고 말하며 퀴어라고 커밍아웃하는 것도 좋은 방법입니다.

내 참모습이 편한가?

이건 어려운 문제일 수 있습니다. 사실 성정체성과 상관없이 거의 모든 청소년이 자신의 모습에 만족하지 못하거나 편안하지 않은 시기가 있으며 여러분도 똑같이 느낄 수 있습니다. 이 불편함이 성적 지향이나 성정체성 때문일 수도 있고 단순히 신체와 사회적 역할의 변화에 적응하는 문제 때문일 수도 있습니다. 혼자서 속상해하고 괴로워하기보다 자신의 참모습이 편하고 확신이 들 때 커밍아웃하세요. 그러면 상대방도 여러분을 더 잘 받아들일 것입니다.

왜 커밍아웃을 하는가?

준비되었기 때문에, 자신을 확인하기 위해 커밍아웃하세요. 내가 누구인지 다른 사람과 같이 나누고 싶기 때문에 하세요. 한마디로 '내가 원하기 때문에' 커밍아웃하세요. 누군가의 압력 때문에 혹은 부모님이나 보호자를 화나게 하려고(이것은 가장 나쁜 이유입니다) 충동적으로 커밍아웃을 하면 안 됩니다.

다른 사람의 반응을 참을 수 있는가?

내가 커밍아웃했을 때 상대방이 금방 긍정적으로 반응해주기를 기대하는 마음은 당연하지만 항상 그런 결과를 얻을 수는 없습니다. 여러분도 LGBTQ라는 생각에 익숙해지기까지 얼마나 오래 걸렸는지 기억하세요. 다른 사람들도 시간이 필요할 수 있습니다. 그들에게 시간을 줄 마음의 준비를 하세요.

누군가 부정적인 반응 혹은 뜨뜻미지근한 반응을 보이면 이는 동정심과 인내심 훈련의 좋은 기회입니다. 엄청난 소식에 적응할 시간이 필요한 것은 인간의 본성이며, 그 소식이 내 관점을 바꿔야 하는 것이라면 더욱 그렇습니다. 사람들이 빨리 적응하고 넘어가길 바라지만 대부분 사람은 생각이 하루아침에 바뀌지 않습니다. 물론 그런 사람도 있지만요. 다른 사람을 이해하고 인내심을 갖는 게 곧 나 자신을 위한 것일 수 있습니다. 다른 사람의 숨통을 조이며 다그치기보다 그들이 성장할 수 있는 여유를 주는 것이 스트레스를 덜 받고 사는 방법입니다. 입장을 바꿔 생각하면 여러분도 그렇게 대우받기를 바라지 않나요?

커밍아웃에 적합한 조건인지 확인하기

마음의 준비가 되었더라도 다음과 같은 몇 가지 외부 요소들을 고려해야 합니다. 이 요소들은 과연 지금 커밍아웃하는 것이 좋은 생각인지 판단하게 해줄 겁니다.

커밍아웃하기에 안전한 환경인가?

여러분이 사는 곳이나 다니는 학교에서 종종 LGBTQ들이 괴롭힘이나 위협을 당하고 별로 보호받지 못한다면 커밍아웃하기에 좋은 환경이 아닐 수 있습니다. GLSEN이 발표한 〈2015년 미국 학교 환경 조사〉에 따르면 응답한 학생의 약 60퍼센트가 성적 지향 때문에, 43퍼센트는 성정체성과 젠더 표현 때문에 학교에서 안전하지 않다고 말했습니다.

집안 분위기는 어떤가?

부모님이나 보호자가 공격적이거나 학대하는 경향이 있다면 커밍아웃은 사태를 악화시킬 수 있습니다. 집에 있는 어른들이 동성애혐오나 트랜스젠더혐오를 갖고 있다면 집에서 나올 때까지 혹은 나와서 살 곳을 정하기 전까지 기다렸다가 커밍아웃하는 게 좋습니다. 그러나 같이 사는 어른들에게 커밍아웃하는 것이 편하고 안전해서 그렇게 하는 십대들도 있습니다. 부모님이나 보호자가 지원군이 되어 다른 사람들의 괴롭힘에 대응하는 것을 도와줄 수도 있습니다.

2009년 〈뉴욕 타임스〉에 실린 십대 게이들에 관한 기사 하나는 커밍아웃한 게이 소년들로 이뤄진 축구팀 코치 댄 우그Dan Woog의 말을 인용했습니다. "지난 10년간 제가 본 가장 큰 변화는 게이 아이들이 아니라 그들의 가족입니다. 이제는 자기 아이가 게이이기 때문에 당연히 슬프고 힘든 삶을 살 거라고 생각하는 부모가 많지 않습니다."

"오해하지 말았으면 한다. 나는 내가 누구라는 것에 자부심을 느끼지만 혼자서 조용히 자부심을 느낄 수밖에 없다. 내가 사는 곳이 아주 작은 커뮤니티이기 때문이다. 작년만 해도 아이들이 게이라고 놀리던 친구 하나가 죽기 직전까지 구타당한 일이 있었다. 그래서 지금은 나의 모습을 공개적으로 드러내는 게 약간 겁난다."

_칼리스타, 19세

인권캠페인이 지원하는 사업인 미국 커밍아웃의 날(www.hrc.org/
explore/topic/coming-out)에서는 커밍아웃에 관한 자료를 제공한다. 이
웹사이트를 방문하면 커밍아웃하기에 맞는 때인지 판단하는 데 도움이
되는 정보와 어떻게 하는지에 관한 안내를 비롯해 많은 정보를 얻을 수
있다.

도와줄 사람들이 있는가?

커밍아웃에 대한 반응이 좋지 않을 때 도움을 청할 사람이 있나
요? 여러분이 LGBTQ임을 아는 친구가 지원군이 될 수 있고, 도움을
줄 단체도 있습니다. 커밍아웃한 뒤 어떻게 될지 걱정된다면 미리 이
런 단체에 연락하는 것도 좋은 방법입니다. 혹시 상황이 안 좋아지더
라도 기댈 대비책이 될 수 있으니까요.

만일 아웃팅[20]을 당했다면

커밍아웃이 선택의 문제가 아닌 청소년들도 있습니다. 여러분의
동의나 의도에 상관없이 아웃팅을 당하기도 합니다. 부모님이 여러
분 컴퓨터에서 LGBTQ 웹사이트 방문 흔적을 볼 수도 있고, 친구와
의 대화를 다른 사람이 우연히 들을 수 있습니다. 여러분이 학교에
다른 이름 사용이나 성정체성에 맞는 화장실 사용을 요청했다고 선
생님이 부모님께 알릴 수도 있습니다.

아웃팅을 당하면 미리 준비하거나 계획을 세울 시간이 없기 때문

---

20 본인의 동의 없이 성적 소수자의 성적 지향이나 성정체성이 밝혀지는 것을 말한다.

에 어려움이 클 수 있습니다. 갑자기 안전하지 않은 상황에 놓일 수도, 가족이나 친구들이 전폭적으로 여러분을 지지한다고 해서 놀랄 수도 있습니다. 아마도 현실은 이 두 가지 극단 사이 어딘가일 것입니다.

아웃팅당한 십대를 위한 조언

아웃팅이 악몽같이 느껴질 수도 있고 짐을 던 듯 안도감을 느낄 수도 있습니다. 여러분이 생각하는 것만큼 사람들이 항상 부정적으로 반응하지는 않습니다. 오히려 주변 사람들이 힘이 되어주기도 합니다. 물론 그 반대의 경우도 있지만요. 그렇더라도 내가 통제할 수 없는 상황을 맞닥뜨리는 일은 항상 두렵습니다. 아웃팅이 되면 어떻게 해야 할까요?

"열세 살 때 엄마가 우연히 발견한 편지 한 통 때문에 엄마와 심하게 싸웠다. 엄마는 다른 여자아이들과 너무 친밀하게 지내지 말라며 소리를 질렀다. '네가 레즈비언은 아니잖아?' 그 순간 엄마에게 나는 레즈비언이라고 말해버렸다. 엄마는 문을 박차고 나갔다. 다음 날 엄마는 그 사실에 익숙해지는 데 시간이 걸리겠지만 화가 났거나 내게 실망한 건 아니라고 말했다."

_에린, 19세

크게 심호흡을 하세요

아웃팅을 당하면 선택의 여지가 없기 때문에 불안합니다. 스스로 준비가 되지 않았다고 느낄 수 있습니다. 하지만 일은 벌어졌고 이제는 이 상황에 어떻게 대처할지 잠시 생각해봐야 합니다. 아웃팅당하는 걸 통제할 수는 없지만 이제부터 어떻게 대처할 것인지는 통제할 수 있습니다.

상황을 가늠하세요

주위를 살핀 뒤 다음에 어떻게 행동할 것인지 결정합니다. 안전한가요? 기분이 어떤가요? 다른 사람들이 어떻게 반응하나요? 이런 질문들은 여러분이 곧바로 대화를 시도할 것인지, 아니면 마음을 가다듬은 후 다음 단계로 나아갈 것인지 결정하는 데 도움이 됩니다. 외부의 도움이 필요할 수도 있습니다.

행동하세요

사람들의 반응과 여러분의 준비 정도에 따라 다음에 어떤 행동을 취할지 몇 가지 선택지가 있습니다. 먼저, 상대방과 차분히 대화를 할 수 있을 것 같으면 대화를 시도하세요. 소통의 물꼬를 트면 상황의 통제력을 어느 정도 되찾을 수 있고 주도권을 쥘 수 있습니다. 또한 갑작스럽게 마주한 상황에서 긍정적 결과를 얻을 가능성을 높일 수 있습니다.

그리고 상황이 너무 감정적으로 흘러 건설적인 대화가 오가기 어렵거나 논쟁이 너무 가열된다면 잠시 열을 식히는 시간을 갖는 것이 좋습니다. 이 기간에 믿을 수 있는 친구나 어른과 이야기를 나누거나 LGBTQ 단체와 연락을 취해 안내와 지원을 받는 것도 좋습니다. 여러분을 잘 이해해주는 이모나 삼촌, 할머니와 할아버지 혹은 친지들이 흥분한 부모와 여러분 사이에서 분위기를 조율해줄 수도 있습니다.

마지막으로 선택할 수 있는 행동은 선택이라기보다 필수입니다. 아웃팅당해서 집이나 다른 곳에서 안전에 위협을 느낀다면 당장 도움을 받아야 합니다. 믿을 수 있는 가족 구성원, 이웃, 선생님, 상담 선생님 등 어른에게 도움을 청하는 것이 좋습니다. 청소년을 지원하는 LGBTQ 단체에 연락을 취할 수도 있습니다.

커밍아웃은 나와 타인을 위한 선언이다

커밍아웃을 하는 이유는 다양합니다. 그리고 긍정적인 이유가 많습니다. 커밍아웃은 자신을 선언하는 한 방법입니다. 내 모습 그대로 만족함을 다른 사람에게 보이는 것입니다. 또한 매우 의미 있고 개인적인 무언가를 나눔으로써 다른 사람들에게 다가가는 한 방법이기도 합니다.

LGBTQ의 존재를 더 잘 드러내고 LGBTQ 인권운동의 발전을 위해 커밍아웃을 하는 사람들도 있습니다. 〈그레이 아나토미〉와 〈마담 세크리터리〉에 출연한 배우 사라 라미레스Sara Ramirez는 2016년에 자신이 퀴어이고 양성애자라고 커밍아웃하면서, 혐오와 폭력을 겪고 있는 LGBTQ와 연대하기 위해 커밍아웃하기로 했다고 말했습니다(라미레스는 트루 컬러 기금True Colors Fund에서 연설할 때 커밍아웃을 했습니다).

우리 사회는 사람들 대부분이 이성애자·시스젠더라고 가정합니다. 이를 이성애주의, 시스젠더주의라고 부릅니다. 많은 이성애자·시스젠더는 주위를 둘러봤을 때 다른 눈에 띄는 징표가 없는 한 모든 사람이 이성애자 혹은 시스젠더라고 생각합니다. 커밍아웃하고 퀴어를 지지하는 셔츠를 입거나 자동차에 무지개 스티커를 붙이는 것은 이런 가정들에 도전하는 방법입니다.

유명 인사들의 커밍아웃

요즘은 소셜 미디어에서 커밍아웃하는 젊은 연예인들이 많다. 〈헝거 게임〉에 출연했던 배우 어맨들라 스텐버그Amendla Stenberg는 2016년 〈십대를 위한 보그Teen Vogue〉의 스냅챗 채널에서 양성애자임을 밝혔다. 2017년에는 배우 키넌 론즈데일Keiynan Lonsdale이 트위터에서 양성애자라고 커밍아웃을 했다. 그리고 재즈 제닝스Jazz Jennings를 비롯한 수많은 유튜브 스타들이 자기 유튜브에서 커밍아웃했다. 확실히 이런 커밍아웃이 소식을 널리 알리고 세상을 놀라게 하는 방법이긴 하지만 소셜 미디어를 통한 커밍아웃은 신중하게 생각해야 한다. 연예인이 아닌 일반인으로서 감당하기 어려운 이목이 너무 한꺼번에 집중될 수 있다. 게다가 대부분 연예인도 이렇게 눈에 띄게 커밍아웃하기 전에 이미 가까운 사람들에게 먼저 밝혔을 확률이 아주 높다.

누구에게 먼저 커밍아웃할 것인가

수영장에 들어가기 전 엄지발가락으로 물 온도를 확인하는 것처럼 많은 사람이 처음에는 한두 명에게 진실을 말하는 것으로 커밍아웃 과정을 시작합니다. 하지만 많은 사람에게 동시에 이야기하기를 택하는 사람도 있습니다. 그중에서도 친구나 형제자매에게 먼저 커밍아웃을 하는 경우가 많은데, 부모님보다 이들이 더 호의적인 반응을 보일 거라 믿기 때문입니다.

"내가 졸업할 때 전교생 수는 1,900명이었다. 내가 졸업 연설을 하며 커밍아웃을 함으로써 그 1,900명은 게이란 존재하지 않는다고 가정할 수도, 게이가 없는 척할 수도 없게 되었다. 인구의 최대 10퍼센트가 게이라고 한다. 그렇다면 내가 커밍아웃했을 때 190명 정도는 '지옥에서 타 죽지 않고 변태가 아니며 자신의 삶을 살 수 있다'라는 내 말을 들었을 것이다."

_앤서니, 19세

여러분을 지지할 거라고 믿는 사람을 골라 먼저 털어놓는 것이 물론 좋습니다. 누군가에게는 부모님이나 가족 내 어른이 제일 마지막으로 알리고 싶은 사람일 수 있습니다. 그리고 누군가에게는 가족 내 어른이 무엇이나 말할 수 있고 가장 먼저 커밍아웃하고 싶은 사람일 수도 있습니다.

"나는 남동생에게 제일 먼저 말했다. 동생은 나보다 한 살 어리다. 나는 가까운 사람에게 털어놓고 싶었고 동생이 적임자였다. 커밍아웃을 통해 우리는 더 가까워졌다."

_아테나, 20세

누구에게 제일 먼저 커밍아웃할 것인가가 중요한 이유는 두 가지입니다. 우선 커밍아웃 초보자로서 긍정적인 첫 경험은 앞으로 다른 사람에게 하는 커밍아웃도 어렵지 않을 듯한 느낌을 줍니다. 긍정적으로 반응하는 사람은 여러분의 자존감을 높여주기 때문입니다.

또한 맨 처음에 커밍아웃한 대상이 수용적이라면 여러분이 다른 사람에게 커밍아웃할 때 추가적인 지원군이 생기는 겁니다. 여러분의 감정이 어떤지 털어놓을 수 있고, 다른 사람에게 커밍아웃을 준비할 때 연습 상대가 되어줄 수도 있습니다. 내가 솔직할 수 있는 사람이 곁에 있다는 것은 매우 위로가 됩니다.

"남편과 나는 차에 '인권캠페인' 스티커를 붙이고 다닌다. 우리는 게이 친구들이 많은데 게이들과 다른 사람들에게 우리가 게이를 지지한다는 사실을 알리고 싶기 때문이다. 모든 이성애자가 LGBTQ를 반대하거나 거부하지는 않는다는 걸 알리는 것이 우리에겐 중요하다."

_셰리, 42세

가족에게 커밍아웃하기

그동안 많이 생각했고 커밍아웃할 준비가 되었다고 합시다. 자, 이제 가족에게 어떻게 말할까요? 커밍아웃에 완벽한 법칙이 있지는 않지만 긍정적 결과를 가져올 수 있는 몇 가지 방법을 소개합니다.

가족에게 커밍아웃하기 전에 준비할 것들

가족에게 커밍아웃하기 전에 먼저 다음과 같은 사항을 충분히 숙지하고 준비하도록 합니다. 무엇보다 여러분이 거쳐온 시간만큼이나 가족에게도 시간이 필요하다는 점을 기억하세요.

가족들의 생각과 분위기를 미리 살펴보세요

LGBTQ에 대해 가족들이 어떻게 생각하는지 먼저 살펴보세요. 예를 들어 인기 있는 TV 프로그램에 나오는 LGBTQ 인물이나 트랜스젠더의 인권, 퀴어의 아이 입양 등을 슬쩍 언급하고 가족들의 반응을 보세요. 하지만 이것들은 힌트에 불과함을 기억하세요. 부모님, 형제들, 할머니, 할아버지가 LGBTQ도 동등한 인권을 가져야 한다고 말한다 해도 그게 자기 가족일 때는 평온한 마음으로 받아들인다는 보장이 없습니다. 그 반대도 마찬가지입니다. 가족 중 한 명이 퀴어라는 사실 때문에 LGBTQ를 다르게, 긍정적인 시각에서 다시 생각할 수 있습니다.

인권캠페인, PFLAG, GLSEN 등의 단체에서 자료를 모아 가족들과 공유해보세요. 이들 LGBTQ 단체는 여러분과 가족들이 읽을 수 있는 도서와 소책자를 가지고 있습니다. 가족들이 당장 이 소책자를 읽거나 단체의 웹사이트에 들어가지 않더라도 혹시 나중에 방문할지도 모릅니다. 커밍아웃하면서 사람들에게 읽을거리를 건네는 것이 어색할 수 있지만 아마도 그들은 직접 찾고 알아보기보다는 여러분에게 받은 책자를 읽을 가능성이 더 큽니다. 가족과 친구들에게 정확하고 긍정적인 정보를 제공하는 기회가 될 겁니다.

인내심을 가지세요

가족, 특히 매우 가까운 가족에게 커밍아웃한다는 건 여러분의 인생에서 획기적인 사건이지만 그들에게도 커다란 일입니다. 정말 사랑하는 사람이 진정한 여러분의 모습을 받아들이기 어려워한다면 힘들고 가슴 아픈 일입니다. 그러나 처음에 가족들이 여러분의 성적 지향이나 성정체성을 받아들이지 못한다면 시간을 좀 주세요. 여러분도 자신의 정체성을 받아들이고 적응하는 데 그들보다 훨씬 긴 시간이 걸렸음을 기억해야 합니다. 그들에게도 여러분의 커밍아웃이 충격적인 소식이었을 겁니다. 그 사실을 소화하려면 시간이 필요합니다.

성정체성을 고민하고 있다고 커밍아웃할 때

성정체성을 고민하고 있다고 누군가에게 말하기로 마음먹을 수 있다. 또한 팬섹슈얼이나 젠더퀴어 혹은 사람들에게 익숙하지 않은 어떤 용어로 커밍아웃하기를 원할지도 모른다. 만약 그렇다면 대답해야 할 여러 가지 질문들이 있을 것이다. 성정체성을 고민하고 있다고 말하거나 보다 광범위한 정체성으로 자신을 커밍아웃하면 이성애자, 게이, 레즈비언, 양성애자, 트랜스젠더 같은 용어만 알고 있는 사람들은 혼란에 빠지고 여러분의 커밍아웃을 이해하지 못할 수 있다.

많은 사람이 자신의 성적 지향과 성정체성을 구체적으로 확신한 뒤에 커밍아웃한다. 하지만 누군가에게는 팬섹슈얼이나 젠더퀴어가 자신의 구체적인 정체성이다. 성정체성을 고민하는 사람들은 오히려 커밍아웃을 통해 친구나 가족의 도움을 받으며 자신의 정체성을 계속 탐색할 수 있다. 그런 뒤에도 자신을 특정 지향이나 젠더로 규정하지 않고 유동적인 태도를 견지하기를 선택하는 사람도 있다.

만약 커밍아웃하기로 결심한다면 의사소통의 장을 열어놓고 다른 사람들의 관심과 질문에 응하며 인내심을 가져야 한다. 대부분 그들은 여러분을 더 잘 이해하기 위해 노력할 것이며 관심을 가질 것이다.

적당한 때를 고르세요

부모님이나 가족 내 어른이 퇴근하고 들어온 때라든지, 가족이 다 모인 명절에 하는 커밍아웃은 좋은 생각이 아닌 듯합니다. 사람들이 이미 스트레스를 받고 있는 상황은 피하세요. 다시 말하지만 여러분은 자신이 퀴어라는 생각을 꽤 오래 하고 있었지만 사람들에게는 너무나 놀라운 소식일 수 있습니다. 사람들이 느긋하고 편안한 상태일 때를 고르세요.

최악의 경우도 대비하세요

여러분을 집에서 쫓아내는 가족도 있을 겁니다. 너무 심한 것 같지만 실제로 그런 일이 일어납니다. 집에서 상황이 안 좋아지면 어디로 갈지, 누구에게 의지할지 미리 생각을 해두는 것이 좋습니다.

연습하세요

커밍아웃하기로 결심한 뒤에는 연습, 연습, 연습해야 합니다. 거울 속 자신의 모습이나 벽에 붙인 좋아하는 연예인 사진을 보면서 말하는 연습을 하세요. 이미 마음을 털어놓은 친구 앞에서 연습을 해도 좋습니다. 학교에서 하는 발표 준비와 같지만 내용이 매우 개인적일 뿐이지요.

이런 걸 연습하는 게 이상하다고 생각될지 모르지만 커밍아웃은 감정적인 사건이어서 막상 사람들 앞에서 말하려고 하면 자신을 표현하기가 생각처럼 쉽지 않을 수 있습니다. 말하려 하는 것을 연습해 두면 실제로 때가 왔을 때 훨씬 침착하고 조리 있게 말할 수 있습니다. 연습할 때 사람들이 물어볼 수 있는 질문을 예상하고 그에 대한 답변을 잘 생각해두어야 합니다.

커밍아웃 체크리스트

아래의 항목들에 체크가 되지 않았다면 커밍아웃 시기를 다시 생각해볼 필요가 있다.

√ 나는 준비가 되었고 나 자신의 모습을 편안하게 느낀다.

√ 왜 커밍아웃을 하려는지 나 자신에게 물어봤으며 긍정적 이유 때문이라고 확신한다.

√ 커밍아웃의 결과에 대처할 준비가 되어 있다. 내가 예상하거나 바라던 결과가 아닐 수도 있다는 걸 안다.

√ 사람들에게 정보를 제공하고 질문에 답할 준비가 되어 있다.

√ 커밍아웃이 원하는 대로 흘러가지 않더라도 도움을 받을 수 있는 지원군이 있다.

이제 진짜 '그 이야기' 하기

아무리 준비해도 가족의 반응이 어떨지는 아무도 모릅니다. 그렇지만 사랑하는 사람의 커밍아웃에 대해 부모나 사람들이 일반적으로 보이는 반응이나 질문들이 있습니다. '그 이야기'를 준비할 때 다음과 같은 반응을 미리 생각해둔다면 도움이 될 겁니다. 가능한 한 침착하고 이성적으로 답변해서 언쟁으로 번지는 것을 피해야 합니다. 자신이 굳게 믿고 있는 것을 누군가가 비난하거나 무시할 때 흥분하고 감정적이 되기 쉽지만 길게 보았을 때 침착함을 잃는 것은 도움이 되지 않습니다. 다음은 가족들이 보일 수 있는 반응에 대응하는 몇 가지 사례입니다.

"어떻게 알아? 아닐 수도 있잖아?"

[대응] "너는 자신이 이성애자·시스젠더인 것을 어떻게 아는데? 이건 그냥 내 안 깊숙한 곳에서 느껴지는 거야."

"그냥 한때 겪는 일이야" 또는 "아직 너무 어려서 잘 몰라"

[대응] "이 일로 놀라셨다는 것 잘 알아요. 하지만 이건 한때 겪는 일이 아니에요. 두고 보면 아실 거예요. 제가 퀴어라는 게 놀랍고 당황스럽겠지만 지금의 제 모습은 오랫동안 제 안에서 자랐고 저는 충분히 이해하고 있어요."

LGBTQ 관련 통계 수치를 알고 있다면 다음과 같은 데이터를 제시할 수도 있습니다. "실제로 지금 제 나이가 보통 자기가 LGBTQ라는 사실을 깨닫는 시기예요. 퓨리서치센터에 따르면 대부분 아이가

12세 정도에 자신이 LGBTQ라는 걸 알게 된대요."

"도대체 나한테 왜 이러는 거야?"

[대웅] "이건 엄마나 아빠랑 상관없는 문제예요. 제가 누구인지에 관한 것이고 우리 관계에 대한 문제예요. 진정한 제 모습을 말하는 것뿐이에요. 엄마와 아빠를 존중하고 그래서 터놓고 싶었어요. 엄마나 아빠가 생각하는 제가 아닌, 저의 참모습으로 우리의 관계를 발전시키고 싶어요. 그래서 솔직하고 싶어요."

"이렇게 된 건 네가 그렇게 선택했기 때문이야."

[대웅] "왜 퀴어가 되는지는 아무도 몰라요. 하지만 대부분 과학자와 의사가 말하기를 생물학적 요인이 작용한대요. 제가 과학자나 의사가 아니어서 정확한 답을 드릴 수는 없지만 적어도 제게는 이게 저의 참모습이에요."

"그냥 멋져 보여서 해보는 말이지?"

[대웅] "멋져 보인다는 건 사람들이 저를 어떻게 보느냐의 문제예요. 그냥 남들 의견일 뿐이죠. 퀴어는 다른 사람이 멋지다고 생각하느냐 아니냐에 관한 게 아니라 제가 누구냐에 관한 거예요."

"네 인생이 너무 힘들 거야"

[대웅] "어떤 면에서는 LGBTQ들의 삶이 더 힘들 수 있어요. 남들의 편견과 무시를 견뎌야 한다는 것을 알고 있지만 이겨낼 수 있습니

다. 그보다 더 힘든 게 가족들의 편견이니까 부모님의 지지가 필요해요. 누구의 인생에서나 힘들 때가 있잖아요. 그게 우리가 뭉쳐야 하는 이유고요."

"왜 그런 방식으로 살려고 하니?"

[대웅] "LGBTQ가 '사는 방식'은 따로 있지 않아요. 그저 다른 사람과 똑같아요. 이성애자와 시스젠더 커뮤니티만큼 퀴어 커뮤니티의 생활 방식과 의견도 다양해요. 이른바 '퀴어 라이프스타일'에 대해 고정관념이 많지만 그건 말 그대로 고정관념일 뿐이에요."

"난 네가 결혼해서 애 낳고 살 거라고 생각했단다"

[대웅] "좋은 사람을 만나고 제 파트너와 제가 원한다면 결혼도 할 수 있어요. 아이를 원하면 아이를 기를 수도 있고요. 요즘은 동성 부모나 여러 젠더 부모들도 많아요."

"잔말하지 마. 그건 잘못된 거야."

[대웅] "제 모습은 잘못된 게 아니에요. 부모님께 거짓말하는 것이 잘못이고, 그래서 솔직하고 싶어요. 엄마 아빠를 사랑하고 제게는 두 분의 생각이 중요하기 때문에 그렇게 생각하는 게 몹시 괴로워요. 너무 한꺼번에 많은 것을 말씀 드렸고 엄마 아빠도 생각할 시간

"아버지의 반응은 간단했다. 자리에서 일어나 나를 안아주며 말했다. '내가 항상 너를 사랑할 거라고 했던 것 기억하지?' 내가 '예'라고 대답하자 '그 말 진심이었어'라고 말했다."

_스콧, 19세

이 필요하다는 사실을 충분히 이해합니다. 그러니 나중에 다시 이 문제에 관해 이야기해봐요. 제가 엄마 아빠를 사랑하고 존중하고 우리의 관계가 소중해서 이 이야기를 했다는 걸 꼭 알아주세요."

"이를 어쩌면 좋니? 내가 애를 잘못 키웠다고 할 거야"

[대응] "충격받으신 거 알지만 저는 엄마 아빠가 15분 전에 사랑했던 바로 그 아이라는 것을 기억해주세요. 저는 변한 게 없어요. 이제 저를 더 잘 아시게 된 것뿐이에요. 이런 일을 겪는 가정이 많고요. 그런 사람들과 이야기를 나눠보는 것도 나쁘지 않을 것 같아요. PFLAG라는 LGBTQ 가족들을 위한 단체가 있어요. 가까운 곳에 있는 지역 사무실 연락처가 여기 있

> "언니에게 털어놓았을 때 반응이 최악이었다. 두 달 동안 우리는 별일 아닌 것으로 서로에게 고함치며 많이 싸웠다. 결국 언니는 안정을 되찾았고 지금은 나를 인정하고 지지해준다."
>
> _알리야, 19세

어요. 지금 바로 전화하거나 웹사이트에 들어갈 필요는 없지만 나중에라도 찾아보셨으면 해요. 세상에는 저나 엄마, 아빠가 이것에 대해 어떻게 생각하는지에 대해 뭐라 하지 않는 사람들이 있어요. 그들과 이야기를 나눠보세요."

커밍아웃 이후 그리고 새로운 시작

커밍아웃을 하고 나면 집안 분위기가 많이 달라질 수 있습니다. 커밍아웃으로 말다툼이 시작될 수도 있고, 달라진 상황과 관련해 많은 질문이 생길 수 있습니다. 여러분이 좋아하는 사람을 집에 데려와

소개하고 싶은가요? 동성에게 매력을 느낀다고 말했는데, 부모님이 친구들이 와서 자고 가는 것을 허락할까요?

커밍아웃은 뭔가를 감추는 일의 끝이지만 새로운 가족 관계의 시작이기도 합니다. 이런 변화를 다루는 열쇠는 인내와 솔직한 대화입니다. 모든 질문에 곧장 답할 필요가 없으며 차차 이야기를 나눠도 좋습니다. 여러분이 부딪치는 문제들을 가족들에게 이야기하고 함께 해결책을 생각해보세요. 믿기지 않겠지만 커밍아웃이 가족 관계를 더 돈독하게 만들기도 합니다. 부모님이 힘들어하면 함께 상담사를 찾아가 보는 것도 좋은 방법입니다. 여러분이 느끼기에 편안하고 LGBTQ나 젠더 문제를 잘 알고 있는 상담사를 찾아가 보세요.

지원을 받을 수 있는 곳

트레버 스페이스(www.trevorspace.org)는 13~24세 청년들이 서로 교류하고 힘을 나누는 소셜 네트워크 사이트로, LGBTQ와 간성 청소년들의 자살 방지와 위기관리에 집중하는 전국 단위 조직인 트레버 프로젝트에서 임명한 관리인들이 세심하게 지켜본다. 이 사이트는 나이에 맞고 십대에게 다가가기 쉬운 정확한 정보를 제공한다.

국내 정보

● **성소수자부모모임**은 성소수자의 부모와 가족, 그리고 당사자들의 모임이다. 성소수자 인권을 지지하고, 성소수자 가족들과 소통하며 당사자와 그 가족을 돕기 위한 활동을 한다.

홈페이지   pflagkorea.org

커밍아웃 이후에도 어떤 가족들은 마치 여러분이 아무 말도 하지 않은 것처럼 행동할 수 있습니다. 그저 없던 일이 되길 바랄 수 있고 부정하는 과정을 거칠지도 모릅니다. 예를 들어 부모들은 자식이 처음 커밍아웃했을 때 종종 충격, 부정, 죄책감으로 힘들어합니다. 여러분에게 한때 지나가는 시기이기를 바라거나 자신의 양육 방식 중 뭔가가 여러분을 LGBTQ로 만들었을지 모른다는 죄책감을 느끼기도 합니다.

커밍아웃은 모두가 참여하는 과정이란 것을 명심해야 합니다. 가족에게 시간을 주어야 하지만 아무 소리가 없다고 해서 그들이 잘 받아들인 것이라고 생각하지 마세요. 때때로 확인해보는 것이 좋습니다. 질문이 있거나 토론하고 싶은 이슈가 있으면 언제든지 대화를 할 준비가 되어 있다고 가족들에게 말하세요. 그들도 이 변화에 적응하는 데 여러분의 도움이 필요할지 모릅니다. 다른 LGBTQ 가족들과 연락해보라고 권할 수도 있지만 절대로 강요하지는 마세요. 여러분과 이야기하고 싶어 하면 진중하고 건설적인 대화가 되도록 해야 합니다. 간혹 토론이 격해질 수 있습니다. 그럴 때는 심호흡을 몇 번 하고 가족들이 겪고 있는 일에 공감하려고 노력하세요(136쪽에 있는 '비폭력대화'의 내용을 참조하세요).

"지금까지는 단 한 명의 친구, 내 절친에게만 커밍아웃을 했다. 그 친구가 자기가 양성애자라고 털어놓은 다음이었다. 조금 웃기는 상황이었다. 같이 앉아 있다가 친구가 갑자기 '나는 남자가 좋아. 하지만 여자도 좋아'라고 말했다. 그래서 내가 '나도 그래!'라고 답했다. 커밍아웃은 그렇게 간단하게 시작되었고 지금은 서로 그 주제에 관해 대화를 나누곤 한다."

_알리얀드로, 19세

친구들에게 커밍아웃하기

많은 젊은이처럼 여러분도 집에 있는 어른보다 친구에게 먼저 커밍아웃하기로 결심할 수 있습니다. 친구에게 먼저 털어놓는 게 놀랄 일은 아닙니다. 친구는 여러분과 가장 많은 것을 공유하는 사람이니까요. 친구들의 반응이 가장 우호적일 거라고 생각할 수 있습니다.

부모님에게 하는 커밍아웃과 마찬가지로 친구에게 하는 것도 다양한 반응을 불러일으킬 수 있습니다. 응원해주는 친구, 혼란스러워하는 친구, 불편해하는 친구 그리고 이 모든 반응을 보이는 친구나 전혀 다른 감정을 보이는 친구들도 있습니다. 심지어 자기도 커밍아웃하는 친구가 있을 수도 있지요!

제일 먼저 친구에게 커밍아웃하는 것은 좋습니다. 친구가 우호적이라면 여러분이 가족에게 커밍아웃할 때 옆에서 응원군이 되어줄 것입니다. 그러나 집에서 어른들에게 고백할 때처럼 모든 가능성을 고려해야 합니다. 친구가 놀라서 다른 사람들에게 말할 수도 있는데 만약 여러분이 소수의

"운이 좋게도 나는 친한 친구들이 마음을 열고 나를 받아주었다. 나를 거부한 친구들도 있지만 내가 '절친'이라고 부르는 아이들은 두 팔 벌려 나를 받아주었다. 사람들이 동성애혐오 성향을 보이는 것은 다른 사람들의 시선을 무서워하기 때문인 것 같다. 만약 정말 좋은 친구라면 내가 게이인 것을 알더라도 그 모습 그대로를 사랑하리라고 생각한다."

_릴리, 20세

"친구에게 커밍아웃할 때는 사실 겁나고 불안할지라도 그런 척하지 말아야 한다. 당당하게 LGBTQ라고 밝히는 것이 좋다. 내가 당당한 것을 보면 친구도 나와 우리의 우정에 자신감을 가질 것이다."

_파올로, 19세

사람에게만 알리려 했다면 원하지 않는 상황이 될 수 있습니다.

부모님이나 가족의 어른에게 하는 커밍아웃과 마찬가지로 LGBTQ에 대한 친구의 생각과 태도를 가늠해볼 필요가 있습니다. 정신적으로 성숙하거나 LGBTQ 이슈를 다뤄본 경험이 많은 친구, 다른 퀴어 친구들이나 가족이 있는 친구가 있을 수 있습니다.

친구들에게 커밍아웃하기로 결심했으면 가족에게 할 때와 같은 단계를 밟으면 됩니다. 똑같이 준비하고 인내심을 가지세요. 친구의 반응이 좋지 않다면 아마 LGBTQ에 대해 부정적인 이야기들을 들었기 때문일 수 있습니다. 친구들이 무슨 생각을 하며 왜 그런 생각을 하는지 이야기를 나눠보세요. 항상 그랬듯 여러분은 같은 사람이고 여전히 친구임을, 퀴어라고 해서 그 사실이 변하지 않음을 알려주세요.

커밍아웃이 우정을 변화시킬 수 있습니다. 더 가까워질 수도, 더 일찍 말하지 않았다고 친구의 마음이 상할 수도 있습니다. 여러분이 젠더 표현을 바꿔 우정도 변하지 않을까 걱정할 수 있습니다. 혹시 자기에게 매력을 느끼는 것은 아닌지 의심하거나, 자기도 퀴어가 아닌지 걱정할 수도 있습니다.

친구에게도 역시 적응할 시간을 주어야 합니다. 언제든지 이야기를 나눌 준비가 되어 있음을 확실하게 알려주세요. 한 사람의 커밍아웃으로 우정이 끝나기도 하지만 이는 극단적인 경우입니다. 대부분은 그저 적응 기간을 거칩니다. 친구에게 털어놓는 이유가 내가 누구인지 솔직하게 알리고 싶었기 때문이라고 말하세요. 마음을 열지 않는 사람에게 대응하기 위해 친구의 지지가 필요하다고도 말하세요. 처음에는 불편해하더라도 점점 좋아질 가능성이 큽니다.

학교에서 커밍아웃하기

　신뢰하는 선생님이나 상담 선생님, 교직원에게 커밍아웃하는 것을 더 편안하고 안전하게 느끼는 십대들도 있습니다. 어떤 학생들은 정신적 지지나 조언을 원해서, 또 어떤 학생들은 학교에서 일어나는 괴롭힘 때문에 도움을 청합니다. 젠더에 맞춰 다른 이름이나 대명사를 사용하기를 원하기 때문에, 학교에서 자신의 진정한 젠더를 표현하기 위한 길을 닦기 위해 커밍아웃을 하는 학생들도 있습니다.

　가족이 아닌 어른이 여러분의 문제들을 해결하는 데 도움을 주고 지지자가 될 수 있습니다. 그러나 선생님이나 교직원도 다른 사람들과 같다는 사실을 기억해야 합니다. 즉 어떻게 반응할지 확실하게 알 수 없습니다. 하지만 가족이 아니기 때문에 여러분의 커밍아웃을 덜 감정적으로 받아들일 수 있습니다. GLSEN의 〈2015년 미국 학교 환경 조사〉에 따르면 설문에 답한 LGBTQ 학생의 무려 97퍼센트가 자신을 지지해주는 교직원이 학교에 적어도 한 명은 있다고 응답했습니다. 그러나 불행하게도 자기 학교가 퀴어 학생들에게 호의적이라고 답한 사람은 36퍼센트에 불과했습니다.

　일부 학교에서는 LGBTQ를 지지하는 선생님들이 소신을 적극적으로 드러내기 어렵습니다. 그러나 무지개 배지를 달고 온다든지, 성소수자 인권의 달^{Gay Pride month}에 교실에 관련 포스터를 붙이는 등 자신의 의견과 지지를 드러내는 선생님이 적지 않습니다. 여러분의 학교에 게이-이성애자 연대 동아리가 있다면 아마 지도교사가 있을 겁니다. 학교에서 성인의 지원과 조언이 필요할 때 그 선생님을 찾아가는 것도 좋은 방법입니다. 또한 자신이 LGBTQ임을 알리고 다니는 선생님이 늘어나는 추세여서, 이런 선생님이 학교에 있다면 여러분의 좋은 지원군이 되어줄 겁니다.

학교의 상담 선생님은 십대들의 고민을 들어주도록 훈련을 받은 사람들로 큰 도움이 될 수 있습니다. 물론 상담 선생님 중에도 동성애혐오나 트랜스젠더혐오 성향이 있을 수 있습니다. 또한 대부분 비밀 유지 의무 때문에 여러분에게서 들은 내용을 다른 사람에게 말할 수 없지만 비밀 유지 의무가 없는 경우도 있습니다. 대부분 학교는 학생의 안전이 의심되면(특히 자살 시도 위험이 있으면) 상담 선생님이 학교에 보고하도록 규정하고 있습니다.

상담 선생님은 조언을 구하고 지원을 받기 좋은 사람입니다. 비밀 유지가 걱정되어 상담 선생님을 찾아가기 망설여진다면 학교 안내서에서 선생님의 비밀 유지 조항을 찾아보세요. 학교 안내서는 학교 웹사이트나 교무실, 행정실에 비치되어 있을 것입니다. 상담 선생님에게 직접 비밀 유지 의무에 대해 물어볼 수도 있습니다. 요즘은 많은 학생과 지지 단체가 십대 LGBTQ에게 더 수용적이고 안전한 학교 환경을 만들기 위해 노력하면서 교사들과 교직원들도 LGBTQ가 무엇인지 배우고 있고, 퀴어 학생들을 더 잘 이해하고 지원할 능력을 갖춰가고 있습니다.

> "중학교 3학년 때 '자기계발과 인간관계' 수업 선생님은 아주 멋진 분이었다. 내 생각에 그분은 레즈비언이었던 것 같다. 우리에게 동성애와 양성애가 무엇인지 가르쳐주었는데 그 수업에서 나는 비로소 나를 뭐라고 할지 그 명칭을 발견했다."
>
> _아이리스, 19세

5장 학교에서
LGBTQ 학생으로
살아남는다는 것

십대 LGBTQ들이 겪는 가장 힘든 일 중 하나는 학교생활입니다. 학교에는 서열 따지기나 패거리 문화가 있는 친구들이 있고 끝없이 숙제를 내주는 선생님, 일거수일투족을 지켜보는 학교 관리자들이 있습니다. 그리고 여러분을 믿고 의지하는 친구들도 있습니다. 그사이 여러분은 사춘기의 '정상적' 과정을 지나갑니다. 하나도 '정상적'으로 느껴지지 않는 감정들이고 심지어 자기 모습이 낯설게 느껴질 때도 있지만 모두가 보편적 현상입니다. 이에 더해서 여러분은 자기가 퀴어일지도 모른다는 사실도 해결해야 합니다. 한꺼번에 감당하기가 벅찰 수밖에 없습니다.

십대 LGBTQ의 학교생활이 위험하다

설문조사들을 보면 LGBTQ 청소년들의 학교생활은 '괜찮다'에서 '많이 불편하다', 심하면 '정말로 위험하다'까지 범위가 넓습니다. 레즈비언, 게이, 양성애자, 트랜스젠더 학생들이 겪는 경험에 대한 가장 포괄적인 보고서인 GLSEN의 〈2015년 미국 학교 환경 조사〉는 미국 전역의 13~21세 학생 1만 528명에게 설문조사를 시행했는데 여기서 밝혀진 사실은 다음과 같습니다.

- LGBTQ 학생 중 85퍼센트가 작년 한 해 동안 어떤 형태로든 괴롭힘을 경험했습니다.
- 27퍼센트가 성적 지향 때문에, 20퍼센트는 성정체성 혹은 젠더 표현 때문에 학교에서 물리적인 괴롭힘(복도를 막고 지나가지 못하게 하는 것 등)을 당했습니다.
- 13퍼센트가 성적 지향 때문에, 9퍼센트는 성정체성 혹은 젠더 표현 때문에 작년 한 해 동안 학교에서 신체적 폭력(주먹으로 맞거나 발로 차이는 것 등)을 당한 적이 있습니다.
- LGBTQ 학생 98퍼센트가 학교에서 '게이'란 말이 부정적으로 쓰이는 것을 빈번하게 듣습니다. 약 96퍼센트는 학교에서 '호모'나 '다이크' 같은 동성애혐오 발언을 들었고 59퍼센트는 이런 일이 종종 혹은 자주 있다고 응답했습니다. 또한 약 96퍼센트가 젠더 표현에 대해 부정적인 말을 들었고 86퍼센트는 특히 트랜스젠더를 지칭하는 부정적 용어를 들었습니다.
- 학교에서 괴롭힘이나 폭력을 당한 학생의 57퍼센트가 학교에 보고하지 않았습니다. 보고를 해도 형식적인 조치나 그마저도 없이 지나가기 때문이고, 때로는 오히려 상황을 더 악화시키기 때문입니다.
- 괴롭힘을 보고한 학생의 64퍼센트는 학교가 아무런 행동을 취하지 않거나 괴롭힌 학생을 무시하라고 했다고 응답했습니다.
- LGBTQ 학생 48퍼센트가 문자메시지, 이메일 등을 통해 괴롭힘이나 협박(사이버 폭력)을 당했다고 답했습니다.

- 약 58퍼센트는 성적 지향 때문에, 43퍼센트 이상이 젠더 표현 때문에 학교에서 안전하지 않다고 느낀다고 응답했습니다.
- 설문조사를 시행하기 바로 전 달 기록을 봤을 때 성적 지향, 성정체성, 젠더 표현 때문에 심하게 괴롭힘을 경험한 학생의 결석률은 그렇지 않은 학생보다 세 배 더 높았습니다.
- 응답 학생 중 오직 10퍼센트만이 성적 지향, 성정체성, 젠더 표현이 구체적으로 명시된 '안전을 위한 방침'이 있는 학교에 다니고 있었습니다.

긍정적인 측면은 게이-이성애자 연대GSA를 비롯한 십대 LGBTQ를 지지하는 곳이 늘어나고 있다는 사실입니다. GSA는 성적 지향이나 성정체성에 상관없이 모든 학생에게 안전하고 우호적이며 수용적인 학교 환경을 조성하는 것을 목적으로 하는 학생 주도 동아리입니다. 2015년 GLSEN 보고서에 따르면 학생들의 54퍼센트가 학교에 GSA 혹은 이와 비슷한 동아리가 있다고 응답했습니다.

GLSEN의 연구는 GSA가 있는 학교에서는 동성애혐오 발언을 적게 듣고 성적 지향과 젠더 표현으로 인한 위협을 덜 느끼며, 괴롭힘이나 폭력이 있으면 선생님이나 학교 당국에 보고하는 경향이 높다는 것을 보여줍니다. 여러분의 학교에서 GSA를 시작하는 방법을 포함해 GSA에 대한 자세한 정보는 202쪽부터 볼 수 있습니다.

연구는 또한 학교에서 성적 지향, 성정체성, 젠더 표현이 구체적으로 명시된 '안전을 위한 방침'을 갖출수록 차이가 난다는 사실을 보여줍니다. 이런 학교에서는 학생들이 동성애혐오 발언을 적게 듣고 성적 지향과 젠더 표현으로 피해를 당하는 일이 적었습니다. 이에 더해 이런 학교 교직원들은 동성애혐오 또는 트랜스젠더혐오 발언을 들었을 때 개입하는 빈도가 더 높았습니다.

교직원들이 LGBTQ 이슈를 잘 이해하고 퀴어 문제가 수업 과정에 포함된 학교에서는 학교 환경의 개선 또한 눈에 띄었습니다. 다행히도, 느리지만 확실하게 교과과정에도 변화가 있습니다. 2018년 미국의 캘리포니아주는 LGBTQ 내용을 포함하는 역사책을 주 전체에서 사용하는 첫 번째 주가 되었고, 같은 해 매사추세츠주도 LGBTQ를 포함하는 교과과정을 선보였습니다. 비록 선택 과목이었지만 교육자들에게 훌륭한 자료가 되었고 다른 주들에게 좋은 본보기가 되었습니다.

보이지 않는 존재, 너무 튀는 존재

내 존재가 마치 보이지 않는 듯한 느낌은 나이에 상관없이 모든 LGBTQ가 한 번쯤 겪는 일입니다. 나와 비슷한 사람이 긍정적으로 표현되는 모습을 보지 못하면서 자라는 것은 힘든 일입니다. 때로는 혼자라는 생각이 들지도 모릅니다. 이성애자·시스젠더가 압도적으로 많은 사회에 살아간다는 것은 종종 고립된 느낌을 줍니다.

십대 LGBTQ가 겪는 소외된 세상

학교 식당 안에서 시스젠더인 여자아이들이 남자아이들 이야기로 호들갑을 떨거나 그 반대인 경우를 자주 봅니다. 그리고 여러분이 있습니다. 같은 남자 혹은 같은 여자에게, 아니면 둘 다에게 끌리는 사람입니다. 또는 아무에게도 관심이 없거나 이분법적 젠더에서 벗어난 사람에게 매력을 느낄 수도 있습니다. 이런 상황에서는 여러분이 소외감을 느낄 수 있습니다.

"고등학교 때 내가 남과 다르다는 사실이 힘들었다. 그리고 커밍아웃으로 현실에서 숨을 수 없는 상황이 되었다. 졸업할 즈음에야 다른 사람과 나 자신이 어떻게 행동할지 어느 정도 감을 잡을 수 있었다."

_에이드리언, 20세

LGBTQ의 가시성 문제는 학교 식당뿐 아니라 교과과정에도 나타납니다. LGBTQ 주제를 학교에서 배워야 하는가에 대해 전국에서 논쟁이 일고 있습니다. 선생님이 수업에서 이 주제를 다루는 것을 허용하고 장려하는 학교도 있지만 많은 학교가 그렇지 않습니다. 어떤 교육구에서는 퀴어라는 단어를 언급만 해도 교사가 징계를 당하기도 합니다. 심지어 현재 미국의 7개 주에는 '친동성애 금지' 법 조항이 있습니다. 바로 앨라배마, 애리조나, 루이지애나, 미시시피, 오클라호마, 사우스캐롤라이나, 텍사스이며 이곳에서는 교사들이 LGBTQ 주제를 이야기하거나 이들을 긍정적으로 조명하지 못하도록 규정합니다.

수업에서 LGBTQ에 대해 전혀 듣지 못한다면 여러분은 아무도 없는 곳에 혼자 있는 것처럼 느껴질 수 있습니다. 그러나 세상에는 많은 십대 LGBTQ가 있다는 사실을 기억하세요. 그들 중 많은 수가 여러분과 비슷한 상황과 문제를 겪고 있습니다. 여러분은 비정상이 아니고 혼자도 아닙니다.

존재감이 없다는 느낌을 이기는 네 가지 방법

고립된 느낌에서 벗어나기 위해 할 수 있는 행동 네 가지를 소개합니다.

1 LGBTQ 뿌리에 대해 알아보기

여러분이 주제를 고를 수 있는 학교 과제를 받으면 이전에 살았던 퀴어들에 대해 알아보세요. 예를 들면 시인 월트 휘트먼, 화가 조지아 오키프, 작곡가 표트르 일리치 차이콥스키, 가수 베시 스미스, 테니스 선수였던 러네이 리처즈 박사 등을 찾아볼 수 있고 과학 연구 과제에서는 염색체 탐구를 하며 간성이 무엇인지 알아볼 수 있습니다. 미국의 양성교육평등법 '타이틀 나인^{Title IX}'이 어떻게 트랜스젠더 학생들에게 적용될 수 있는지 발표해보세요. 여러분 이전 사람들, 그들의 도전과 승리에 대해 알아보세요. 퀴어의 역사가 얼마나 길고 풍성한지 깨닫는 경험이 될 것입니다.

2 다른 LGBTQ 청소년들과 연락하기

지역 LGBTQ 단체나 온라인에서 또는 아는 사람을 통해서 다른 사람들을 만날 수 있습니다. 이에 대해서는 6장에 더 자세한 설명이 있습니다. 여러분이 어떤 과정을 지나고 있는지 이해하고 용기를 주는 사람과 만나고 이야기를 나누는 게 중요합니다. 더불어 여러분이 다른 사람을 지원하고 용기를 줄 수 있다면 그 또한 만족스러운 경험이 될 수 있습니다.

3 변화를 만드는 데 참여하기

학교에서 GSA에 가입하거나 새로 만들어보세요. 또한 지역이나 전국 단위의 다른 LGBTQ 단체에서 활동할 수도 있습니다. 활동가가 되는 것은 같은 관심사를 가진 사람들을 만나는 좋은 방법이며 긍정적인 변화 또는 목표를 위해 일한다는 자부심을 느낄 수 있습니다.

4 자신에게 빛날 수 있는 기회 주기

스스로 괜찮다고 느끼게 하는, 약간 잘난 척까지 할 수 있는 활동에 참여하세요. 꼭 LGBTQ 관련 활동이 아니어도 괜찮습니다. 노래를 잘하면 학교 축제에서 뽐내보세요. 미술반에 들어가 영혼을 담은 그림을 그려보세요. 멋진 프로젝트로 과학 축제에 참가하고, 육상팀에 들어가 여러분이 얼마나 빠른지 보여주세요. 밀쳐두었던 기타를 꺼내 밴드를 만들 수도 있습니다. 자신에게 성공할 기회를 주고 멋지

"친한 친구들은 모두 내게 용기를 주었다. 그러나 같은 반 친구들의 반응을 보고 매우 실망할 수밖에 없었다. 나를 잘 알지도 못하면서 나를 혐오하는 것이 논리적이라고 믿는 모습은 상처가 될 뿐 아니라 인간에 대한 신뢰까지 많이 앗아갔다. 그리고 '만약 오해와 확신을 꿰뚫어보고 의문을 제기하는 게 그렇게 어려운 일이라면 나는 무엇을 좀 더 면밀히 살펴보고 질문을 해야 할까?'라는 생각이 들었다. 그때부터 정치적, 사회적, 종교적 그리고 개인적으로도 '이렇게 생각해야 한다' 혹은 '남들은 이렇게 생각한다'라는 게 아닌 나 자신이 정말로 어떻게 생각하는지를 찾기 시작했다."

_오웬, 19세

게 성공해낸 자신의 모습을 즐겨보세요.

자연스럽게 섞이고 싶다면

어쩌면 너무 주목받는 게 문제일 수도 있습니다. 매일 놀림을 당하거나 괴롭힘의 대상이 되면 존재감이 없는 게 오히려 좋다고 생각할 수 있습니다. 많은 십대 LGBTQ가 그런 감정을 공유합니다. 이 장 처음에 소개했던 GLSEN의 통계를 기억하나요? LGBTQ이거나 그렇게 보이는 청소년들은 빈번하게 괴롭힘의 표적이 됩니다.

자발적으로 커밍아웃을 결정했다고 해도 이에 따른 관심의 정도는 예상 밖으로 강력할 수 있습니다. 그렇지 않은 경우도 있지만요. 주변에 도움을 청하고 GSA에 가입하는 등 학교 환경을 바꾸려 노력하면 한꺼번에 몰려드는 사람들의 주목이 덜 무서울 수 있습니다. 그리고 여러분이 인식하든 안 하든 이성애자·시스젠더 중에도 친구가 있습니다. 퀴어가 무엇인지에 대해 사회의 인식이 달라질수록 이성애자·시스젠더들은 우리가 서로 많이 다르지 않다는 것과, LGBTQ 인권 함양을 위해 싸울 때 그들의 확실한 지지가 필요하다는 것을 알아가게 됩니다.

LGBTQ 학생으로서 당당히 권리를 주장하라

성적 지향과 성정체성 때문에 학생들이 괴롭힘을 당하지 않도록 보호 정책을 세운 학교들이 있습니다. 학교에서의 괴롭힘에 관한 학교 정책은 보통 학교의 학생편람에서 찾을 수 있습니다. 여러분의 학교가 괴롭힘에 관한 정책에 성적 지향과 성정체성을 명시하지 않았더라도, 인간으로서 학생은 학교에서 안전할 권리를 갖습니다. 학교 행정직원과 교사들은 모든 학생을 보호할 법적 의무가 있습니다. 그리고 여러분은 괴롭힘에 대해 어떻게 대처할지 몇 가지 선택지가 있습니다.

"레즈비언이라는 것, 심지어 레즈비언으로 보인다는 사실만으로도 고등학교 생활은 한계가 있을 수밖에 없었다. 나는 항상 조심했고 수업, 소프트볼 연습, 아르바이트만 하며 살았다. 그러다 같은 학교에 다니는 사람과 데이트를 시작했고 비밀이 폭로되었지만 아무도 내게 뭐라는 사람이 없었다. 그게 내게는 최악이었다고 생각한다. 사람들은 모두 나를 주시했지만 아무도 왜 그런지 말하지 않았다. 그러나 그 후 마치 전교생의 절반이 커밍아웃하고 싶어 하는 것처럼 보였다. 가끔은 내가 그 현상과 관련이 있지 않았을까 생각한다."

_다비나, 20세

괴롭힘에 맞선 LGBTQ 청소년들

한 사람이 큰 차이를 만든다는 것은 가끔은 믿기 어렵지만 실제로 많은 십대 퀴어가 그 일을 해냈습니다. 그리고 차별과 괴롭힘에 대항하는 싸움에서 여러분은 혼자가 아니며 많은 어른과 이성애자·시스젠더 동료들이 기꺼이 도움의 손길을 내줄 수 있습니다. 여러분도 편견에 맞서 차이를 만들 수 있으며 다른 사람들에게 그렇게 하자

고 요구할 수 있습니다. 다음은 학교에서의 괴롭힘에 맞서 싸운 청소
년들의 이야기입니다.

제이컵 설리번

아마도 3장에서 제이컵에 관한 이야기를 읽었을 것입니다. 2009
년 당시 14세였던 제이컵과 뉴욕 인권옹호연맹은 모하크 중부교육
청을 상대로 소송을 제기했습니다. 제이컵은 그의 성적 지향 때문에,
정형화된 남성성에 순응하지 않는다는 이유로 괴롭힘과 신체적 학
대, 위협을 당했는데 지방교육청이 보호하지 못했다고 주장했습니
다. 나중에는 미국 법무부까지 합류했는데, 이 사건은 훗날 판결 선
례가 되어 젠더 차별을 금지하는 연방법으로 광범위하게 해석되었습
니다.

이 소송은 2010년 3월 29일에 합의에 이르렀고 제이컵 가족은 5
만 달러를 보상받았습니다. 더 중요한 것은 지방교육청이 학교를 더
안전한 곳으로 만드는 데 합의했다는 사실입니다. 교육청은 반명예
훼손연맹Anti-Defamation League, ADL[21]에 지원을 요청해 괴롭힘 문제에 더
잘 대처하는 방안을 직원들에게 교육하기 시작했습니다. 또한 모든
학생을 대상으로 퀴어에 대한 긍정적인 분위기를 조성하기 위해 성
별, 성정체성, 젠더 표현, 성적 지향에 관한 교육청의 방침을 재검토
했습니다.

---

[21] 1913년에 미국에서 설립된 유대인 비정부 단체로 반인종주의와 함께 모든 시민의 평등을 강조하기 때
문에 LGBTQ 인권 보호에도 적극적으로 참여한다.

침묵의 날

침묵의 날National Day of Silence은 학교에서 일어나는 LGBTQ 욕하기, 괴롭힘, 폭력에 주의를 돌린다. 참여자들은 학교에서 일정 시간 또는 온종일 침묵할 것을 맹세하고 종종 자신의 침묵을 설명하는 '말하는 카드'를 나눠 주며 십대 LGBTQ들이 마주한 문제들을 다른 사람들에게 알린다.

침묵의 날은 성적 지향, 성정체성, 젠더 표현에 상관없이 모든 학생에게 안전한 학교를 만들자는 목적을 지닌 가장 큰 규모의 학생 주도 행사다. 이 프로젝트는 1996년 150명이 참여한 한 행사에서 시작해 지금은 뉴질랜드, 러시아, 싱가포르를 포함해 전 세계에서 1만 명 이상이 참여하는 행사로 성장했다. 침묵의 날에 배포되는 '말하는 카드'의 한 예는 다음과 같다.

"제가 오늘 말을 하지 않는 이유를 이해해주세요. 저는 침묵의 날 행사에 참여 중입니다. 이것은 레즈비언, 게이, 양성애자, 트랜스젠더와 그 동지들이 마주한 침묵에 항거하는 청년 운동입니다. 저의 자발적 침묵은 괴롭힘, 차별, 편견 앞의 침묵의 메아리입니다. 저는 침묵의 종결이 이런 불공정과 싸우는 첫걸음이라고 믿습니다. 오늘 듣지 못하는 목소리를 기억해주세요. 이 침묵을 끝내기 위해 무엇을 하겠습니까?"

침묵의 날을 조직하는 방법과 새로운 소식 등 더 많은 정보는 GLSEN의 이벤트 페이지(www.glsen.org/day-silence)에서 찾을 수 있다. 그리고 LGBTQ에 우호적인 학습 환경을 만드는 또 다른 좋은 자료는 GLSEN의 ThinkB4YouSpeak('말하기 전 생각하라') 프로그램이다. www.glsen.org를 방문하면 '호모'나 '다이크' 같은 반퀴어적 언어 사용에 대처하는 방법을 배울 수 있다.

닉 가라폴라

2009년 끊임없는 조롱과 물리적 괴롭힘에서 살아남은 닉 가라폴라Nick Garafola는 학교에 무언가를 해야 한다고 결심했습니다. 닉은 뜻을 함께하는 사람들과 지도교사의 도움을 받아 학교에 스펙트럼이라는 GSA를 설립했습니다. "우리는 현재 LGBTQ를 주제로 한 미술작품을 학교 건물 전체에 전시하는 환경미화를 진행하고 있습니다"라고 2009년에 닉은 한 기사에서 밝혔습니다. "그러나 무엇보다 우리 GSA는 비슷한 생각을 가진 학생들이 어울리고 놀 수 있는 안전하고 재미있는 곳입니다. 이곳에서 우리는 동성애혐오, 다양성의 묵인과 수용의 차이에 관해 이야기를 나눕니다."

"내가 GSA에 가입한 이유는 그곳에서 열심히 활동하는 친구들이 많았기 때문이다. 중학교 2학년 때 연극 〈라라미 프로젝트The Laramie Project〉[22]를 본 후에 친구들의 LGBTQ 활동에 관심이 생겼고 그들과 함께하고 싶었다. 작년에는 침묵의 날 이벤트에도 참여했다. 올해는 무지개청년동맹Rainbow Youth Alliance이 주관하는 밸런타인데이 댄스파티에도 참석할 계획이다."

_사바하, 17세

닉은 또한 학교에서 '안전지대Safe Zone'라는 프로그램을 만들었습니다. "안전지대 프로그램의 목적은 게이, 레즈비언, 이성애자, 양성애자, 트랜스젠더를 포함한 모든 학생이 성적 지향과 젠더에 대해 이야기를 나눌 누군가를 갖는 것입니다." 닉의 학교에서는 프로그램을 지지하는 선생님들의 교실 문에 분홍색 삼각형을 붙여

---

[22] 미국 와이오밍주에서 2000년에 초연된 연극으로, 잔인하게 살해된 한 게이 대학생의 죽음을 다룬 내용이다.

표시하고, 지지자들은 십대들이 당면한 성적 지향과 성정체성 이슈에 대해 교육을 받습니다.

딜런 테노

딜런 테노Dylan Theno는 퀴어가 아닌데도 그렇게 보인다고 일부 학생들로부터 위협과 욕설을 심하게 당해서 고등학교 2학년 때 학교를 그만두었습니다. 괴롭힘은 중학교 2학년 때부터 시작된 것이었습니다. 딜런은 학생을 보호하지 못한 책임을 물어 캔자스주 통가녹시 교육청을 상대로 소송을 제기했고 2005년에 44만 달러의 합의금을 받았습니다.

조지프 래멀리와 메건 도너번

조지프 래멀리Joseph Ramelli와 메건 도너번Megan Donovan은 둘 다 게이이며 캘리포니아주 샌디에이고에서 가까운 포웨이 고등학교에서 학생들의 위협과 괴롭힘을 반복해서 당했습니다. 고등학교 3학년 때는 학교에 가지 못하고 홈스쿨링을 해야 했습니다. 두 학생은 학교를 상대로 소송했고 2005년에 30만 달러를 받았습니다. 배심원들은 학교 교직원들이 교내 괴롭힘을 알면서도 조지프와 메건을 보호하지 못했다고 결론 내렸습니다.

팻 도우

법정 기록에 '팻 도우Pat Doe'라는 이름으로 표기된 15세 트랜스젠더 학생은 여자 옷을 입음으로써 성정체성을 표현하게 해달라고 학교를 상대로 소송했습니다. 〈옹호자The Advocate〉라는 LGBTQ 잡지에 따르면 팻이 다니는 학교의 교장 선생님은 출생할 때 남자였던 학생이 여자 옷을 입고 학교에 오는 것은 학교 분위기를 해친다고 생각했습니다. 2000년 매사추세츠주 항고법원은 팻의 손을 들어주었고 이후 그녀는 원하는 옷을 입고 학교를 다닐 수 있었습니다.

앨래너 플로레스

1997년에 앨래너 플로레스Alana Flores는 캘리포니아주 모건힐의 한 학교에서 계속해서 괴롭힘을 당했습니다. 그녀의 사물함에는 매일 '죽어버려, 다이크 XX', '널 죽일 거야' 등 협박 문구가 적힌 종이가 붙어 있었습니다. 앨래너는 종이를 교감 선생님에게 가져갔지만 선생님은 그녀의 말을 대수롭지 않게 여기며 수업에 들어가라고 했습니다.

1998년 앨래너와 학생 다섯 명은 괴롭힘과 왕따를 당한다는 보고를 반복해서 무시했다고 교육청에 소송을 제기했고, 2004년 교육청은 소송비용과 피해 보상으로 110만 달러를 지급하라는 명령을 받았습니다. 모건힐 교육청 소속 학교들은 게이 학생들에 대한 괴롭힘을 없애기 위해 교사와 직원들을 대상으로 훈련 프로그램도 시행했습니다. 이 판결은 학교가 반 게이 행위나 괴롭힘을 인지하면 이를 막기 위해 유의미한 조치를 취해야 한다는 연방 법원의 판례가 되었습니다.

제이미 나보즈니

제이미 나보즈니Jamie Nabozny는 미국 위스콘신주 애슐랜드에 있는 고등학교에 다니다가 끔찍한 폭행과 괴롭힘 때문에 학교를 그만둘 수밖에 없었습니다. 제이미는 교육청을 상대로 소송했고, 1996년 연방 법원은 학교가 제이미에게 안전한 학습 환경을 제공하지 못했다고 제이미에게 유리한 판결을 내렸습니다. 결국 학교는 약 100만 달러의 합의금 지불에 동의했습니다. 반 게이 행동을 일부러 모른 척하는 학교에 책임을 묻는 이 기념비적인 판결은 비슷한 사건들의 선례가 되었고 많은 학교가 각자의 방침을 살펴보게 했습니다. 제이미의 이야기는 〈괴롭힘 당하다Bullied〉라는 다큐멘터리에서도 볼 수 있습니다(www.tolerance.org/bullied).

애슈턴 휘터커

2016년에 애슈턴 휘터커Ashton Whitaker의 가족은 위스콘신주 케노샤 통합교육청을 고소했습니다. 트랜스젠더인 애슈턴이 출생증명서에 '여성'으로 기록되어 있다는 이유로, 재학 중이던 조지 넬슨 트렘퍼 고등학교에서 남자 화장실을 사용하지 못하게 했기 때문입니다. 위스콘신 지방법원은 애슈턴에게 여자 화장실을 사용하도록 강요하는 것은 그에게 '되돌릴 수 없는 상처'를 입히는 것이기에 남자 화장실 사용을 허락해야 한다고 판결했습니다. 2017년에 항소법원은 1972년에 통과된 교육평등법안의 '타이틀 나인'을 인용하며 이 판결을 확정했습니다. 타이틀 나인은 연방정부의 재정 지원을 받는 학교와 교육기관에서 성차별을 금지하는 법안입니다.

노스퍼트넘 고등학교 학생들

2015년 인디애나주 로즈데일에 있는 노스퍼트넘 고등학교 학생들은 교내 동아리로 GSA를 만들려고 했으나 학교 이사회의 반대에 부딪혔습니다. 동아리 설립을 이사회가 투표로 승인하는 규정이 없음에도 불구하고 결국 동아리 설립은 이사회 투표로 좌절되었습니다. 미국인권옹호협회^{ACLU}에서 소송을 제기했고 학교 이사회는 결정을 번복해 GSA 동아리 설립을 허용했습니다.

미국인권옹호협회에 따르면 1996년 이후 법원은 퀴어 학생들에 대한 괴롭힘을 인지하고도 적절한 조치를 취하지 않은 학교들에 수백만 달러의 피해 보상을 하도록 판결을 내려왔습니다. 소송이 모든 상황에서 최선의 해결책은 아니지만 하나의 선택지가 될 수 있습니다. 닉 가라폴라처럼 법정에 가지 않고도 변화를 만들 수 있습니다. 그러나 판결 사례들 덕분에 학교들은 점점 더 LGBTQ 학생들을 괴롭힘으로부터 보호하는 방향으로 나아가고 있습니다.

선생님과 학교에 적극적으로 내 생각 말하기

교사, 행정직원, 학교 관계자들은 훌륭한 조력자가 될 수 있지만 가장 큰 골칫거리가 될 수도 있습니다. 어떤 학생들에게는 다른 학생들의 왕따와 괴롭힘보다 학교 교직원들의 편견을 이겨내는 일이 더 힘들 수 있습니다. 모든 사람의 평등을 위해 일하는 국제조직인 국제

인권감시기구에 따르면 많은 학생이 친구들의 말이나 행동보다 교사의 차별에 더 기가 죽고 대처하기 어렵다고 진술했습니다.

일부 학교 관계자와 교사 중에는 LGBTQ에 거부감을 드러내는 발언으로 십대를 괴롭히기도 하고, 학생들이나 학교 안 다른 사람들이 괴롭히는 것을 묵인하기도 합니다. LGBTQ 학생들이 자신을 드러내고 다니기 때문에 괴롭힘을 당한다고 말하는 교직원도 있습니다. 그것이 어떤 형태든 교직원의 부당한 대우는 용납될 수 없습니다. 학교가 모든 사람에게 더욱 안전한 곳이 되도록 여러분이 적극적인 행동을 취할 수 있습니다.

교사 또는 학교 관계자의 차별에 맞서는 법

다음은 교사 또는 행정직원의 괴롭힘과 차별에 맞서는 방법 몇 가지입니다.

해당 직원이나 선생님을 찾아가기

그들의 말이나 행동 때문에 어떤 감정을 느끼는지 이야기합니다. 어른들이 괴롭힘을 묵인하거나 심지어 가담하면 학생들에게 그래도 괜찮다는 잘못된 메시지를 준다는 사실을 설명합니다. 말할 때 침착하고 이성적인 태도를 유지하세요. 그러기 어려울 수 있지만 그렇게 하는 것이 여러분의 생각을 더 효과적으로 전달하는 데 도움이 됩니다(136쪽 비폭력대화 부분을 참조하세요).

부모님, 보호자 또는 다른 어른에게 말하기

괴롭힘에 맞설 때 부모님이나 보호자가 큰 도움을 주는 지원군이 될 수 있습니다. 특히 괴롭히는 사람이 어른일 때는 더욱 그렇습니다. 여러분이 어른을 상대하기에는 겁날 수 있으니 믿을 수 있는 어른이 곁에 있다면 좋을 것입니다.

학교에 말하기

LGBTQ에 대한 편견으로 여러분을 괴롭히는 사람이 선생님이거나 다른 직원이라면 교장 선생님 혹은 교감 선생님 같은 책임자에게 보고하세요. 그런 태도를 보이는 사람이 높은 행정직에 있다면 학교 이사회나 교육감을 찾아갈 수 있습니다. 그렇게 높은 단계까지 갈 때는 특히 어른, 부모님이나 변호사나 LGBTQ 조직에서 일하는 분과 함께하는 것이 도움이 됩니다.

학교를 내 편으로 만드는 법

많은 선생님과 교직원이 퀴어 학생들을 왕따와 괴롭힘으로부터 지켜주려고 합니다. LGBTQ를 비하하는 말을 듣거나 물리적 괴롭힘을 보면 나서주는 분들도 있습니다. 여러분 학교에 GSA가 있다면 지도 교사가 든든한 옹호자가 될 수 있습니다. 학교에서 퀴어 학생들에게 도움을 주고 싶어 하는 학교 관계자들을 모아보세요.

십대 LGBTQ를 위한 법률 자료

워싱턴D.C.에 있는 LGBT 신문 〈워싱턴 블레이드^{Washington Blade}〉의 전

편집장 리사 킨Lisa Keen은 《법 밖에서: LGBT 청소년이 알아야 할 법적 권리Out Law: What LGBT Youth Should Know About Their Legal Rights》에서 LGBTQ 청소년들이 학교에서 겪는 문제들을 포함해 LGBTQ와 관련된 법적 이슈를 살펴본다. 법이 계속 바뀌긴 하지만 이 책은 십대 LGBTQ들과 지지자들에게 힘을 줄 수 있는 훌륭한 자료가 될 수 있다. 이 책은 구체적이고 획기적인 판결들을 구체적으로 논의할 뿐 아니라 법이 어떻게 해석되는지, 주정부 법과 연방정부 법의 차이가 무엇인지 등 법률 제도가 어떻게 작동하는지를 설명한다.

커밍아웃과 마찬가지로 교내 괴롭힘에 대해 조치를 취할 때도 준비가 필요합니다. 정보를 확실히 알고 여러분에게 무슨 자원이 있는지 파악하면서 긍정적이고 확고한 마음을 갖는 것이 중요합니다.

1 학교에서 여러분의 권리가 무엇인지 정확히 알기 위해 GLSEN, 미국인권옹호협회, 람다 법률회사, 남부빈곤법센터Southern Poverty Law Center 등에 문의합니다.

2 다른 학교에서는 교사나 학교 행정부와의 대립에서 어떻게 이겼는지 사례를 연구합니다. 이메일이나 SNS를 통해 이들과 연대를 맺을 수도 있습니다.

3 구체적이고 자세한 메모, 증인, 사례들을 준비하세요. 소송을 하지 않더라도 여러분의 상황을 하나의 사건으로 생각하는 것이 도움이 됩니다(나중에 소송으로 갈 수도 있습니다). 철저하게 정리하고 준비함으로써 여러분이 얼마나 진지한지를 보여줄 수 있습니다.

4 침착하고 이성적인 태도를 유지합니다. 너무 감정이 앞서면 학교 관계자

들은 여러분이 과잉반응한다고 일축할 수 있습니다.

5 일을 단순하게 처리하세요. 자신의 문제를 되도록 짧게 말하고, 사실 제시에 집중합니다. 다른 사람이 묻지 않는 한 개인적인 의견은 말하지 않도록 합니다. 대신 사건의 사실적 정보만 제공합니다.

6. 경청합니다. 모든 이야기에는 양면이 있습니다. 가해자가 자기 쪽 이야기를 하는 것을 듣기가 힘들겠지만 침착하고 이성적인 태도가 여러분의 성숙도와 문제에 대한 진지함을 보여준다는 사실을 기억하세요.

변호사를 찾아가기 전에 학교 관계자가 해당 문제에 조처할 기회를 주는 것이 좋습니다. 그러면 많은 경우에 법정 소송은 피할 수 있습니다. 하지만 학교가 행동을 취하지 않거나, 신속하게 대처하지 않거나, 대처가 충분하지 않다면 법적 행동이 필요할 수 있습니다. 사이버 폭력을 포함한 괴롭힘에 어떻게 대처할 것인지에 대한 정보는 3장의 142쪽에 있습니다.

> "나를 가르친 수학 선생님이 레즈비언이라는 것을 알게 되었고, 내가 졸업한 후에 우리는 친구가 되었다."
>
> _제니퍼, 18세

퀴어 친화적인 동아리 만들기

게이-이성애자 연대GSA는 모든 학생이 환영을 받는 안전한 학교 환경을 조성하기 위해 노력하는 학생 주도 모임입니다. GSA는 언론에 많이 오르내렸습니다. 어떤 교육청에서는 이 동아리가 생기는 것을 막으려 한 적도 있지만 학교에 GSA를 설립하는 것은 법으로 보호받는 여러분의 권리입니다. 여기에는 두 가지 법이 적용되는데 언론·집회의 자유를 보장하는 미 헌법 수정 제1조First Amendment와 교육 목적이 아닌 모든 학생 주도 모임에 연방 자금을 평등하게 지원하는 연방평등접근법Equal Access Act입니다. 미국 전역에서 학생들이 GSA를 설립할 수 있는 권리를 찾고 수호하려고 싸우고 있습니다.

GSA가 궁금한 학생들을 위한 질문과 답변

다음은 GSA에 관한 일반적 질문과 답변들을 모은 것입니다. 더 자세한 정보는 GLSEN 홈페이지(www.glsen.org)와 GSA 네트워크 홈페이지(www.gsanetwork.org)를 찾아보세요.

누가 GSA에 참여하나요?

LGBTQ인 사람들과 그들의 가족 그리고 친구를 괴롭히거나 차별하는 게 부당하다고 생각하는 사람, 이런 문제에 대해 더 알고 싶은 사람이면 누구나 참여할 수 있습니다.

GSA는 몇 개나 있나요?

GSA는 미국 전역의 공립, 사립, 종교 단체 고등학교와 중학교에 다양한 규모로 존재합니다. GLSEN에 따르면 미국 전역에 4,000개 이상의 GSA가 있다고 합니다. 그리고 〈2015년 미국 학교 환경 조사〉에 따르면 54퍼센트의 학생들이 학교에 GSA 또는 이와 비슷한 동아리가 있다고 답했습니다.

GSA에서 섹스에 관해 이야기를 나누나요?

그건 GSA의 목적이 아닙니다. 다른 동아리와 마찬가지 모임이며 토론의 주제는 성역할이나 퀴어가 무엇인지부터 학교를 성소수자 학생들에게 안전한 공간으로 만들기 위한 프로젝트까지 다양합니다. GLSEN은 많은 GSA가 참여하는 이벤트를 지원합니다. 이런 이벤트에는 '동지들 주간', '트랜스액션', '양성애 인식 주간', '커밍아웃의 날', '간성 인식 주간', '트랜스젠더 기억의 날', '침묵의 날' 등이 있습니다(더 많은 정보는 www.glsen.org 를 방문해보세요).

> "나는 친구와 함께 우리 학교에 GSA를 만들기로 했다. 먼저 우리는 교장 선생님에게 정중하게 편지를 쓰고 면담을 했다. 그런 다음에는 지도교사를 해주실 선생님을 찾고, 모임 장소와 시간을 결정하고, 동아리 이름을 지었다. 그 과정은 힘든 싸움이었고 교장 선생님을 여러 번 직접 만나야 했다. 하지만 GSA를 만든 후 전국 '커밍아웃의 날'과 '침묵의 날' 이벤트 주최 등 좋은 일도 많이 할 수 있었다. 논란이 많은 동아리였지만 확실히 사람들의 의식을 높이는 데 기여했다."
>
> _에이리언, 19세

직접 GSA를 만들고자 한다면

여러분의 학교에 GSA를 설립하는 데 관심이 있나요? GSA를 만드는 일을 진행하기 위한 기본 단계는 다음과 같습니다.

1 학교의 지침을 찾고 그것을 따릅니다

GSA 설립은 학교에서 다른 동아리를 만들 때와 같습니다. 새로 동아리를 만들 때 적용되는 학교 규정이 무엇인지 학교 편람을 찾아보세요. 예를 들면 '동아리 활동 목적을 적어내야 한다' 등 지침이나 따라야 하는 과정을 알 수 있습니다.

2 지도교사 선생님을 찾습니다

LGBTQ 이슈를 이해하고 있거나 지지를 보였던 선생님 또는 교직원을 생각해봅니다. 누가 동아리 지도교사가 될 수 있는지 그 자격에 대해 여러분 학교만의 지침이 있을 수도 있습니다.

3 관심 있는 다른 학생들을 찾습니다

GSA는 LGBTQ와 이성애자·시스젠더 학생 모두를 위한 모임입니다. LGBTQ 차별이 잘못된 것이라 느끼는 이성애자·시스젠더 학생이 열정적이고 소신 있는 GSA 회원이 되는 경우가 자주 있습니다. GSA 회원의 성향이 다양할수록 모임이 더 잘되고 힘이 커질 수 있습니다.

4 학교에 이야기합니다

학교 관계자들에게 여러분이 무엇을 하고 있는지 말하고 지원을 받도록 합니다. 그들이 우호적이라면 GSA가 학생, 교사, 커뮤니티에 잘 받아들여지도록 도움을 줄 수 있습니다. 만약 모임의 설립을 반대한다면 동아리를 설립할 수 있는 여러분의 권리를 침착하고 정중하게 알려줍니다.

5 모임 장소를 선택합니다

사람들이 쉽게 올 수 있으나 너무 번잡하지 않은 교내 공간을 선택합니다. 교실, 지도교사의 사무실, 회의실 등이 될 수 있습니다.

6 홍보를 합니다

포스터, 전단지, 소셜 미디어, 입소문, 학교 웹사이트 또는 생각나는 모든 방법으로 사람들에게 알립니다. 전단지, 포스터를 찢거나 낙서를 하는 사람들이 있을지 모르지만 그렇다고 의욕을 잃지 마세요. 또다시 붙일 수 있도록 포스터는 여유 있게 준비합니다.

7 모임 의제를 미리 정합니다

첫 모임에서 무엇을 하고 싶은지 생각해서 미리 계획을 세웁니다. 토론하고 서로 자기소개를 하는 시간을 가질 수도 있고 외부 연사를 부르거나 워크숍을 계획할 수도 있습니다. GSA를 지원하는 조직들의 웹사이트에서 모임에 대한 아이디어를 얻어보세요.

공식 판결

미국 연방 지방법원의 데이비드 카터 판사David O. Carter는 2000년 GSA에 대해 기념비적인 판결을 내렸다. 판결문에서 그는 "학교 이사회가 학교 시설을 수업과 무관한 단체에 개방한다면 모든 학생 단체에 시설을 개방해야 한다"라고 명시했다.
www.glsen.org, www.gsanetwork.org, www.aclu.org를 방문하면 법적 권리와 GSA에 대해 더 많은 정보를 얻을 수 있다.

8 모임을 엽니다

첫 모임에서는 각자 자기소개를 한 뒤 이 동아리가 학교에 필요한 이유를 논의합니다. 그런 다음 동아리의 전체적인 목표를 계획하며 1년 동안 진행할 프로젝트에 대한 의견을 나누는 것이 좋습니다.

또한 회원들 중에서 회장, 부회장, 회계, 그 밖의 임원 등을 선출해 동아리 지도부를 구성할 수 있습니다.

9 기본 규칙을 정합니다

모임에서 이뤄지는 토론이 안전하고, 비밀이 보장되며, 서로 존중하는 분위기가 되도록 첫 모임에서 규칙을 함께 정합니다. 모든 사람의 관점을 환영하고 존중한다는 것을 회원들에게 알립니다.

10 미래를 계획합니다

GSA를 통해 무엇을 성취하고 싶은지 몇 개월 앞이 아닌 장기적인 목표를 세우도록 합니다.

이상의 정보는 《GSA 또는 유사 동아리의 설립과 활성화를 위한 GLSEN 점프스타트 안내서The GLSEN Jump-Start Guide to Building and Activating Your GSA or Similar Student Club》에서 발췌해 수정한 것입니다. www.glsen. org에 들어가면 자세한 내용을 볼 수 있습니다.

GSA의 탄생

GSA를 처음 만든 사람이 이성애자·시스젠더 학생이라는 것을 아는가? 1988년 매사추세츠주 콩코드에 있는 콩코드 아카데미를 다니던 한 학생이 퀴어를 대상으로 하는 괴롭힘과 왕따에 대해 학생들을 교육할 수 있는 무언가를 하고 싶었다. 그 학생은 역사 선생님이었던 케빈 제닝스Kevin Jennings(나중에 GLSEN의 설립자가 됨)를 찾아가 새로운 학교 동아리 설립에 대한 생각을 나눴다. 그리고 얼마 후 제닝스는 최초의 GSA 지도교사가 되었다.

더 이상 학교에 다닐 수 없을 때 선택들

불행한 일이지만 학교 관계자들이 괴롭힘과 왕따 문제에 대처하지 않아서 일부 십대 퀴어들은 전학을 갈 수밖에 없는 경우도 있습니다. 이들 관계자는 부당한 처우를 못 본 척하거나 심지어 거들기도 합니다.

새로운 학교로 전학가기

교사, 행정직원, 교장, 학교 이사회, 전국적 규모의 LGBTQ 단체 사람들에게 말하기 등 괴롭힘을 끝내기 위한 모든 방법을 시도했으나 효과가 없다면, 혹은 심각하게 위험한 상황이라고 느낀다면 이제는 전학이 필요한 때일 수 있습니다. 부모님이나 보호자에게 왜 여러분이 전학하고 싶은지에 대해 말씀드리세요.

새로운 학교에 간다고 해서 괴롭힘과 왕따가 끝난다는 보장은 없습니다. 이전 학교에서 겪었던 비슷한 문제들을 또 마주할 수 있습니다. 부모님이나 보호자가 앞으로 전학 가려는 학교 교직원들을 만나 LGBTQ 괴롭힘 이슈에 관한 그들의 입장이 무엇인지 미리 알아보는 것이 좋습니다. 그들의 태도가 지금 다니는 학교보다 나을 게 없거나 더 부정적이라면 다른 선택지를 찾는 게 현명합니다.

전국 규모의 LGBTQ 단체 혹은 인권단체로부터 법률 지원을 받는 것을 고려해보세요. 홈스쿨링이나 지역 커뮤니티 대학에서 검정고시를 위한 공부를 할 수도 있습니다. 뉴욕, LA, 애틀랜타, 밀워키를 포함한 몇 개의 미국 대도시에는 특별히 퀴어 학생들만을 위한 학교도 있습니다.

학업을 꾸준히 이어가기

어떻게든 교육은 계속 받아야 합니다. 십대 LGBTQ들은 이성애자·시스젠더 동료들보다 결석률과 중퇴하는 비율이 높습니다. 〈2015년 미국 학교 환경 조사〉에 따르면 학교에서 위험을 느끼거나 불편해서 설문조사 바로 전 달에 하루 결석한 학생이 약 32퍼센트, 4일 이상 결석한 학생이 10퍼센트였습니다. 또한 괴롭힘을 경험한 퀴어 학생은 이성애자·시스젠더 학생보다 종종 성적이 낮고 전반적으로 학교생활에서 겉도는 경우가 많으며, 고등학교 이후 학업을 계속할 계획이나 고등학교를 마칠 생각조차도 없다고 응답했습니다.

교육은 믿기 힘들 정도로 중요합니다. 당시에는 자퇴가 좋은 해결책처럼 보이더라도 그 때문에 많은 기회를 잃을 수 있습니다. 무지한 사람들 때문에 여러분의 미래를 빼앗기면 안 됩니다. 전학, 홈스쿨링, 검정고시, 온라인 수업 혹은 대학에 조기 입학하는 방법을 찾아보세요. 교육은 여러분이 원하고 누릴 자격이 있는 삶으로 가는 승차권입니다.

> "6개월간 고문과 같은 괴롭힘을 당한 후 결국 자퇴를 했다. 매일 반복되는 괴롭힘 때문에 자살까지 생각했다. 지금은 홈스쿨링을 하고 있다. 그러나 내가 게이라는 사실은 내 삶에 문을 열어주었다. 가끔 내가 이성애자였으면 어땠을까를 생각하는데, 아무래도 지금처럼 행복할 것 같진 않다. 지금 내 모습 이외에 왜 다른 사람이 되고 싶겠는가?"
>
> _로버트, 15세

6장 나와 같은 LGBTQ 친구를 만나다

우리는 '가족'이다

LGBTQ도 정상이고 퀴어들이 이성애자·시스젠더와 다르지 않다면 LGBTQ 친구가 있다는 것이 왜 문제가 될까요? 여러분이 커밍아웃했고 이성애자·시스젠더 친구가 있다면 잘된 일입니다. 가족이나 친척들이 여러분을 지지하면 그 또한 좋습니다. 그와 동시에 퀴어가 무엇인지 정말 이해하는 사람을 알면 도움이 됩니다. 일부 LGBTQ들은 다른 퀴어들과 함께 시간을 보내본 뒤에야 진정으로 친구 집단의 일원이라는 느낌을 갖기도 합니다.

많은 십대에게 가장 영향력 있는 역할 모델은 가족입니다. 하지만 대부분의 경우 LGBTQ 청소년들은 그냥 엄마나 아빠, 삼촌이나 이모처럼 될 수 없습니다. 아마도

"고등학교에 다니는 동안 LGBTQ의 상담과 친목을 목적으로 하는 단체에서 활동했다. 나는 그 활동이 무척 좋았고 덕분에 나 자신을 더 편하게 느끼게 되었다. 단체의 다른 아이들은 모두 다른 학교 학생이었는데 우리만의 작은 커뮤니티가 만들어진 것 같아 기분이 좋았다. 매주 우리는 모임 후에 함께 밥을 먹었다. 정말 재미있었다."

_발렌시아, 19세

"사적인 클럽에 있는 듯한 느낌이다. 마치 다른 사람은 이해하지 못하는 농담을 이해하는 사람을 만나면 그 순간 언어를 뛰어넘는 연결 고리를 느끼고, 그 느낌이 상대와 나 공동의 경험이 되는 것과 같다."

_월트, 20세

이들은 대부분 이성애자·시스젠더일 것이기 때문입니다. 많은 십대 퀴어가 인생의 어떤 측면에 대해 진심으로 동일시할 수 있는 역할 모델이나 친구 없이 성장합니다. 따라서 퀴어인 친구가 있다면 자신의 성적 지향 혹은 성정체성을 더 편하게 느낄 수 있습니다.

공동체 의식을 배우는 LGBTQ 커뮤니티

LGBTQ여서 좋은 점 하나는 다른 퀴어들과 함께 느끼는 공동체 의식입니다. 실제로 일부 LGBTQ들은 '가족'이라는 단어로 서로를 표현합니다. 예를 들면 "히로라는 애, 알지? 화학 수업 같이 듣는 애. 걔는 가족이야"처럼 말입니다. 자동차에 '가족' 또는 '가족 자동차'라고 쓴 스티커를 붙이고 다니는 사람들도 있습니다.

그러나 모든 가족이 그런 것처럼 우리도 사이가 항상 좋은 것은 아닙니다. LGBTQ라고 모두 좋아하는 것도 아니고, 때로는 서로를 견딜 수 없어 합니다. 큰 집단의 일부지만 우리는 각자의 성격과 서사를 지닌 개인입니다. LGBTQ라는 것이 매우 중요한 공통점이지만 그것만 공통점일 수도 있습니다.

처음에는 LGBTQ 커뮤니티가 두려울 수 있습니다. 내가 정말 뼛속까지 퀴어인지, 어쩌면 LGBTQ 규칙을 어기는 건 아닐지 걱정할지도 모릅니다. 하지만 LGBTQ 커뮤니티는 인간의 모습만큼 다양하다는 걸 곧 발견할 겁니다. 그 다양성이 우리의 강점입니다. 여러분이 관종, 짱, 공부벌레, 페미니스트, 여자 같은 남자 혹은 남자 같은 여자, 천생 여자, 천생 남자, 트랜스젠더 남자, 촌뜨기, 세련된 힙스터, 중성적 성격, 힙합 추종자, 히피 또는 이 어느 것에도 속하지 않더라도 여러분 그대로의 모습을 위한 자리가 있습니다.

'도로시의 친구'를 알아보는 법

옛날부터 퀴어들은 서로를 알아보는 꽤 창의적이고 비밀스러운 방법을 만들어왔습니다. 과거에는 게이인 남자가 다른 남자에게 다가가서 "혹시 도로시의 친구인가요?"라고 물었습니다. 상대방이 "네, 그렇습니다"라고 답하면 그 사람도 게이라는 의미였습니다. 《오즈의 마법사》의 주인공 도로시를 차용한 이 표현은 LGBTQ들이 은밀하게 서로를 확인하는 한 가지 방법이었습니다. 만약 '도로시의 친구'라는 문구가 있는 오래된 티셔츠를 우연히 본다면 이제는 그것이 무슨 뜻인지 알겠지요?

게이더를 작동시켜라

'게이더'가 사전에 있는 말이라는 것을 알고 있는가? 게이더는 '게이 레이더'의 줄임말이다. 메리엄-웹스터 사전은 게이더를 "관찰과 통찰을 통해 동성애자를 알아보는 능력"이라고 정의한다. 게이더란 것이 실제로 존재할까? 게이더를 확신하는 사람들도 있지만 전혀 감을 잡지 못하는 사람도 있다.

십대 LGBTQ들을 만날 수 있는 좋은 장소들

여러분이 게이더를 믿든, 믿지 않든 다른 십대 퀴어들을 만나려면 그들이 자주 가는 곳에 가야 합니다. 다른 퀴어들을 만날 수 있는 커뮤니티와 장소들을 소개합니다.

퀴어 커뮤니티 센터와 단체들

LGBTQ 단체들은 '무비 나이트' 같은 친목 모임부터 상담 프로그램이나 숙제 도우미까지 다양한 프로그램을 지원합니다. 이런 단체들은 지역 전화번호에 등록되어 있거나 인터넷에서 여러분이 사는 도시 이름을 입력하고 '게이 커뮤니티 센터'라고 검색하면 찾을 수 있습니다.

> "우리 학교에는 트랜스젠더인 학생이 몇 명 더 있고 젠더와 성적 지향 측면에서 다양한 범위의 사람들이 많다. 나는 인스타그램이나 텀블러 같은 소셜 미디어를 통해서도 다른 LGBTQ+ 사람들과 교류한다."
>
> _제이슨, 16세

LGBTQ 전문 서점

서점에서 열리는 LGBTQ 관련 낭독회에 가거나 그냥 LGBTQ 전문 서점에 들러 가볍게 잡지들을 훑어보세요. 다른 젊은이들과 우연히 마주칠 수 있습니다. 가까운 곳에 LGBTQ 전문 서점이 없다면 지역 서점에 퀴어 섹션이 있을 수 있습니다. 또한 많은 지역 도서관들이 LGBTQ들을 위해 이벤트와 서비스를 제공합니다.

책 속에서 내 정체성 찾기

실제 생활에서 다른 LGBTQ와 교류하는 것이 중요한 만큼 책 속에 표현된 나를 보는 것 또한 즐거운 일입니다. 실제 인물이든, 허구의 인물이든 나와 같거나 비슷한 경험을 한 사람에 대해 읽으면 내가 '정상'이라고 느끼게 됩니다. 작가이자 블로거인 리 윈드Lee Wind는 LGBTQ 인물과 주제가 등장하는 서적 목록을 만들고 서평을 실은 웹사이트(www.leewind.org)로 상을 받았습니다.

국내 정보

● **퀴어페미니스트 책방 '꼴'**은 언니네트워크에서 운영하는 서점이다. 이론서부터 시, 소설까지 다양한 분야의 퀴어 및 페미니즘 서적을 만나볼 수 있고 북토크 같은 행사도 열린다.

SNS	instagram.com/ccol
위치	서울특별시 마포구 월드컵북로5나길 18 1층 112호

LGBTQ 젊은이들과 학생들이 좋아하는 카페나 장소들

여러분이 사는 도시에 게이들이 모이는 동네가 있다면 그들이 자주 가는 카페나 모임 장소들이 있을 겁니다. 그런 곳들은 여러분이 너무 애쓰지 않아도 LGBTQ 커뮤니티에 자연스럽게 들어갈 수 있는 좋은 방법입니다.

퀴어 캠프

십대 LGBTQ와 가족들을 위한 캠프가 있는 것을 아는가? 실제로 이런 캠프가 많이 있다. www.transstudent.org/camps를 방문하면 캠프 목록을 확인할 수 있다.

미성년자 출입이 가능한 클럽

모든 클럽이 21세 이상 성인을 대상으로 하지는 않습니다. 십대들도 라이브 공연을 보거나 게임을 하고, 그저 친구들과 즐길 수 있는 클럽들이 있는 도시도 많습니다. 이런 곳을 가면 여러분과 비슷한 나이의 LGBTQ들을 만날 기회가 많습니다.

클럽에 가는 십대 LGBTQ들

다른 LGBTQ들을 만나거나 어울리고 싶은 마음에 21세 이상 성인 퀴어 클럽이나 술집에 몰래 들어가는 젊은이들이 있다. 그러나 이는 불법일 뿐 아니라 다른 문제들의 원인이 될 수 있다. 단지 친구를 찾고 싶어 갔지만 술, 마약, 흡연 등 청소년으로서 아직 준비되지 않은 상황에 놓일 위험이 많다. 더구나 안타깝게도 클럽에 온 십대 LGBTQ를 이용하려는 나쁜 어른도 있다. 경찰에 체포될 수도 있는 일에 연루되어 인생의 난관을 겪고 싶지는 않을 것이다. 십대를 대상으로 하는 활동과 장소에 머무는 것이 현명하며 여러분 나이의 사람들을 만나는 것이 가장 좋은 방법이다.

모임에서 LGBTQ를 알아보는 법

LGBTQ가 아닌 사람들의 모임에서 누군가를 만났다면 그가 퀴어인지 아닌지 알기 어렵습니다. 여러분의 '게이더'가 마구 신호를 보내더라도 섣부른 가정은 하지 마세요. 누군가가 LGBTQ인지 알고 싶을 때는 보통 티가 나지 않게 하는 게 제일 좋습니다. 여러분이 퀴어임을 드러내고 있다고 해도 누군가에게 다짜고짜 "당신, 퀴어 맞지요?"라고 묻는다면 주변 사람들이 좋게 보지 않을 겁니다.

다음은 누군가가 여러분에게 신호를 보낸 것인지 아닌지를 알아내는 티 안 나는 전략들입니다.

- 대화를 시작하고 퀴어 인물이 주인공인 TV나 영화를 언급합니다. 어쩌면 상대방이 눈치채고 신호를 줄지 모릅니다.
- 서점이나 도서관이라면 퀴어를 주제로 한 책을 한 권 집어 그 사람에게 이 책에 대해 들어본 적

"이성애자 친구들도 좋지만 다른 십대 게이들과의 만남은 큰 안도감을 주었다. 내 말이 무슨 소리인지, 커밍아웃하는 것이 어떤 의미인지 완전히 이해하는 사람이 있다는 것은 기분 좋은 일이다."

_엘리자베스, 17세

이 있는지 물어보세요. 그다지 티 안 나는 방법은 아니지만 여러분이 원하는 정보를 얻는 데 도움이 될 것입니다.

- 직설법을 좋아한다면 가서 물어보세요. 그렇지만 큰 소리로 "당신, 퀴어 맞아요?"라고 묻지는 마세요. 먼저 대화를 시작한 뒤 원하는 정보에 접근하세요. 누군가가 여러분에게 다가와 성적 지향이나 성정체성이 뭐냐고 묻는다고 상상해보세요. 만약 그 사람이 이성애자라면 여러분의 질문을 기분 나빠할 수 있습니다. 각종 반응에 대비하세요. 부정적인 반응은 상대방의 문제이지, 여러분의 잘못이 아니라는 사실도 유념하세요.

온라인 커뮤니티에서 LGBTQ 친구 찾기

인터넷은 타인과 만나고 이야기를 나누기 좋은 곳입니다. 여러분이 인터넷 서핑의 고수든, 초보자든 온라인에서 다른 사람을 찾는 건 쉽습니다. 많은 웹사이트가 미리 정해진 채팅 시간 갖기, 강사 초빙, 화상 세미나, 게시판, 블로그 등을 지원합니다. 여러분의 개인 이메일 주소를 가질 수 있는 웹사이트도 있습니다. 다른 십대 LGBTQ와 채

> "나는 온라인에서 커밍아웃했다. 많은 사람이 있는 채팅방이었다. 한 사람씩 상대하거나 직접 만나서 알리는 것보다 그게 훨씬 쉬웠다."
>
> _파테마, 19세

팅하거나 질문이나 대화 주제를 올릴 수 있고 상담사와 이야기를 나눌 수도 있습니다.

온라인에는 너무나 많은 콘텐츠가 있어서 여러분이 원하는 것을 찾기까지 시행착오를 겪을 수 있습니다. 여러 사이트를 둘러본 후에야 여러분이 자세히 들여다보고 싶은 한두 개의 사이트를 찾을 수 있을지도 모릅니다.

온라인 커뮤니티를 찾을 때 주의할 점

콘텐츠나 웹사이트의 다양성 면에서 인터넷 세계는 기하급수적으로 성장했습니다. 그러나 안타깝게도 인터넷을 이용해 LGBTQ를 괴롭힐 수 있는 가능성도 커졌습니다. 다음은 웹사이트들을 방문할 때 고려할 사항들입니다.

웹사이트의 후원자가 누구인가요?

사이트에 숨은 의도가 있지는 않은지 살펴야 합니다. 그중 하나는 무언가를 판매하려는 곳입니다. 퀴어 청년들이 관심을 가진 사이트를 찾기 위해 검색엔진을 사용하면 많은 경우 소개팅 사이트나 네트워킹 사이트의 서비스 구독을 소개합니다. 일부는 도움을 제공하는 사이트로 가장하지만 실제로는 종교 단체나 LGBTQ 들을 '전향'시키려는 조직의 후원을 받는 곳입니다.

조언하는 사람이 누구인가요?

여러분과 소통하는 사람이 누구인지, 거기서 제공하는 정보가 얼마나 정확한지 알 수 없는 사이트도 있습니다. 심각한 질문들은 상담사와 전문가가 정보를 제공하는 사이트에서 묻는 것이 좋습니다.

여러분에 대해 어떤 정보를 요구하나요?

일부 사이트는 이용 전에 회원가입을 하라고 합니다. 아이디와 비밀번호 이상의 정보를 요구하는 사이트는 조심하세요. 절대로 집 주소나 전화번호를 주면 안 됩니다.

누구와 대화하고 있나요?

온라인에서는 소통하는 상대는 누구인지 확신할 수 없습니다. 따라서 무슨 말을 할지 조심해서 말을 하세요. 전화번호나 어디에 사는지 등 개인 정보는 주면 안 됩니다. 주의하지 않으면 대화 중 개인적인 정보를 주기 쉽습니다. 예를 들어 "내 동생 세라가 여기 리틀 크릭에 있었던 큰 태풍 때문에 무서워했어"라는 간단한 문장이 여러분이 사는 곳과 동생이 있다는 사실 그리고 동생 이름까지 알려줍니다. 아무것도 아닌 것처럼 보이지만 나쁜 의도로 접근한 사람은 그런 정보를 노리고 있을지도 모릅니다.

온라인에서 알게 된 사람을 실제로 직접 만나는 것은 매우 위험합니다. 새로 사귄 친구가 온라인에서 만난 그대로의 사람일 수 있지만 그렇지 않을 수도 있습니다. 온라인에서 알게 된 사람은 성인 가족이나 다른 믿을 만한 어른이 동행할 때 만나야 합니다. 그 어른이 꼭 여러분 옆에 붙어 있을 필요는 없고, 이상한 점이 없다고 판단될 때까지 주변에서 기다려주면 좋습니다. 최소한 친구에게라도 여러분이 어디를 가고 누구를 만나는지 문자를 보내고, 조금 시간이 지난 후 모든 것이 괜찮은지 확인을 한번 해달라고 부탁하세요.

온라인에서 사진을 보내라고 요구하는 사람은 반드시 경계해야합니다. 노출이 심한 사진은 절대 보내면 안 됩니다. 안전하지도, 현명하지도 않은 행동입니다. 그 사진이 어디로 흘러갈지 알 수 없고 사진을 받은 상대방은 결코 혼자 보지 않을 겁니다. 한번 사진이 퍼지면 돌이킬 방법이 없습니다. 성적인 내용의 이메일이나 노골적인 이메일, 문자도 마찬가지입니다. 당시에는 그저 재미로 느낄 수 있지만 그런 문자는 쉽게 저장되고 사람들에게 전달될 수 있습니다. 그리고 실제로 그런 일이 자주 발생합니다. 스냅챗에서 상대방 모르게 스크린숏을 해서 저장할 수 있는 앱까지 있습니다.

십대 LGBTQ를 만날 수 있는 온라인 사이트

트레버스페이스(www.trevorspace.org): 13~24세 LGBTQ 청년들이 어울릴 수 있는 온라인 커뮤니티다. 이 사이트가 다른 온라인 소셜 미디어와 다른 점은 트레버 프로젝트의 일원인 어른들이 이 사이트를 모니터한다는 점이다. 따라서 십대 퀴어들에게 안전한 사이트다.

GLSEN(www.glsen.org): 이 사이트는 적극적인 사회운동 사이트이지만 다른 십대들을 사귀기 좋은 곳이기도 하다. 이 사이트를 통해 지역단위 조직이나 GSA에 연결될 수 있고, 다른 퀴어 학생 단체를 소개받을 수도 있다.

온라인 채팅에서 부적절하거나 노골적인 언어 혹은 강압적인 언어를 사용하는 사람은 단칼에 끊어버리세요. 여러분을 불편하게 하거나 존중하지 않는 사람, 여러분을 조종하려는 사람에게 귀중한 시간을 낭비할 필요가 없습니다.

LGBTQ가 아니어도 좋을, LGBTQ 친구를 사귀어라

LGBTQ 친구를 사귀려 할 때 퀴어면 누구라도 다 괜찮은 건 아닙니다. 모든 친구 관계가 그런 것처럼 먼저 자신에게 진실해야 합니다. 그 사람이 LGBTQ가 아니어도 친구가 되고 싶을, 그런 LGBTQ와 친구가 되세요.

어떤 사람이 LGBTQ라는 이유만으로, 마약이나 술 등 여러분에게 해가 될 수 있는 행동을 하자고 유혹하는 사람에게 시간을 낭비하지 마세요. 퀴어도 다른 사람과 마찬가지입니다. 모두가 다릅니다. 여러분 마음에 드는 사람도, 들지 않는 사람도 있을 것입니다. 친구를

"고등학교 3학년 때 나는 남이 아닌 나를 위해 살아야 한다는 사실을 깨달았다. 다른 사람이 아닌 내가 즐거우면 되는 것이었다. 나는 같이 놀고 싶은 사람들과 어울렸고 나머지 사람들은 염려하지 않았다. 내가 하고 싶은 일들을 했고 다른 사람이 동의하든 말든 내 생각을 이야기했다."

_에밀리, 18세

만들고 싶은 마음에 잣대를 낮추지 마세요. 자신이 누구인지 알고 소신을 지키면 건전하지 않은 친구 관계나 활동에 연루되지 않습니다.

이런 복잡한 생각을 하면 마치 처음 등교하는 날 같을 수 있습니다. 그러나 걱정하지 마세요. 아래에 좋은 친구를 사귈 수 있는 다섯 가지 방법을 적었습니다. 여러분을 증명해 보이세요.

1 자신의 신념에 진심이다.
2 자신의 진정한 모습이 자랑스럽다(적어도 그러려고 노력한다).
3 다른 사람의 의견을 존중한다.
4 타인의 말을 경청한다.
5 인생이 어려울 수 있지만 즐길 수 있는 여지도 있음을 안다.

LGBTQ가 아닌 친구도 소중하다

이성애자·시스젠더 친구들도 LGBTQ 친구만큼 소중합니다. 실제로 폭넓고 다양한 사람들과 친구가 되는 게 좋습니다. 다른 관점을 접하면 균형 있고 사려 깊은 사람이 되는 데 도움이 됩니다.

"그거 정말 게이 같은데! 앗, 미안. 기분 나쁘게 하려는 건 아니었어."

일부 이성애자·시스젠더 친구의 말이 배려심 없고 몰지각하게 느껴지면 속상할 겁니다. 하지만 인내심을 갖도록 노력하세요. 친구들이 했던 구체적인 말을 예로 들면서 왜 그것이 여러분에게 상처가 되거나 기분을 상하게 했는지 차분하게 설명하세요. 많은 경우 그저 오해거나 친구가 자신의 말이 어떻게 들리는지 알지 못했기 때문일 겁니다. 친구들은 습관적으로 생각 없이 한 말이거나 기분 나쁜 말이라는 것을 몰랐을 수 있습니다.

우리는 모두 서로에게서 배울 점들이 있습니다. 친구에게 기회를 주세요. 여러분이 그들의 첫 번째 LGBTQ 친구일지도 모릅니다(혐오적 발언에 어떻게 대처하는지는 3장에서 구체적으로 논의했습니다). 그러나 반복적으로 기분을 상하게 하거나 심지어 모욕적인 말을 하고 여러분이 상처 받는 걸 신경 쓰지 않는 친구라면 그 관계는 다시 생각해볼 필요가

> "제일 먼저 친한 친구에게 커밍아웃했는데 솔직히 처음에는 혼란스러워했다. 그러나 나중에는 나를 지지해주고 LGBTQ를 알기 위해 노력했다."
>
> _제이슨, 16세

있습니다. LGBTQ든, 이성애자·시스젠더든 여러분이나 다른 사람을 그렇게 대하는 사람과 정말 친구가 되고 싶은지 생각해보세요.

간극 줄이기

여러분이 커밍아웃한 후에 이성애자·시스젠더 친구가 불편해할 수도 있습니다. 물론 전혀 개의치 않을 수도 있지만요. 그들은 여러분의 말에 적응 중이거나 커밍아웃이 무슨 의미일지 정확히 모를 수

있습니다. 여러분이 이제부터 옷차림, 행동, 말투를 다르게 하겠다는 뜻일까, 커밍아웃 후에도 계속 친구 관계를 유지하고 싶다는 걸까, 아니면 새로운 LGBTQ 친구들과 어울리겠다는 걸까, 혹시 자기랑 사귀고 싶어 하지는 않을까 등 많은 궁금증이 생길 겁니다.

이런 질문들을 곧바로 물을 수도 있고 차차 시간을 두고 꺼낼 수도 있으며, 어쩌면 전혀 묻지 않을 수도 있습니다. 하지만 이런 질문이 나온다면 우정을 더 견고하게 다질 기회이기에 서두르지 말고 여유를 두고 해결해가는 것이 좋습니다. 또한 지식은 전염력이 있습니다. 다음에 누군가가 LGBTQ를 비하하는 말을 듣는다면 여러분의 친구는 분노하거나 이를 저지할 것입니다. 그렇게 우리는 한 걸음 더 나아갈 겁니다.

7장 영혼의 단짝을 만나다

여러분이 어디에 사는지에 따라 십대 LGBTQ의 데이트 광경을 자주 목격할 수도 있고, 어쩌면 그런 장면이 유니콘을 찾는 것만큼 어렵게 느껴질 수도 있습니다. 하지만 도시, 교외, 심지어 시골에 살더라도 방법은 존재합니다. 여러분이 사는 마을에 퀴어 이벤트가 없더라도 LGBTQ 청소년들은 함께 어울려 즐길 수 있는 방법을 찾을 겁니다. 자신의 성적 지향이 편해진 후에는 조금씩 데이트를 시작할 수도 있고 엄청나게 많이 할 수도 있습니다. 여러분이 데이트 고수거나 이제 막 시작했거나 그냥 생각만 하고 있더라도 이것만은 꼭 기억해야 합니다. 바로 연애 관계를 어떻게 해나갈지 결정하는 것은 여러분 자신이어야 한다는 겁니다.

LGBTQ 연인과 데이트하기 전에 해야 할 질문들

십대들은 데이트를 해야 한다는 스트레스를 많이 받을 수 있습니다. 그러나 모든 사람이 준비되어 있지는 않습니다. 여러분이 정신적, 감정적으로 어떤 단계에 있느냐가 중요하며 이는 사람마다 다릅니다. 만약 여러분이 아직도 자신의 정체성을 고민하고 있다면 다른 사람과 사귀는 게 어려울 수 있습니다(이런 상태는 평생 계속될 수도 있습니다. 많은 어른이 온갖 고민을 여전히 안고 살아갑니다). 퀴어든, 이성애자·시스젠더든 상관없이 데이트는 모든 십대가 다른 사람과 긍정적이고 친밀한 관계를 형성하는 정상적이고 건강한 일입니다.

나는 나 자신과 상대에게 솔직한가?

데이트는 무척 즐거운 일이지만 여러분이 정말 관심 있는 사람과 자유롭게 연애할 수 없다면 고문일 것입니다. 많은 퀴어가 왠지 그래야 할 것 같아서 결국 이성애자와 연애를 하게 됩니다. 다른 이들과 어울리려고 노력하거나 자신이 퀴어라는 감정을 바꿔보려고 애를 쓰는 사람들도 있습니다.

십대 LGBTQ들이 또래 십대들과 어울리려고 애쓰는 건 흔히 있는 일입니다. 성적 지향을 숨기거나 혹시 이성과 데이트하면 이성애자가 되지 않을까 하는 기대로 이성과 사귀기도 합니다. 진정한 정체성을 부정하려고 이성과 성관계를 하는 사람들까지 있습니다. 그리고 에이섹슈얼('에이스'라고 부르기도 합니다)인 사람이 '정상'이라고 느껴보려고 실제로 관심도 없는

> "솔직히 나는 그 누구와도 데이트해보지 않았다. 한 여자아이랑 키스를 했지만 지금은 개랑 말도 하지 않는다. LGBTQ 웹사이트를 통해 몇 명 알게 되었지만 대부분 대화를 나누는 사람이다. 몇 명과는 친구가 되었다."
>
> _케이티, 19세

활동에 억지로 참여하기도 합니다(자기가 에이스라고 생각하는 사람은 237쪽에서 더 많은 정보를 찾을 수 있습니다).

여러분이 '이건 아닌데'라고 느끼는 무언가를 하는 상황에 놓인

다면 혹시 여러분이 원하고 필요한 것과 상반되는 데이트를 하고 있지 않은지 스스로 물어보세요. 즐겁지 않다면 할 필요가 없습니다. 반대로 이런 데이트가 친구들과 함께 노는 것이고 즐겁다면 괜찮습니다. 어쩌면 여러분 자신을 탐색하는 과정 일부일 수 있으며, 그렇다면 아주 훌륭합니다. 중요한 점은 나다움을 견지하고 같이 시간을 보내는 사람에게 솔직해야 한다는 겁니다.

나는 무엇을 얻기 위해 데이트하는가?

성정체성을 고민하는 중이라면 데이트가 여러분의 성적 지향을 탐색하는 좋은 방법이 될 수 있습니다. 새로운 사람을 만나고 즐거운 시간을 보내며 알아가는 것들이 있습니다. 그러나 데이트는 어떤 질문들에 대한 해답을 찾는 데 도움을 줄 수 있지만 섹스는 그렇지 않습니다. 나의 진정한 모습을 찾으려는 목적으로 성행위를 하는 것은 잘못된 생각입니다. 오히려 더 혼란에 빠질 수 있고 사실은 그럴 필요가 없습니다. LGBTQ라는 것은 누구랑 같이 자는지를 넘어서는 그 이상의 것입니다. 개인적 정체성에 관한 것이며 따라서 자신의 성적 지향이나 성정체성을 이해하기 위해 다른 사람과 성행위를 할 필요는 없습니다.

심지어 데이트할 필요도 없습니다. 정체성 때문에 정말로 갈등 중이라면 데이트하고 싶다는 생각이 전혀 나지 않을 수도 있습니다. 마음에서 나오는 소리를 듣는 것이 중요합니다. 준비되지 않았다면 아무것도 하지 마세요. 억지로 행동하면 스트레스만 커질 뿐입니다. 이 점을 기억하세요. 자신에게 그리고 자신의 고민에 기회를 주면 모든 것이 해결됩니다.

나는 데이트할 준비가 되어 있는가?

이 체크리스트는 여러분이 데이트할 준비가 되었는지 확인하는 데 도움이 됩니다. 데이트 장면을 상상하기 전에 아래 사항들을 먼저 살펴보세요.

- √ 나 자신을 확신한다.
- √ 다른 사람의 인정을 받을 필요가 없고, 나 자신에게 해가 될 정도로 다른 사람의 비위를 맞출 필요가 없다고 느낀다.
- √ 누군가 내가 원하지 않거나 확신하지 않은 일을 무리하게 요구하면 '아니요'라고 말할 자신이 있다.
- √ 다른 사람의 감정과 신념을 존중하며 타인이 불편해하는 일을 억지로 시키지 않을 수 있다.
- √ 한 사람과 관계가 잘되지 않더라도 또 다른 기회가 있음을 이해한다.

LGBTQ 데이트의 기본 에티켓

사람들 대부분은 TV나 영화를 통해 연애를 어떻게 하는지 아이디어를 얻습니다. 그러나 남자 주인공 둘이 정신없이 사랑에 빠진 뒤 오래오래 행복하게 산다거나 두 명의 여성이 함께 행복한 결말을 맞이하는 이야기, 연인과 함께 주인공이 성정체성을 찾아가는 과정을 그린 드라마나 영화는 많지 않습니다. 물론 예전보다 많아지고는 있습니다. 그러나 퀴어의 사랑을 보여줄 때는 종종 건강하지 못한 관계의 과장된 형태인 경우가 많습니다. 그리고 LGBTQ 데이트에 관한 긍정적 사례의 수가 비교적 적기 때문에 LGBTQ 청소년들은 데이트를 불안하게 생각할 수 있습니다.

퀴어 데이트에 관한 Q&A

퀴어 데이트를 생각할 때 많이 혼란스럽고 온갖 질문이 떠오르는 것은 당연합니다. 아마도 여러분이 알고 있는 것 중 많은 부분이 여자와 남자의 연애, 이성애자들의 연애에서 왔을 겁니다. 그렇다면 남자와 남자, 여자와 여자 혹은 이분법적 젠더에서 벗어난 관계는 어떨까요? 퀴어의 데이트에 대해 사람들이 자주 하는 질문과 답변이 여기 있습니다.

LGBTQ의 연애는 어떻게 해야 하나요?

그냥 연인 사이는 이떤가요? 데이트를 시작할 때는 누구나 혼란스럽지만 LGBTQ라면 더욱 그렇습니다. 우리의 많은 행동이 여자와 남자라는 이분법적 생각과 관계에 기초하고 있습니다. LGBTQ라는 건 그런 고정관념을 버리고 나 자신이 될 좋은 기회입니다. 여러분과 상대방의 개성이 관계를 이끌어가도록 하세요. 나다움을 지

"내가 남자 친구에 대해 가장 좋아하는 점은 그가 어떻게 생각할지 걱정하지 않아도 되는 것이다. 우리는 서로에게 '쿨'하다. 누군가 나를 있는 그대로 좋아한다는 느낌은 정말 굉장하다."

_트로이, 17세

키는 건강한 관계라면 좋은 출발점에 선 것입니다.

데이트 비용을 누가 낼지 어떻게 알지요?

요즘은 둘이 나눠서 내는 더치페이를 많이 합니다. 청소년들은 용돈이 많지 않기에 비용을 나눠서 내는 것이 좋습니다. 만약 한 사람이 부담한다면 보통은 데이트를 요청한 사람이 냅니다. 그렇지만 데이트에 꼭 돈을 많이 쓸 필요는 없습니다. 비용이 많이 들지 않거나 공짜로 데이트할 방법들을 찾아볼 수 있습니다.

어디서 데이트하면 좋을까요?

일반적으로 밥을 먹고 영화나 카페, 쇼핑몰 등 같이 즐길 수 있는 곳을 찾지요. 데이트의 고전적인 장소들로 손색이 없습니다. 퀴어 커뮤니티 센터의 이벤트나 미성년자를 위한 클럽은 LGBTQ들에게 우호적이고 여러분이 자신의 모습으로 편하게 있을 수 있기 때문에 좋은 데이트 장소입니다. 데이트에서 무엇을 하는지는 정말로 각자의 창의성에 달려 있습니다. 박물관, 공원 산책, 등산 등도 적은 비용으로 즐길 수 있는 좋은 데이트입니다. 등산, 자전거 타기 같은 야외 활동을 선택할 거면 사람들이 잘 아는 곳으로 가고 여러분이 어디 가는지 다른 사람에게 알리도록 합니다. 안전이 우선입니다!

LGBTQ들은 문란하다는데 신체 접촉을 예상해야 하나요?

사실이 아닌 소문이나 편견을 조심하세요! 퀴어들은 이성애자·시스젠더보다 더 문란한 성향을 타고나지 않습니다. 성적 지향과 성적 욕구는 다른 개념입니다. 그리고 여러분이 LGBTQ인지 알기 위해, 뭔가를 증명하기 위해, 다른 사람을 기쁘게 하고 싶다거나 그 어떤 이유에서든 성적 행동을 해야 한다는 생각은 마세요. 다른 사람들처럼 여러분이 확실히 준비되었는지, 상대방이 여러분의 일부를 나누고 싶은 사람인지 확신이 설 때까지 충분히 시간을 가지세요.

아는 LGBTQ가 없으면 그냥 주변의 아무와 데이트를 해야 할까요?

절대로 그러면 안 됩니다. 아직 중학생이나 고등학생인 LGBTQ의 불리한 점은 이성애자·시스젠더 친구들보다 데이트할 수 있는 사람 수가 적다는 겁니다. 그럼에도 아무랑 데이트해서는 안 됩니다. 호감이 없고 매력을 느끼지 않는다면 굳이 그 사람과 데이트할 필요가 없습니다.

에이섹슈얼 Asexual에 대하여

에이섹슈얼은 타인에 대한 성적인 관심이 없거나 낮은 성향을 말한다. 자신이 에이섹슈얼이라고 말하는 사람도 여전히 다른 사람을 사랑하고 애정을 가지며 연인 관계가 될 수 있다. 이는 타인에게 연애 감정을 느끼지 못하는 에이로맨틱 aromantic과 다르다. '에이스 ace'라고 부르기도 하는 에이섹슈얼은 다른 지향성과 마찬가지로 타당하고 정당한 정체성이다. 캐나다의 심리학자 앤서니 보개트 Anthony Bogaert의 연구에 따르면 약 1퍼센트의 사람이 에이섹슈얼이다.

안타깝게도 에이섹슈얼들은 종종 다른 사람들의 무지함을 겪는다. 에이섹슈얼이 '성적으로 미성숙함을 나타낸다' 혹은 '발달에 문제가 있다'라고 하거나 '아직 제대로 짝을 찾지 못해서' 혹은 '성행위를 두려워해서'라고 말하는 사람들이 있기 때문이다. 에이섹슈얼인 사람들도 다른 사람들과 똑같이 의미 있고 만족스러운 관계를 할 수 있다. 에이섹슈얼 파트너들은 역사 속에서도 찾을 수 있다. 19세기와 20세기에 '보스턴 결혼'이란 용어는 뉴잉글랜드 지역에서 두 여성이 같이 살면서 장기적이고 헌신적인 관계를 유지하지만 성적 관계를 맺지 않는 것을 의미했다. 에이섹슈얼 파트너십을 유지하는 사람들의 젠더는 같을 수도, 다를 수도 있고 어떤 성적 지향성도 가능하다.

에이섹슈얼에 대한 더 자세한 정보는 www.thetrevorproject.org의 트레버 프로젝트 페이지에서 찾을 수 있다. 또한 에이섹슈얼 비저빌러티 Asexual Visibility와 에듀케이션 네트워크 Education Network(www.asexuality.org) 같은 에이섹슈얼들을 위한 단체도 있다.

LGBTQ 연애에 대한 잘못된 고정관념

LGBTQ에 대한 가장 흔한 오해 중 하나는 이들이 데이트할 때 타입, 즉 여자 타입('팸 femme'이라고 한다)과 남자 타입('부치 butch'라고 한다)으로 짝을 짓는다고 생각하는 겁니다. 다행히도 이런 생각은 변하고 있고 특히 젊은 층에서 크게 변하고 있습니다. 그리고 전통적인 남성적 젠더로 표현되는 부치와 여성적 젠더로 표현되는 팸은 LGBTQ의 전체 스펙트럼을 전혀 고려하지 않은 용어입니다. 많은 사람이 자신을 둘 중 하나라고 생각하지 않습니다. LGBTQ든, 이성애자든 매력에 끌리는 것도 마찬가지입니다. '내 취향은 이렇다'라고 하더라도 결국 전혀 다른 사람을 만나 자신도 놀라는 경우가 있습니다.

부치와 팸이라는 개념은 오래전부터 있었고 과거에는 종종 동성에 관한 관심을 드러내는 가시적인 수단으로 사용되기도 했습니다. 부치와 팸의 역할이 일부 LGBTQ 관계에 계속 영향을 주기도 하는데, 물론 이것이 잘못이라는 건 아닙니다. 다만 꼭 그럴 필요는 없다는 말입니다.

이런 고정관념은 LGBTQ 관계에 대한 많은 이성애자·시스젠더들의 인식을 왜곡합니다. 이런 생각들은 모든 관계에는 '남성'과 '여성' 역할이 있어야 하며 관계를 맺고 있는 사람들의 성별이나 젠더에 상관없이 누구나 이 역할 중 하나를 담당해야 한다는 개념에 기초하고 있습니다. 너무 많은 사람이 너무 오랫동안 이런 전통 속에서 살아서 이런 생각이 마치 자연법칙인 듯 생각되고 있습니다. 그러나 그렇지 않습니다.

> "퀴어 관계에서의 다이내믹, 동학은 자주 이야기되지 않는다. 관계에서 부치와 팸이라는 개념은 퀴어 커뮤니티에 대한 고정관념이면서도 알기 쉽게 이야기된 적은 거의 없다. 적어도 양성애자로서의 내 경험에 비춰 보면 이성 관계에서는 특정한 남성과 여성 역할이 있으면서 동성 관계에서는 그런 친숙한 프레임이 없다는 것이 정말 혼란스럽다."
>
> _그웬, 18세

천체 에너지

성교육자이며 인류학자인 말라 매드론은 '남성'과 '여성', '부치'와 '팸' 대신에 '태양 같은'과 '달 같은'이란 말을 사용하자고 제안한다. 이것이 관계에서 사람들의 에너지를 더 광범위하고 자유롭게, 젠더에 얽매이지 않고 묘사한다고 말한다. 동양에서 말하는 음양의 에너지처럼 우리 모두 안에 태양과 달 에너지의 균형이 있으면서, 태양과 달이 서로를 보완하듯 자신을 보완해줄 수 있는 파트너를 찾는 경향이 있다.

관계에서 이런 종류의 다이내믹을 선택하는 사람도 있습니다. 하지만 여러분은 선택할 수 있습니다. 스스로 어떤 이름을 붙이든 상관없이 또는 아무 이름을 붙이지 않더라도 그 누구와도 관계를 맺을 수 있습니다.

내게 관심을 보인다고 해서 그냥 만나서는 안 된다

다른 십대 퀴어를 만나는 것이 어려울 수 있지만 생각만큼 힘들지 않을 수도 있습니다. 만일 데이트하기로 마음을 먹었다면 어디서 어떻게 만나는 게 안전한지 확실하게 해야 합니다. 젊은 사람들 중에는 LGBTQ라는 것이 힘들어서 또는 누군가를 사귀고 싶은 마음에 자신에게 관심을 보이는 첫 상대와 그냥 만나는 경우가 있습니다.

다른 데이트와 마찬가지로 어떤 이들은 여러분을 깊이 생각하지 않을 수 있습니다. 물론 예외적인 일이긴 하지만 가끔 나이가 더 많고 경험 있는 LGBTQ가 어리고 경험이 적은 이들을 이용하기도 합니다. 이들은 십대들에게 공감과 동정을 표시하면서 성적인 상황으로 유인할 수 있습니다. 성관계를 맺는 것이 자존감을 높인다거나 자신이 누구인지 아는 데 도움이 된다고 설득하기도 합니다. 어쩌면 그들이 여러분에게 관심을 보이는 첫 번째 사람이거나 여러분이 커밍아웃한 첫 사람일 수도 있습니다. 그리고 누군가 내 말을 듣고 관심을 보인다는 사실에 마음이 편해지고 으쓱해질 수 있습니다. 하지만 그 사람이 정말 여러분을 생각하는지, 아니면 뭔가 목적과 흑심이 있는지 신중하게 생각해야 합니다.

공공장소에서 데이트할 때 지켜야 할 것

사랑하는 사람과 손을 잡고 걷는다든지, 살짝 키스하는 것은 행복한 일입니다. 그러나 불행하게도 퀴어들은 공공장소에서의 애정 표현을 당연하게 여길 수 없을 때가 많습니다. 특히 젊은이들은 자신이 어디에 있으며 주위에 누가 있는지 염두에 두는 것이 좋습니다.

연인과 맞잡은 손을 보고 할머니들이 혀를 차는 것 정도는 문제가 되지 않지만 여러분에게 상해를 줄 수 있는 사람의 시선을 끈다면 문제가 됩니다. 공공장소에서 절대로 사랑하는 사람의 어깨에 팔을 두르거나 가벼운 키스를 해서는 안 된다는 말이 아닙니다. 그저 거기가 어디고 주위에 어떤 사람이 있는지 현명하게 판단해야 한다는 뜻입니다. 공공장소에서의 애정 표현이 안전 문제를 일으킨다면 다시 생각해볼 일입니다. 누군가가 다치는 것보다는 아무 일 없이 순조롭게 진행된 데이트가 기억에 남을 것입니다.

애정 표현을 하기 전에 주변을 살핀다

모든 곳에 동성애혐오자나 트랜스젠더혐오자가 있지는 않지만 어딘가에는 존재합니다. 그중에는 위험한 사람도 있습니다. LGBTQ 기관이나 행사처럼 매우 안전하거나 익숙한 장소가 아니라면 입맞춤을 위해 몸을 기울이기 전에 주위를 살피세요.

- 주위에 사람이 많은가?
- 그들이 어떤 사람 같은가? 어떤 느낌이 드는가?
- 그들이 자기 일에만 신경을 쓰는가, 아니면 여러분에게 관심이 많아 보이는가?
- 지금 있는 곳이 뚫려 있거나 드나들기 쉬운 곳인가, 아니면 재빨리 떠나기 어려운 폐쇄된 공간인가?

여러분의 정체성을 얼마만큼 공개할 것인지는 여러분의 마음입니다. 지금 이 시대에 LGBTQ여서 키스를 걱정해야 한다는 사실은 실망스러운 일입니다. 하지만 안전이 가장 중요합니다. 바라건대 머지않은 미래에 사람들이 퀴어들의 작은 애정 표현보다 다른 일을 더 걱정하는 사회가 되었으면 합니다.

작은 애정 표현

애정 표현은 멋진 일이다. 사랑하는 사람에게 내 감정을 표현하고 싶은 것은 건강하고 정상적인 마음이다. 그러나 공공장소에서의 과격한 애정 표현은 볼썽사납다. 그들이 퀴어든, 이성애자·시스젠더든 상관없이 그런 장면은 아무도 보고 싶어 하지 않는다.

다른 사람들의 태도와 시선을 지레짐작하지 않는다

애정을 공개적으로 표현하지 않더라도 여러분과 애인이 데이트하러 나왔다는 것을 사람들이 알 수도 있고 관심을 두고 지켜볼지도 모릅니다. 예를 들어 식당에서 여러분이 손을 뻗어 연인의 손을 잡으려 할 때 옆 테이블에 앉은 사람이 일부러 포크를 떨어뜨려 방해할 수도 있습니다. 물론 (그곳이 안전한 장소라는 가정 하에) 사람들의 그런 행동에 신경을 쓸지 말지는 여러분 결정입니다.

어쩌면 전혀 아무렇지 않게 "눈이 빠지도록 쳐다보라고 해"라고 일축할 수도 있습니다. 하지만 그런 일이 불편하게 느껴진다면 LGBTQ가 전혀 잘못된 것이 아님을 다시 한번 스스로 상기하는 기회가 될 수 있습니다. 데이트를 시작할 때 내가 어떻게 보일까 걱정하는 것은 자연스러운 일입니다. 사실 퀴어든 이성애자·시스젠더든,

어리든 나이를 먹었든 상관없이 대부분 사람이 첫 데이트에서는 수줍어 하기 마련입니다. 점점 좋아질 테니 걱정하지 마세요. 시간이 지날수록 차차 편해질 겁니다.

사람들이 충격을 받아서 혹은 기분 나빠서 쳐다본다고 지레짐작하지 마세요. 어쩌면 여러분이 귀여운 한 쌍이어서, 이분법적 틀에 얽매이지 않는 모습이 신선해서 쳐다볼 수도 있고, 자기 딸도 저렇게 참한 여자 친구를 데려왔으면 좋겠다는 생각에 몰두하느라 포크를 떨어뜨렸을 수도 있습니다. 아무도 모르는 일입니다.

이별을 맞이했을 때 자신을 추스리는 법

슬픈 일이지만 모든 사랑 이야기가 해피엔딩은 아닙니다. 모든 연애는 문제에 부딪히고 LGBTQ도 다르지 않습니다. 헤어짐이란 힘든 일입니다. 퀴어 청소년들은 이별에 대해 털어놓고 말할 사람이 많지 않아 때로는 더 힘들 수 있습니다.

연인과 헤어질 때는 자신을 추스르는 것이 무엇보다 중요합니다. 다음은 어려운 시간을 지날 때 도움이 될 조언들입니다.

아무 일도 없던 것처럼 행동하지 마세요

이별은 아픕니다. 속상하고 화나는 것이 당연합니다.

감정을 표출하세요

감정을 꾹꾹 누르지 말아야 합니다. 왜 속상한지 10가지 이유를 적어보세요. 헤드폰을 쓰고 가장 슬픈 노래 또는 가장 힘이 나는 노래를 고래고래 소리 지르며 따라 불러보세요. 동네를 한 바퀴 뛰거나 근처에서 가장 힘든 등산길에 도전해보세요. 여러분의 기분과 격한 감정을 가능한 한 건강한 방식으로 표출하는 것이 중요합니다.

쉴 새 없이 떠들어보세요

마음이 맞는 친구와 여러분의 생각을 나누면 긴장이 누그러지는 데 도움이 됩니다. 온라인 친구도 잊지 말고, 사이버 응원도 찾아보세요. 심지어 여러분의 유튜브 채널에 헤어짐을 견디는 꿀팁으로 시작하는 동영상을 만들어 올리는 것도 좋습니다. 기분이 울적하면 혼자 있고 싶은 마음이 들기 쉽지만 사실은 다른 사람과의 교류가 정말 도움이 됩니다.

자신을 보살피세요

기분이 안 좋을수록 자신을 다정하게 보살피는 게 중요합니다. 잘 먹고, 물도 많이 마시고, 몸을 움직이며 충분한 수면을 취하세요. 거품 목욕이나 좋은 책, 요가나 명상으로 휴식할 수도 있습니다, 지금 느끼는 극심한 감정을 완화하고 처리하는 데 도움이 된다면 무엇이라도 좋습니다. 2리터짜리 탄산음료 페트병과 감자튀김을 곁에 쌓아 두고 이불 속에 웅크리고 앉아 TV를 하염없이 보고 싶은 마음도 있겠지만 길게 보면 그런 방법은 기분을 더 우울하게 만들 뿐입니다. 실제로 세로토닌과 같은 항우울 화학물질이 위장의 건강과 관련 있다는 것이 과학적으로 밝혀졌습니다. 따라서 내가 무엇을 먹는지가 나의 정신 건강에 큰 영향을 미칠 수 있습니다.

하루하루 조금씩 극복합니다

이별의 후유증을 하루 이틀 사이에 극복할 순 없습니다. 하지만 시간이 약입니다. 점점 기분이 나아지기 시작할 것입니다. 헤어진 연인의 이름을 써 붙인 인형에 핀을 꽂는 저주도 멈추게 될 겁니다. 정말로, 지나고 나면 알겠지만 헤어짐은 삶의 일부입니다. 물론 힘이 듭니다. 그러나 헤어짐은 인생을 배우는 경험이고 여러분의 사람됨을 만들어줍니다. 모든 것을 극복하고 나면 그 경험에서 무엇을 배웠는지 반추해보세요.

보통 경험하는 이별의 후유증에 더해 십대 LGBTQ는 또 다른 문제를 마주해야 할 때가 있습니다. 예를 들면 헤어진 사실을 아는 사람들이 세심하지 못한 반응을 보이는 경우입니다. 안타깝게도 일부 사람들은 퀴어들의 관계가 이성애자·시스젠더만큼 의미 있고 정당하다고 생각하지 않기 때문에, 여러분이 이별의 과정을 지날 때 왜 힘들어하는지 이해하지 못하기도 합니다. 심지어 여러분에게 이성애자·시스젠더 연인을 사귀어보는 게 어떻겠느냐고 함부로 말할 수도 있습니다. 상처받은 마음을 치유하려고 애쓸 때 이런 상황에 대처하는 일은 특히 짜증 나고 괴로울 수 있습니다.

함부로 하는 말에 대처하기

무지한 말: "애초에 네가 퀴어가 아니어서 그런 거야."
대답: "우리가 맞지 않아서 헤어진 거야. 나 지금 헤어져서 너무 힘들어. 네가 힘을 주면 도움이 될 것 같아."
무지한 말: "잘됐네. 이제 다시 여자애들이랑 데이트하면 되잖아."
대답: "너희 엄마랑 아빠가 헤어지면 엄마가 여자랑 데이트를 시작할까?"

무지한 말: "어차피 심각한 관계는 아니었잖아."
대답: "네가 내 감정을 과소평가해서 상처받았어. 네가 우리 관계를 좋아하든 아니든 지금 그게 문제가 아냐. 이건 내 감정이지, 네 감정이 아냐."

지금 데이트 폭력을 겪고 있다면

데이트 폭력에는 동의하지 않은 성관계나 강간 등 신체적 상해와 성적 학대가 포함됩니다. 통제하려는 행동과 질투처럼 심리적, 정서적 폭력일 수도 있습니다. 음란한 문자를 보내거나 SNS에 여러분을 깔보는 내용을 올리는 것 같은 사이버 폭력일 수도 있습니다.

성적 지향이나 성정체성에 상관없이 모든 십대가 데이트 폭력의 가해자나 피해자가 될 수 있지만 십대 LGBTQ는 이런 위험에 더욱 취약하다는 연구가 있습니다. 2013년에 미국 도시문제연구소Urban Institute는 뉴저지, 뉴욕, 펜실베이니아주 시골에서 도시까지 10개 학교의 십대 5,647명에게서 얻은 데이터를 살펴봤습니다. 이 연구에 따르면 퀴어인 십대들이 이성애자 십대들과 비교했을 때 모든 형태의 데이트 폭력을 경험하는 비율이 현저하게 높았습니다. 이는 가해자와 피해자 모두를 포함한 수치로 구체적인 데이터는 다음과 같습니다.

- 퀴어 청소년의 43퍼센트가 물리적 데이트 폭력을 보고했습니다(이성애자 청소년은 29퍼센트).
- 퀴어 청소년의 59퍼센트가 심리적 데이트 폭력을 보고했습니다(이성애자 청소년은 46퍼센트).
- 퀴어 청소년의 37퍼센트가 사이버 폭력을 보고했습니다(이성애자 청소년은 26퍼센트).
- 퀴어 청소년의 23퍼센트가 성적인 강압을 보고했습니다(이성애자 청소년은 12퍼센트).

이에 더하여 LGBTQ 청소년들 중 이런 폭력이 빈번하게 지속된다고 보고한 비율이 더 높았습니다. 그중 트랜스젠더 청소년이 가장 높은 비율로 폭력 경험을 보고했는데, 약 89퍼센트가 어떤 형태로든 물리적 데이트 폭력이 있었다고 말했습니다.

왜 십대 LGBTQ 사이에서 폭력이 더 많을까요? LGBTQ 관계에 문제가 있다는 의미일까요? 그렇지 않습니다. 이 연구를 수행한 연구자들은 이 결과가 부분적으로는 LGBTQ 젊은이들이 일반적으로

> "가장 건강한 관계는 상호 존중을 바탕으로 한다. 내게 에너지를 주고 나의 다른 관계를 해치지 않으면서 내 삶에 친밀함을 제공하는 관계다."
>
> _제러미, 20세

폭력적 성향을 갖게 되는 위험 요인에 더 많이 노출되어 있기 때문이라고 추측했습니다. 우울증, 자살 생각, 가정에서의 학대, 교우관계의 어려움과 사회적 부적응, 성적 저하, 약물 사용 등이 그것입니다.

LGBTQ 젊은이들의 데이트 폭력은 십대 이성애자·시스젠더들과 비슷하지만 거기에 더해 십대 퀴어들은 동성애혐오나 트랜스젠더혐오, LGBTQ의 연애에 대한 오해 같은 어려움도 마주해야 합니다. 가해하는 파트너가 피해자를 아웃팅하겠다고 협박하기도 합니다. 주변에 커밍아웃하기가 두려워 학대 사실을 보고하기 꺼리는 십대 퀴어들도 있습니다. 남성 파트너 사이에서 벌어지는 폭력을 못 본 척하기도 합니다. 이성애자 커플 사이에서 남자가 여자에게 폭력적인 것에 비하면 남자들 사이의 갈등은 공정하다고 생각하기 때문입니다. 그러나 이 또한 사실이 아닙니다. 어떤 종류의 폭력도 '절대로' 용납해서는 안 됩니다.

폭력을 경험한 십대 LGBTQ는 연애가 어때야 하는지에 대해 알기 어려울 수 있습니다. 긍정적 퀴어 롤모델이 비교적 적기 때문입니다. 따라서 학대를 눈치채기 어려울 수 있습니다. 피해자들이 그런 걸 전혀 몰랐거나 LGBTQ 연애에서 이야기되는 걸 본 적이 없기 때문입니다. 누구와 데이트하든 여러분은 파트너로부터 존중받을 권리가 있습니다. 가학적 행동은 종류를 막론하고 변명의 여지가 없습니다.

데이트 폭력과 학대적 관계에 대한 사실들은 다음과 같습니다.

- 학대를 받아 마땅한 사람은 없습니다. 아무도 없습니다.
- 학대는 여러분의 잘못이 아닙니다. 가해자가 뭐라고 여러분 탓을 하더라도 이는 가해자의 잘못입니다(“내 성질 알면서 네가 그런 말을 했으니까 그렇지”).
- 학대에는 여러 모습이 있습니다. 신체적, 감정적, 성적, 심리적, 언어적, 사회적 학대(예를 들면 친구들을 멀어지게 하는 것)가 있고 심지어 소셜 미디어에 여러분을 괴롭히는 내용을 적어 학대할 수도 있습니다.
- 학대는 주기가 있습니다. 학대한 후에 키스하고 지나치게 잘해주지만 결국 다시 학대가 시작됩니다.
- 가해자는 종종 파트너를 가족, 친구, 동료로부터 고립시키려고 합니다. 따라서 학대받는 사람은 두렵고 혼자라고 느끼게 됩니다.
- 학대는 통제와 권력입니다. 사랑이 아닙니다.

데이트 폭력과 학대 관계는 퀴어와 이성애자·시스젠더 모두에게 심각한 문제입니다. 그래도 요즘은 LGBTQ를 위해 관계에서의 폭력을 도울 자원이 많아졌다는 것이 희소식입니다. 학대적인 관계에 있고 여기서 벗어나는 데 도움이 필요하다면 도움을 제공할 수 있는 단체들이 많이 있습니다.

데이트 폭력과 학대 관계의 종류
연인 관계에서는 다양한 유형의 학대가 존재합니다. 어떤 유형들이 있는지 알면 그 일이 생길 때 인식할 수 있습니다.

감정적 학대

감정적 학대는 확연하게 드러나지 않아서 다른 유형의 학대보다 알아채기 어렵습니다. 얕잡아 부르기, 모욕, 여러분이나 여러분의 관심사를 무시하기, 질투, 소유욕, 비아냥, 여러분이 누굴 만나고 무엇을 하며 무엇을 입고 심지어 무엇을 먹는지를 통제하는 것이 포함됩니다. 이런 언행들은 미묘해서 알아채기까지 시간이 걸릴 수 있습니다. 의심스러우면 여러분 자신의 느낌을 따르세요.

파트너가 여러분에게 뚱뚱하다, 머리가 나쁘다, 아무도 너를 좋아하지 않는다고 말할 수 있습니다. 이런 취급에 불만을 표시하면 별일 아닌데 왜 그러느냐, 너무 예민하게 군다고 답할지도 모릅니다. 어쩌면 파트너의 질투가 극도로 심해서 여러분이 어디에 누구랑 있는지 항상 알려달라고 할 수 있습니다. 또는 화가 나면 무슨 짓을 할지 모른다며(물건을 부순다거나 다른 사람 앞에서 여러분을 모욕하거나 상처를 입히는 등) 겁을 주어 여러분을 구속할 수 있습니다.

여러분에게 학교나 가족과 관련해 중요한 일이 있든 없든 상관없이 시간을 온통 자기에게 쏟기를 바라며 애교와 투정을 부리다가 자기 뜻대로 되지 않으면 벌컥 화를 내기도 합니다. 그러면서 은근히 또는 노골적으로 자기보다 더 좋은 사람을 만나지 못할 거라고 말하기도 합니다. 방법이 어떻든 이것은 모두 학대입니다. 감정적 학대는 다양한 형태를 취할 수 있으나 결과는 모두 같습니다. 여러분 스스로를 안 좋게 느끼도록 만듭니다. 감정적 학대는 또한 다른 학대의 발판일 수 있습니다.

신체적 학대

관계에서의 학대를 생각할 때 사람들은 신체적 학대를 제일 먼저 떠올립니다. 주먹이나 손바닥으로 때리기, 밀치기, 움켜잡기, 발로 차기, 머리채 잡기, 깨물기, 꼬집기, 물건 던지기 등이 여기에 해당합니다. 신체적 학대는 여러분이 말이나 행동을 잘못하면 더 큰 폭력을 쓸 거라는 협박을 자주 수반합니다.

성적 학대

신체적 학대가 성적일 수 있습니다. 성적 학대는 여러분이 원하지 않거나 준비되지 않은 성적 행위를 하도록 강요하거나 억지로 시키는 것입니다. 가학적인 파트너가 "네가 정말 나를 사랑하면" 같은 협박성 말로 성적 행위에 대한 압력을 줄 수도 있습니다.

여러분이 파트너와 연애 관계에 있더라도 신체적 혹은 성적 접촉에 '싫다'라고 말할 권리를 항상 가지고 있음을 기억해야 합니다. 둘이 얼마나 오래 사귀었든 상관없습니다. 여러분 몸이니까요. 이전에 성적 관계를 맺었어도 지금은 아니라고 말할 수 있

"나는 몇 년 동안 연애를 했는데 실제로 우리가 좋은 관계였다고 생각했다. 서로 사랑했기 때문이다. 더 무엇이 필요할까? 그런데 주기적으로 그녀는 내가 힘든 사람이다, 다른 사람들이 나를 그렇게 좋아하지는 않는다고 말하곤 했다. 그녀의 말이 상처를 준다고 하면 '네가 너무 예민한 거야'라고 답했다. 결국 헤어졌다. 시간이 지난 후 다른 건강한 연애를 하면서 비로소 이전의 관계가 얼마나 건강하지 못했는지를 깨달았다. 그녀가 나를 때린 적이 없고 대부분 매우 유쾌한 사람이었기에 다른 점들을 간과했던 것 같다. 하지만 그 관계에서 낮아진 자존감을 치유하는 데 오랜 시간이 걸렸다."

_카르멘, 19세

습니다. 파트너가 그 뜻을 존중하지 않고 강요하거나 억지로 하려 한다면 그건 학대입니다.

지금 나는 학대 관계에 놓여 있는가?

누군가와 가까울 때는 학대를 알아채기 어렵습니다. 다음은 여러분이 처한 상황을 자세히 살펴보는 데 도움이 될 질문들입니다. 질문들 중 어느 것에라도 '그렇다'라고 대답한다면 여러분의 연애는 학대 관계일 수 있습니다.

- 파트너가 비하하는 별명을 부르거나 모욕을 주고 여러분이 스스로 보잘 것없게 느껴지도록 만드나요?
- 어디 가는지 혹은 어디 갔었는지 자주 묻고 누구랑 대화나 통화, 이메일이나 문자를 나눴는지 알려달라고 하나요? 허락 없이 여러분 문자를 읽나요?
- 온라인에서 여러분이 누구랑 친구를 맺는지 관여하나요?
- 다른 사람들 앞이나 학교에서 여러분에게 굴욕감을 주나요?
- 파트너가 관계에서의 모든 일을 결정하고, 그 사람이 원하는 것에 동의하지 않으면 분위기가 험악해지나요?
- 파트너가 어떻게 반응할지에 근거해서 여러분이 무엇을 하고 누구랑 이야기를 나눌지 결정하나요?
- 여러분의 옷차림과 먹는 음식을 간섭하나요? 여러분 외모에 대해 부정적인 말을 하나요?
- 여러분의 사진이나 사적인 문자를 친구들이나 다른 사람과 공유하나요?

- 파트너를 무서워한 적이 있나요?
- 여러분을 때리거나 겁을 주고 성질을 부린 것이 여러분 탓이라고 말하면서 자기 행동을 여러분 탓으로 돌리나요?
- 여러분이 다른 사람들에게 파트너의 행동, 특히 여러분을 대하는 행동을 변명하나요?
- 여러분이 가족이나 친구들과 시간을 보내지 못하게 하나요?
- 여러분의 기분을 생각하지 않나요? 파트너의 행동에 대해 이야기하자고 하면 여러분이 과장한다 혹은 너무 예민하게 반응한다고 말하나요?
- 여러분이 다른 일에 시간 쓰는 것을 질투하나요? 끊임없이 같이 있으려 하나요?
- 친밀한 신체적 접촉을 강요하거나 억지로 시킨 적이 있나요?
- 멍이나 상처의 유무와 상관없이 파트너가 여러분을 물리적으로 공격한 적이 있나요?
- 언어적으로 공격하거나 협박한 적이 있나요?
- 자신이나 여러분의 소셜 미디어에 괴롭히는 포스트를 올리거나 여러분의 사적인 사진을 공유하나요? 여러분에게 불쾌한 문자를 보내나요?
- 여러분의 소유물을 부수거나 여러분에게 벌을 준다는 행동을 한 적이 있나요?
- 여러분이 관계를 청산하면 여러분을 해하거나 자해하겠다고 협박한 적이 있나요?

위의 질문 중 하나 이상이 낯설지 않다면 여러분도 학대적인 관계에 있을 수 있습니다.

학대 관계를 끝내기 위한 조언

학대와 폭력은 절대 용납되어서는 안 됩니다. 학대적 관계를 즉시 떠나는 것은 여러분의 권리입니다. 연인 관계에서 학대를 느꼈거나 앞으로 그럴 수 있는 패턴을 감지했고 파트너와 논의해보고 싶다면 다음 몇 가지 가이드가 도움이 될 것입니다.

- 파트너의 말과 행동 때문에 여러분이 어떻게 느꼈는지 말하세요. 연인 관계에서 안전하다고 느끼고 지지받는다고 느끼는 것이 여러분의 권리임을 강조하세요.
- 파트너가 사과하고 진심으로 후회하는 것처럼 보인다면 그들에게 다시 기회를 줄지 말지는 여러분에게 달렸습니다. 그러나 조심하세요. 학대적 관계는 악순환의 과정인 경우가 많습니다. 먼저 파트너가 자기가 한 일에 대해 사과를 하고 다시는 그러지 않겠다고 맹세합니다. 그리고 한동안 괜찮다가 이전의 학대가 다시 시작됩니다. 파트너에게 학대적 행동 패턴에 대해 상담을 받아보라고 제안하는 것도 좋습니다.
- 학대가 다시 시작되면 이제는 떠날 때입니다. 누구나 실수를 하지만 여러분의 파트너가 적극적으로 도움을 청하고 노력하지 않는다면 떠나야 합니다. 가슴이 아플 수 있지만 여러분 자신이 최고 우선순위입니다.

내가 가해자일 수도 있다

내가 파트너를 존중하지 않고 학대하는 게 아닌지 걱정된다면 어떻게 할까? 미국 도시문제연구소의 2013년 연구에 따르면 36퍼센트가 조금 넘는 LGBTQ 젊은이들이 연인 관계에서 지속적인 학대 행동을 시인했다. 내가 가해자일 수 있다고 인식하는 것은 매우 중요한 단계다. 이런 질문을 생각해보자. 내가 그런 사람이 되고 싶은가? 상호 존중과 신뢰 위에 세워진 관계가 아니라 이런 종류의 연인 관계를 유지하고 싶은가? 파트너를 학대하는 데는 여러 이유가 있을 수 있다. 이런 유형을 부모나 가족에게서 봐왔을 수 있고, 엄청난 스트레스를 받고 있는데 건전하게 풀 방법을 알지 못할 수도 있다. 심한 우울증을 앓고 있을 수도 있고 과거 학대를 경험했을 수도 있다. 내가 겪는 정서 문제에 도움을 받아야 할지도 모른다.

도움을 받기에 늦은 때는 없다. 이 장에 적힌 지원 센터들에 연락해서 믿을 만한 어른과 이야기를 나누면 된다. 파트너를 위해서뿐 아니라 자신을 위해 당장 해야 한다. 여러분도 다른 사람들처럼 사랑과 행복을 누릴 자격이 있다.

연인 관계를 완전히 끝내고 싶으면 여러 가지 방법이 있습니다. 여러분 지역에 있는 상담 서비스를 찾아 연락을 취할 수 있고 가정 폭력 단체들, 강간 대처 센터들, LGBTQ 도움 센터 등에 도움을 청할 수 있습니다.

아는 사람에게 도움을 청하기가 힘들 수 있지만 신뢰할 수 있는 어른이 도와줄 수도 있습니다. 집에 있는 어른, 누나나 형 또는 오빠나 언니, 게이-이성애자 연대 후원자들, 학교 교직원들도 모두 가능합니다. 여러분이 아무에게도 커밍아웃하지 않아서 지인 중에 털어놓을 사람이 없을 수 있습니다. 하지만 이름을 밝히지 않고서도 전국 단위 혹은 지역 단체의 누군가와 의논할 수 있습니다.

'여러분은 R-E-S-P-E-C-T 받을 자격이 있습니다'

가수 아레사 프랭클린의 말이 맞습니다. 'Respect'는 연인 관계에서 기억해야 하는 단어입니다. 여러분의 관계를 건강하게 지키기 위해 다음의 팁들을 명심하세요.

React: 파트너의 나쁜 행동에 반응하세요. 그들에게 말하거나 관계를 끝내세요.

Express: 여러분 자신의 생각을 표현하세요. 파트너가 특정 방향으로 생각하거나 행동하도록 만든다면 그 관계는 좋지 않습니다.

Spend time: 여러분을 응원해주고 긍정적인 사람들과 시간을 보내세요. 여기에 여러분의 파트너가 속하지 않는다면 두고 가세요. 파트너가 도움을 받도록 격려할 수 있지만 꼭 그렇게 되도록 하거나 자신을 돌보도록 하는 게 여러분의 책임은 아닙니다.

Pledge to yourself: 여러분 자신에게 다짐하세요. 학대 관계를 견디기에는 여러분 자신의 안녕이 너무나 가치 있다고 다짐하세요.

Expect: 여러분을 존중하고 여러분이 존중하는 파트너를 기대하세요.

Choose: 스스로 선택하세요. 누구랑 이야기하는지, 무엇을 먹고 어떻게 옷을 입는지 그리고 그 외의 개인적인 선택을 파트너가 하지 못하도록 하세요.

Talk: 연애 관계가 학대적이라면 누군가에게 이야기하세요. 학대를 멈추게 하려면 도움이 필요하다고 말하세요. 도움을 청하는 것이 용기의 시작입니다.

8장 더 안전하고 건강한 성관계를 위하여

사랑은 많은 젠더를 가지고 있다

연인 관계와 데이트를 생각하고 있다면 아마도 성행위(혼자서든 다른 사람과 함께든)에 대해서도 조금, 어쩌면 많이 생각할 겁니다. 연인 관계와 마찬가지로 성도 혼란스럽고 복잡한 문제지만 인생에서 아름답고 의미 있는 부분이기도 합니다.

여러분은 지금 많은 것을 알아가는 시기이며 성관계 문제는 이 시기를 더 어렵게 만듭니다. 여러분이 어디까지 준비되었는지 그리고 신체적 관계에 준비가 되었는지 어떻게 알 수 있을까요? 친밀한 신체 행위와 관련해 결정을 내려야 하는 상황이 되기 전에 무엇이 궁금하고 어디까지가 마음이 편한지 미리 생각해두면 좋습니다.

특히 십대 LGBTQ들은 친밀한 관계와 성관계에 대해 믿을 만한 정보를 찾기 힘듭니다. 친구, 가족, 학교의 어른, 종교 지도자에게 듣는 성관계에 관한 이야기가 자신에게는 적용되지 않는다고 느낄 수 있습니다. 주위에 있는 거의 모든 사람이 여러분을 이성애자·시스젠더라고 생각하거나 성과 젠더에 대한 이해가 부족하다면 섹스에 대해 여러분이 알고 싶은 정보를 얻기는 불가능할 겁니다.

흔히 젊은이들은 성관계와 성행위가 별것 아니라고 생각하지만 진실과는 거리가 먼 이야기입니다. 성행위에 대해 건전한 결정을 내리는 것은 말할 수 없이 중요합니다. 언제 준비되었다고 할 수 있는가? 신체적 친밀성과 관련해 내가 정한 경계는 어디인가? 누군가와 친밀한 접촉을 하기 전에 그 사람을 얼마나 알아야 하며 얼마나 그 사람을 좋아해야 할까? 편안한 행위들은 어떤 것인가? 섹스는 무엇이며 내게 어떤 의미인가? 안전한 섹스를 할 줄 아는가? 더 안전한 섹스란 도대체 무슨 뜻인가? 신체적, 감정적으로 나를 건강하게 지키기 위해 내가 정한 경계를 데이트 상대에게 말할 수 있는가?

거울 속 자신부터 시작하기

흔히 성관계와 성행위는 다른 사람과 하는 것이며 그 사람과 어떻게 상호작용하는지에 관한 것이라고 생각하지만 건강한 성은 한 사람에게서 시작한다. 바로 여러분이다. 성인들도 그렇지만 대부분 십대는 어느 순간 자존감에 힘들어하는 때가 있다. 자신을 사랑하고 존중하는 건전한 마음이 없다면 타인에게서도 얻을 수 없다. 신체적 접촉이 위안을 줄 거라 생각하기 쉽지만 자기 자신을 소중하게 생각하지 않는다면 섹스가 그 생각을 바꿔줄 수 없다. 자기 자신에게 사랑을 느끼기가 매우 힘들 수도 있다. 특히 자신의 성과 관련해 어느 정도 수치심을 가지고 있다면(이것은 정상이다) 더욱 그렇다. 그러나 자기애가 있어야 다른 사람과 건전하고 행복한 친밀감을 쌓을 수 있다. 이 책의 9장에서 자신을 긍정적으로 보고 보살피는 팁을 소개했으니 참고하도록 하자.

지금 여러분은 생각할 것도 많고 이 모든 질문을 해결하기는 너무나 어렵게 느껴질 수 있습니다. 하지만 이것은 성행위를 하기 전에 답해야 하는 중요한 질문들입니다. 기죽지 마세요. 정확한 정보가 가장 좋은 친구이며, 찾아보면 많습니다. 여러분 자신과 여러분이 믿는 것 그리고 성관계와 성에 대한 지식과 학습이 이 질문들을 하나씩 헤쳐 나가는 길에서 안내자가 될 것이며 여러분에게 맞는 결정을 하는 데 도움이 될 겁니다.

신념은 내가 무엇이 옳고 그르다고 생각하는 것이며 내게 중요한 것들입니다. 신념은 여러분의 경계와 행동을 결정하도록 인도합니다. 보통 신념은 가족, 문화, 종교, 영성을 포함한 다양한 원천에서 영향을 받습니다. 그러나 청소년기는 독립심을 수립하는 중요한 시기이며 여러분과 함께 자라온 신념 중 무엇을 유지하고 무엇을 버리거나 수정할지 결정할 때입니다.

여러분이 안심하고 마음을 터놓을 수 있다면 가족, 종교 지도자 또는 학교의 어른들이 여러분에게 맞는 것이 무언지 찾는 데 도움을 줄 수 있습니다. 하지만 여러분이 자라온 종교, 문화, 가족의 신념이 퀴어에 강하게 반발한다면 여러분 자신의 신념을 찾기가 더 어려울 겁니다. 본보기가 없다고 느끼거나 자신의 성적 지향성이나 성정체성이 창피하다고 느낄 수 있습니다. 그런 경우에는 여러분의 생각과 감정을 LGBTQ 문제를 잘 알고 있는 상담사 혹은 보건교육 상담사와 이야기를 나눠보세요. 또는 편견 없이 여러분의 이야기를 듣고 객관적인 피드백을 줄 수 있는 다른 믿을 만한 사람도 괜찮습니다. 온라인, 오프라인 상관없이 LGBTQ 단체나 커뮤니티 센터가 이런 지원을 얻기에 좋은 곳입니다.

기술적 문제도 있습니다. 어떤 선택지가 있는지 모르면서 어떤 행위를 할지 어떻게 결정할 수 있을까요? 대부분 학교는 성관계와 성에 대해 제한된 정보를 제공하며 우리의 몸이 어떻게 작동하는지 기본만을 가르칩니다. 게다가 LGBTQ의 성과 관련된 문제는 거의 교육을 받지 않습니다. 공공종교연구소^{Public Religion Research Institue}가 2015년에 실시한 설문조사에 따르면 밀레니얼 세대(일반적으로 1980년대 초에서 1990년대에 태어난 사람들)의 12퍼센트만이 학교에서 받은 성교육에 동성 관계에 대한 정보가 있었다고 답했습니다.

학교나 가정에서 제공하는 성관계에 대한 정보는 일반적으로 파트너가 시스젠더거나 이성이라고 가정합니다. 대부분 부모는 성관계에 관해 잘 이야기하지도 않겠지만 이야기한다고 해도 LGBTQ의 성 이슈를 꺼내지는 않을 겁니다. 학교에서는 대체로 신체의 변화나 임신, 금욕, 성병의 주제에 초점을 맞춰 토론(혹은 강의)합니다. 이것들도 중요한 주제지만 알아야 할 것이 훨씬 더 많습니다. 또한 부모가 이성애자·시스젠더라면 퀴어의 신체 관계에 대한 이해가 전무하거나 한정적일 수 있습니다. 일부 부모는 자녀가 LGBTQ든, 이성애자든 상관없이 '그 이야기'를 전혀 언급하지 않기 때문에 청소년들이 성에 대한 정보를 친구나 인터넷을 통해 얻을 수밖에 없고 그나마도 부정확한 경우가 많습니다.

학교에서는 인간의 성을 가르칠 때 퀴어의 성 이야기는 피하거나 얼버무리고 넘어갑니다. GLSEN이 발표한 〈2015년 미국 학교 환경 조사〉에 따르면 보건 수업에 LGBTQ와 관련해 긍정적 정보가 포함되어 있었다고 답한 학생은 5.7퍼센트에 불과했습니다.

이런 정보 부족은 십대 LGBTQ에게 매우 불리합니다. 미국 질병관리예방센터^{Center for Disease Control and Prevention, CDC}에서 청년들의 위험 행동에 대해 2015년에 수행한 설문조사에 따르면 퀴어 젊은이들이 이성애자 젊은이들보다 성관계를 강요받거나 데이트 폭력을 경험할 위험이 매우 컸습니다. 일부 학군에서는 십대 퀴어들의 36퍼센트가 성관계를 강요받은 적이 있다고 보고했습니다.

LGBTQ 관련 데이터를 볼 때 유의할 점

LGBTQ 젊은이들의 성행동과 위험 행동에 관한 데이터는 혼란스러울 수 있다. 사람들이 자신을 어떻게 분류하느냐에 크게 의존하기 때문이다. 예를 들어 설문조사에서 십대들에게 자신을 레즈비언이나 게이, 양성애자, 트랜스젠더로 보는지 물었을 때 응답자의 7퍼센트가 그중 하나에 '예'라고 답했다고 가정하자. 그렇지만 같은 젊은이들에게 말만 바꿔서 '당신은 배타적 이성애자인가'라고 물으면 절반 정도의 응답자가 '아니요'라고 할 수 있다. 그렇다면 퀴어는 응답자의 7퍼센트일까, 아니면 50퍼센트일까? 이는 해석하기 나름이다. 또한 데이터의 어떤 숫자가 중간, 평균, 최고치, 최저치 중 어느 것일까? 뉴스 기사나 블로그는 포괄적인 용어로 데이터를 요약하는 경향이 있어서 어떤 데이터가 정말 무엇을 말하는지 알고 싶으면 그 원본을 찾아보는 것이 중요하다.

> **전문가의 귀띔** 수학 수업 프로젝트로 통계가 왜곡되거나 잘못 제시되는 방식들을 조사해 보여줄 수 있다.

왜 이런 일이 생길까요? 간단한 답변은 없지만 많은 과학자가 이런 높은 비율은 LGBTQ 젊은이들이 전반적으로 우울증, 자살 성향, 가족으로부터의 거부와 같이 더 많은 위험 요인을 갖고 있기 때문이라고 봅니다. 따라서 LGBTQ들이 학대를 받을 만한 무언가가 선천적으로 있는 것이 아니라 그들을 둘러싼 사회적, 환경적 요인에 원인이 있는 것입니다. 이 모든 것을 고려한다면 십대 LGBTQ들을 위한 더 많은 정보와 지원이 필요합니다.

대부분 학교의 커리큘럼에서 퀴어의 성을 다루지 않기에 여러분을 존재하지 않는 듯 취급한다고, 또 정보도 부족하다고 느낄 수 있습니다. 이 장은 성관계와 성에 대한 정보를 좀 더 자세히 제공해 이 문제를 개선하는 데 돕고자 합니다.

성관계를 고민하는 십대를 위한 문답

퀴어든 이성애자·시스젠더든 상관없이 성에 대한 인식은 청소년기에서 큰 부분을 차지합니다. 청소년기가 되면 종종 섹스에 대한 생각과 그게 자신에게 무슨 의미인지 관심이 많아지고, 성행위를 경험해보고 싶은 마음이 커집니다. 물론 누구나 그렇지는 않습니다. 에이섹슈얼은 십대에 자신이 친구들보다 성행위에 대한 관심이 아주 적다는 사실을 알기 시작합니다(에이섹슈얼에 대해서는 237쪽을 살펴보세요).

성적인 활동을 하겠다는 결심은 커다란 선택이며 여러 가지 이유에서 인생의 획기적 사건입니다. 새로운 신체 경험, 강렬한 감정, 안전과 건강을 지키고 파트너와 명확한 의사소통을 하는 책임감 등이 포함되기 때문입니다.

지금 당장 섹스하지는 않겠다고 결심할지도 모르고, 약간의 행위는 시험적으로 해보지만 다른 것들은 확실히 선을 긋겠다고 마음먹을 수도 있습니다. 어떤 방식으로는 신체적 접촉의 준비가 되어 있지만 다른 방식은 아닐 수도 있습니다. 섹스를 어떻게 정의할지, 그것이 자신에게 어떤 결과를 가져다줄지 모를 수 있습니다.

아마도 여러분은 궁금한 점이 많고 정확한 사실과 잘못된 정보가 뒤섞여 마음이 뒤숭숭할 겁니다. 이 모든 게 혼란스럽고 묻고 싶은 것도 많겠지요. 다음은 흔히 하는 질문들입니다.

성적 충동을 느끼면 준비되었다는 뜻인가요?

성적 인식이 증가하면서 정서적 변화도 있습니다. 신체적으로 충동을 느낄 수 있으며 이는 자연스러운 일입니다. 그러나 무조건 그런 충동에 따라 행동하기는 혼란스럽거나 걱정되고 불안할 수 있습니다. 이 또한 정상입니다. 성행위를 시작해도 되는 나이는 없습니다. 정서적, 신체적 준비 정도에 영향을 미치는 요인들은 사람마다 다릅니다.

'약간 준비가 되었다'도 가능한가요?

짧게 대답하면 '물론!'입니다. 성적 친밀함이나 성행위에 어느 정도는 준비되었어도 '이건 아직 아니다'라는 지점이 있을 수 있습니다. 그런 것이 있고 그것을 안다는 게 중요합니다. 감사하게도 성행위는 '이것 아니면 저것'의 양자택일이 아닙니다. 손을 잡는 것부터 깊은 포옹과 그 이상까지, 많은 행동이 건강한 애정 표현이며 신체적, 정서적으로 모두 만족을 줍니다. 이 중 어떤 것은 할 자세가 되어 있지만 다른 것은 아직 준비가 안 됐을 수 있습니다. 그리고 여러분이 불편한 무언가를 하고 있거나 누군가 그런 행동을 요구한다면 여러분의 느낌을 따르세요. 그 느낌은 여러분이 준비된 것 이상으로 넘어간다는 지표입니다.

성적인 행동에서 경계를 정하는 것은 애정과 성적 친밀감을 타인과 나누는 것이 편안해지는 성숙의 과정입니다. 경계를 정하기 위해서는 아무리 쑥스럽고 어렵더라도 파트너와 의사소통을 할 수 있어야 합니다. 여러분이 원하고 중요한 것이 뭔지 생각하세요. 여러분의 감정을 파트너에게 말하고 파트너는 무엇에 준비되었는지 물어보세요.

의외로 '서서히' 탐색해나가는 것도 좋습니다. 한 번에 하나씩 진전하는 설렘과 즐거움은 파트너와의 결속을 굳히는 경험이 될 겁니다. 그리고 그것이 한 번에 끝까지(그게 무엇인지는 사람마다 다르지만) 밀어붙이는 것보다 보통 더 안전하고 편안합니다.

'준비'의 의미

어떤 성행위를 할 준비가 되었다는 것이 성숙도를 말해주는 건 아니다. 반대로 어떤 행위에 대해 아직 준비되지 않은 것이 미성숙을 뜻하지도 않는다. 오히려 자신이 준비된 것과 그렇지 않은 것을 충분히 알고 파트너에게 그 뜻을 표현할 수 있다는 점이 성숙함을 보여주는 확실한 징표다. 이것을 이해하면 자신과 타인에게 뭔가를 증명하기 위해 어떤 행위를 해야 한다는 부담감에서 벗어날 수 있다.

거의 모든 사람이 섹스하지 않나요?

성행위를 하는 십대가 많은 것은 사실입니다. 그러나 조금 더 기다리기로 마음먹고 어떤 행위들은 배제하는 경계를 정해놓은 십대들도 많습니다. '실행하는 것'과 '그에 대해 옳은 결정을 내렸다고 느끼는 것'은 다른 느낌입니다.

2015년 미국 질병관리예방센터의 보고에 따르면 미국 고등학생의 41.2퍼센트가 성관계를 경험했다고 답했습니다. 2007년의 47.8퍼센트보다 조금 내려간 수치입니다. 즉 주위의 모든 친구가 섹스하는 것처럼 보여도 그렇지 않은 사람도 많다는 것입니다.

또한 섹스했다고 말하는 학생들이 진실을 과장하는 경우도 있습니다. 친구들 사이에 맴도는 섹스에 대한 압박 때문에 거짓말을 하는 것은 이해할 만합니다. 관심을 받으려고, 어른처럼 느끼고 싶어서, 아니면 섹스했냐는 질문을 그만 받고 싶어서 그렇게 말할 수도 있습니다. 그러니 친구들의 행동을 여러분의 결정 기준으로 삼지는 말아야 합니다.

성행위에 대해 여러분 자신의 신체적, 정서적 건강과 안전을 먼저 생각해야 하는 또 다른 이유는, 실제로 성적으로 활발한 십대들 중 많은 수가 위험한 행위에 쉽게 빠지기 때문입니다. 질병관리예방센터 데이터에 따르면 43퍼센트가 콘돔을 사용하지 않으며(콘돔은 피임뿐 아니라 성병 예방을 돕습니다) 14퍼센트는 아무런 피임 방법을 쓰지 않고 21퍼센트는 섹스할 때 술이나 마약을 한 상태였다고 답했습니다. 이런 행동들은 매우 복잡한 결과를 초래할 수 있습니다.

성행위의 압력을 받을 때

성행위든, 다른 어떤 행위든 주변 사람들로부터 압력을 받으면 '아니요'라고 말하기가 어렵다. 압력을 주는 사람이건, 받는 사람이건 원하지 않는 일을 하라고 부추기는 것은 좋지 않다. 압력을 받을 때는 다음과 같이 답할 수 있다.

압력:	"너도 한번 해봐. 끝내줘."
답변:	"그래, 끝내주겠지. 내가 그럴 준비가 되었다면 말이야. 난 후회할 일은 하고 싶지 않아. 네가 정말 나를 생각한다면 자꾸 부추기지 마."
압력:	"그렇게 고상한 척하지 마. 다른 사람들도 다 한다고."
답변:	"한다는 사람이 많지만 모두 사실은 아니야. 그리고 나는 나야. 다른 사람이 어떤지 관심 없어."
압력:	"섹스, 그거 별것 아냐."
답변:	"섹스가 별거 아닌데 왜 그렇게 내 섹스에 관심이 많아?" "내 몸을 가지고 무엇을 하는지는 내게 중요한 일이야."
압력:	"네가 섹스를 할 만큼 성숙하지 못한 거야."
답변:	"난 나한테 중요한 것에 책임 있는 결정을 내리고 그 결정을 지킬 만큼 성숙해. 다른 사람이 아니라고 생각하는 일을 억지로 부추기지 않을 만큼 어른스럽고."

친구들이 정말 섹스를 하고 있다면 나만 버려진 느낌 혹은 다들 어른이 되었는데 나만 어린 느낌일 수 있습니다. 이는 아주 자연스러운 감정입니다. 다른 이들에게 맞는 것이 내게 꼭 맞지 않을 수 있다는 사실을 계속 상기하세요. 무엇에 준비되었는지는 여러분만이 결정할 수 있습니다. 게다가 우정을 계속할 친구라면 여러분이 원하지 않는 일을 하라고 압력을 주지 않을 겁니다.

사랑하면 섹스하는 게 맞나요?

누군가에게 섹스는 사랑하는 사람 사이의 애정 표현이지만 누군가는 사랑이 없어도 되는 신체적 쾌락의 한 가지로 보기도 합니다. 그럼에도 대부분 사람은 사랑하고 존중하는 파트너 사이에서 이뤄지는 성관계가 가장 만족스러운 경험이라는 데 동의합니다. 그렇지만 사랑한다고 해서 꼭 섹스해야 하는 것은 아닙니다. 섹스는 사랑을 표현하는 한 가지 방법일 뿐이라는 걸 기억하세요.

사랑하는 사람에게 'NO'라고 말하는 방법

사랑하는 사람이 성적으로 친밀해지고 싶어 할 때 "안 돼"라고 말하기는 매우 힘들다. 하지만 얼마나 오래 사귀었는지와 관계없이 섹스는 갚아야 하는 빚이 아니다. 여기 사랑하는 사람의 은근한 압력에 대응하는 팁들이 있다.

압력: "나를 사랑한다면 같이 자자."

답변: "자는 것과 사랑은 별개의 문제야. 네가 나를 사랑한다면 내가 준비되었을 때 결심하게 해줘. 내가 내키지 않는 일을 하라고 밀어붙이면 우리 관계에 도움이 되지 않아. 그럴 만큼 섹스가 중요해?"

압력: "나를 사랑한다는 말을 증명해봐."

답변: "매일 너의 생각과 결정을 존중하는 게 내 사랑의 증거야. 네가 나를 사랑한다는 증거를 너도 똑같이 보여줄래?"

압력: "우리는 성性이 같으니까 임신 걱정을 할 필요가 없잖아."

답변: "그렇긴 하지만 섹스는 내게 그 이상의 의미야. 너와 잔다는 건 사적이고 친밀한 무언가를 너와 나누기로 결심하는 거야.

너는 섹스가 별것 아닌 듯 말하지만 내겐 그렇지 않아. 너는 그걸 모르고, 그게 나를 불편하게 해."

압력: "왜 그래? 숫처녀(숫총각)도 아니면서."

반응: "내가 이전에 섹스를 경험했다는 게 지금 그걸 원한다는 뜻은 아니야. 그리고 아무랑 한다는 것도 아니고. 나는 나를 존중하고 누군가와 성적으로 친밀해지는 것에 매우 진지해."

하지만 지금 사귀고 있는데요?

누군가를 사랑하지만 아직 섹스할 준비가 안 되었다고 느끼거나 성행위 자체에 전혀 관심이 없을 수도 있습니다. 그렇다고 해서 그 사람을 좋아하지 않는다는 의미가 아닙니다. 여러분이 아직 그 수준의 신체적 친밀함을 원하지 않거나 준비가 되어 있지 않다는 뜻입니다.

"섹스가 지금 사귀는 사람과 함께하는 이유가 되어서는 안 된다. 활발한 섹스는 관계에서 중요한 정서적, 정신적 교류와 비교하면 아무것도 아니다."

_라이나, 20세

많은 사람이 연애에서 가장 짜릿한 것은 '첫 순간'이라고 합니다. 처음으로 시선이 마주쳐 서로 미소 지은 순간, 처음으로 손을 잡았을 때, 첫 키스 그리고 처음 성적인 행위를 함께한 순간입니다. 하지만 그런 첫 경험들이 그렇게 특별하고 기억에 남는 이유는 그것들이 어떤 사람과의 연애에서 한 번씩밖에 일어나지 않기 때문입니다. 그리고 그런 순간들은 두 사람 모두 준비되었을 때 비로소 가장 소중하고 즐거운 시간으로 기억됩니다.

혼자서도 성적 경험을 할 수 있다

모든 성적 경험에 다른 사람이 필요하지는 않다. 자위는 성 발달의 정상적이고 건강한 행위다. 혼자 하는 성적 체험은 내가 정서적, 신체적으로 무엇이 편하고 즐거운지를 배우는 건강하고 안전한 방법이다.

더 이상 섹스를 하고 싶지 않으면 어떻게 하나요?

어쩌면 이미 섹스를 하기 시작했을 수 있습니다. 섹스해봤는데 별로 좋지 않다면 언제든지 그만할 수 있고 성 활동을 이전 수준으로 돌리면 됩니다. 이미 해봤기 때문에 계속해야 할 이유는 없습니다.

파트너와 터놓고 이야기해보세요. 파트너가 여러분을 정말 사랑한다면 여러분을 이해하고 지지할 겁니다. 물론 이야기를 꺼내기가 약간 겁나고 창피할 것입니다. 그러나 만약 파트너와 섹스에 관해 이야기하지 못하겠다면 여러분이 뭔가 너무 서둘렀거나 그 사람이 적절한 짝이 아니라는 표시일 수 있습니다.

어떻게 동의를 얻지요? 파트너도 원하는지 어떻게 아나요?

성폭행과 관련된 문제에 대한 인식이 높아지면서 동의에 대한 인식도 커지고 있습니다. 성행위를 하려면 여러분과 파트너 모두 반드시 동의해야 합니다. 하지만 무엇이 동의일까요? 일단 '열렬한 예스'를 동의라고 생각하는 게 좋습니다. 파트너에게 특정 행동에 대해 물었는데("너 [어떤 행위] 하고 싶어?") 열정적인 긍정이 없으면 피하는 게 좋습니다. 강요하거나 압력을 주지 않으면서 이야기를 계속 나눠 파트너의 감정과 생각을 더 이해해보세요. 다른 것을 제안하거나 파트너

> "성행위를 해본 적이 없다. 기다릴 계획이다."
>
> _훌리오, 19세

가 무엇을 하고 싶은지 물어보세요. 한 가지 확실한 것은 성행위에 대한 동의를 애매하게 남겨서는 안 됩니다. 명확하고 솔직한 의사소통이 중요합니다. 확신이 서지 않으면 '열렬한 예스'를 받았던 행동으로 돌아가거나 그냥 하지 마세요. 또한 술이나 마약은 동의에 대한 의식을 왜곡할 수 있음을 명심하세요.

나를 잘 알수록 건강한 결정을 내릴 수 있다

지금까지 읽었던 질문이나 상황이 익숙하거나, 아니면 다른 질문이 있을 수 있습니다. 이런 문제들을 이제 생각하기 시작했을 수도, 이미 활발하게 성생활을 하고 있을 수도 있습니다. 어떤 경우든 자신에 대해 더 잘 알수록 여러분의 경계와 행동, 파트너에 대해 더 건강한 결정을 내릴 수 있습니다. 다음은 섹스할 준비가 되었는지 결정할 때 도움이 될 질문들입니다.

- 나 자신과 내 몸이 편안하게 느껴지는가?
- 나 자신을 존중하고 자부심이 강한가?
- 섹스에 대해, 내가 정한 경계들에 대해 파트너와 편하게 이야기할 수 있는가?
- 필요하면 편하게 'No'라고 말할 수 있는가?
- 사랑받기 위해 꼭 섹스할 필요가 없다는 걸 이해하는가? 누군가를 좋아한다고 해서 이를 증명하기 위해 섹스할 필요가 없다는 걸 아는가?

- 성병이 무엇이며 어떻게 전달되는지 이해하고 있는가? 안전한 섹스에 대해 알고, 그것에 대해 파트너와 이야기할 수 있는가? 모든 성행위에 보호 장치 사용을 주장할 만큼 확신하는가?
- 누군가에게 섹스하겠다고 말하고 'Yes'라고 했어도, 중간에 어느 때든 싫다고 말해도 되는 것을 알고 있는가? 파트너의 동의를 확인하는 방법을 알며 동의를 주지 않을 때는 파트너의 선택을 존중할 수 있는가?
- 성관계를 하고 있다고 해서 계속할 필요는 없다는 것을 알고 있는가?

퀴어 성관계에 대한 다섯 가지 오해

성관계와 성에 관한 이야기는 십대뿐 아니라 모든 이에게 불편함과 혼란을 줍니다. 특히 퀴어의 섹스와 성에 대해서는 잘못된 정보가 많기 때문에 LGBTQ 젊은이들은 더욱 그렇습니다. 성관계에 관한 여러분의 결정이 근거 없는 믿음과 고정관념의 영향을 받지 않도록 하세요. 다음은 LGBTQ의 성에 대한 흔한 오해들입니다.

섹스가 내가 LGBTQ인지 아닌지 아는 제일 좋은 방법이다

커밍아웃을 할 때 "어떻게 확실하게 알지?"라는 질문을 마주하는 사람이 많습니다. 많은 사람이 LGBTQ가 누구와 섹스를 하는지에 관한 것이라고 믿습니다. 심지어 성행위를 해보지 않았다면 자신의 성적 지향이나 성정체성을 확실히 알 수 없다고 말하는 사람도 있습니다.

[진실] 퀴어란 인간으로서 내가 누구인지에 관한 것이고 내 정체성의 일부입니다. 또한 내가 감정적으로 누구에게 끌리느냐에 관한 것입니다. 섹스한다고 해서 여러분이 몰랐거나 의심했던 것이 증명되지 않으며 따라서 적극적 성행위가 답이 될 수 없습니다. 또한 섹스가 일으킬 감정에 대처할 준비가 되지 않았거나 자신의 경계에 대해 그리고 안전한 섹스에 대해 소통하는 것이 불편하다면 섹스가 부정적인 영향을 미칠 수도 있습니다.

LGBTQ들은 문란하다

어떤 사람들은 LGBTQ가 오직 섹스에 관한 것이며 퀴어들, 특히 남자 정체성을 가진 퀴어들의 제일 큰 관심사가 섹스라고 생각합니다.

[진실] 사실을 말하자면 LGBTQ들이 이성애자·시스젠더들보다 선천적으로 혹은 현실에서 더 문란하거나 성적으로 모험적이지 않습니다. LGBTQ라고 성행위를 꼭 해야 한다는 법도 없습니다. 여러분이 퀴어든, 이성애자든 상관없이 성관계 여부는 개인적인 결정입니다.

트랜스젠더와 논바이너리를 위한 정보

이 장의 정보들은 퀴어 젊은이 모두를 위한 것이지만 트랜스젠더와 논바이너리들은 성적 관계에서 다뤄야 할 문제가 더 있다. 예를 들면 신체와 성정체성 사이의 충돌 가능성이다. '젠더화된 지능Gendered Intelligence'의 웹사이트(generedintelligence.co.uk)는 《트랜스젠더 청소년을 위한 성 건강》이라는 소책자를 제공한다. 이 책자는 특별히 트랜스젠더와 논바이너리의 성 건강 정보와 고려해야 할 사항을 전반적으로 짚는다. 이 책자와 더불어 트랜스젠더와 논바이너리 정체성을 지닌 사람들을 위해 이 책의 2장에서 제공한 더 많은 정보를 확인하길 바란다.

오럴 섹스나 직접적 성관계를 하지 않는 행위는 섹스가 아니다

오럴 섹스나 직접적 성관계 이외의 행위들을 매우 친밀한 성행위로 생각하는 사람들이 있는 반면, 별로 중요성을 부여하지 않는 사람들도 있습니다. 또 어떤 사람들은 이런 행위를 성관계에 이르는 전 단계라고 생각하기도 합니다. 그러나 일부 사람들에게 그건 그냥 섹스입니다. 이들에겐 오럴 섹스와 그 밖에 직접적 성관계를 하지 않는 다른 행위들도 주된 성행위입니다.

[진실] 특히 오럴 섹스에 대해 알아야 할 것이 있습니다. 오럴 섹스가 중요한 성적 접촉임을 부정할 수는 없습니다. 많은 성병이 오럴 섹스를 통해 전달되고 전달받습니다. 오럴 섹스에는 매우 친밀한 신체적 접촉이 수반되며 나와 타인의 매우 사적인 무언가를 나누는 선택입니다. 따라서 자기 존중이라는 측면에서, 그 정도의 친밀함을 나눌 가치가 있는 사람인지 시간을 두고 생각해볼 필요가 있습니다.

이런 문제를 파트너와 분명하게 소통하는 게 중요합니다. 여러분은 오럴 섹스를 큰일이라고 생각하는데 파트너가 그렇지 않다면 문제가 될 수 있습니다. 파트너가 신체적 친밀함의 가치와 그것을 나누는 중요성을 모른다고 여러분이 생각할 수 있습니다. 여러분이 무엇에 준비되었는지의 결정은 성관계뿐 아니라 광범위한 성행위에 관한 중요한 결정을 하는 것입니다.

남성 정체성 파트너는 항문성교를, 여성 정체성 파트너는 오럴 섹스를 한다

LGBTQ에 대한 근거 없는 믿음 중 가장 많이 퍼진 것입니다. 즉 남성 혹은 여성 정체성을 지닌 동성 파트너 사이에서 이것이 주요 행위라고 생각하는 사람이 많습니다. 이 잘못된 생각은 낡은 고정관념에서 비롯된 것이며 퀴어가 무엇인지 잘 모르거나 이해하지 못하는 사람들이 퍼뜨리는 것입니다. 퀴어의 성에 대한 개념이 한정되었기 때문입니다.

[진실] 이성애자·시스젠더와 마찬가지로 LGBTQ들이 경험하는 성행위는 광범위합니다. 어떤 게이 커플은 항문성교를 전혀 혹은 거의 하지 않고(어떤 남성-여성 커플이나 여성-여성 커플은 항문성교를 합니다), 어떤 여성 커플은 오럴 섹스를 전혀 혹은 거의 하지 않습니다. 성행위의 범위는 다양하며 파트너의 신체 모습이나 성정체성에 따라 한 가지만 고집하지 않습니다.

포르노의 문제점

인터넷 이용이 증가하면서 포르노그래피를 쉽게 접할 가능성도 점점 커지고 있다. 문제는 포르노를 시청하는 것보다 화면에서 본 장면을 성적 행동의 바탕으로 삼는 데 있다. 목표 시청자가 LGBTQ든, 이성애자·시스젠더든 포르노는 원래 과장된 성적 행동들을 보여주도록 만들어지고 사람들을 자극하기 위해 경계를 최대한 밀어붙이는 경향이 있음을 기억해야 한다.

많은 십대뿐 아니라 성인들도 '포르노 압력'을 느낀다고 말한다. '포르노 압력'이란 흥미가 없거나 편하지 않은 혹은 안전하지 않은 성행위를 포르노의 영향 때문에 하게 되는 압력이다. 여러분이나 파트너가 어딘가에서 특정 행동을 봤다고 해서 그런 행위를 하거나 다른 사람에게 요구하는 것은 현명하지 않고 상대를 존중하지 않는 것이며 건강한 성적 관계를 해칠 수도 있음을 기억해야 한다.

LGBTQ들은 HIV와 에이즈를 퍼뜨린다

이것은 또 하나의 고정관념으로, HIV와 에이즈 감염이 미국에서 처음 시작된 1980년대 초에 게이와 양성애자 남성들이 특히 많은 타격을 받은 사실에서 비롯되었습니다. 다양한 사람들이 감염되었음에도 불구하고 많은 사람이 게이, 양성애자 남성들을 비롯해 퀴어들을 에이즈와 연결해 생각하게 되었습니다.

[진실] LGBTQ든, 이성애자·시스젠더든 누구나 HIV와 에이즈를 조심해야 하며 이 바이러스가 어떤 경로로 어떻게 전달되는지 알아야 합니다. 일부 사람들의

> "섹스가 모든 것이자 궁극적 종착점인 건 아니다. 성관계는 한 사람의 정체성을 만들지도, 깨뜨리지도 않는다. 해야 하는 일이라고 생각해서가 아니라 내가 하고 싶어서 즐기는 것이다."
>
> _조지프, 20세

생각과 달리 게이와 양성애자 남성들만이 HIV와 에이즈 전파에 책임이 있지 않습니다. 이것은 모든 연령, 인종, 젠더, 성적 지향을 가진 사람들에게 영향을 미칠 수 있는 세계적 전염병입니다.

HIV와 에이즈에 걸릴 위험은 여러분이 누구냐가 아니라 무엇을 하느냐에 달렸습니다. 그리고 HIV와 에이즈는 단 한 번의 노출로도 걸릴 수 있습니다. 건전한 선택을 하고 안전한 성관계를 준수한다면 HIV 바이러스에 노출될 위험을 줄일 수 있습니다.

반드시 알아두어야 할 성병과 임신에 관한 사실들

친밀한 관계를 맺을 때 생각해야 할 또 다른 문제는 성병과 임신입니다. 퀴어이기 때문에 임신 가능성이 적거나 불가능하다고 생각할지 모르지만 〈미국 공중보건 저널American Journal of Public Health〉에 실린 2015년 논문에 따르면 실제로는 이성애자인 십대들보다, 이성 파트너와 성관계한 LGBT 젊은이들 사이에서 임신 비율이 더 높은 것으로 나타났습니다.

> "내 몸이 중요하기 때문에 나는 항상 안전한 성관계를 한다. 콘돔을 어디서 구하고 성병 검사를 어디서 할 수 있는지 알아야 한다."
>
> _프리실라, 20세

그리고 성적 활동을 시작하려고 하거나 이미 하고 있다면 LGBTQ든, 이성애자·시스젠더든 성병에 대해 생각할 필요가 있습니다. 성병은 주로 질이나 구강, 항문을 통한 성관계를 통해 한 사람에게서 다른 이에게로 옮겨지는 감염이지만 성관계 없이 친밀한 접촉만으로도 옮겨지는 성병들도 있습니다. 성병은 심각한 문제입니다. 불행하게도 피임 도구를 사용하는지 여부와 상관없이 단 한 번의 관계로도 장기적으로 심각한 결과를 가져올 수 있습니다.

성병의 감염과 관련된 사실들

성병은 십대들에게 흔하다

미국 질병관리예방센터의 2015~2016년 자료에 따르면 15~

24세 젊은이들이 새로운 성병의 반 이상에 감염되며, 성관계를 갖는 여성 넷 중 한 명이 성병이 있다고 합니다. 클라미디아, 임질, 매독을 합한 성병 감염자 수는 2015년에 최고치를 기록했고 대다수는 젊은 이였습니다. 성병이 항상 분명한 증상을 동반하지 않는다는 점을 알아야 합니다. 자신도 모르게 성병에 걸렸고 이를 다른 사람에게 옮기는 경우가 드물지 않습니다.

HIV와 에이즈는 아직 치료법이 없다

HIV와 에이즈 이외에도 많은 성병이 있지만 HIV와 에이즈는 십 대들에게 심각한 문제입니다. 미국 질병관리예방센터에 따르면 13 ~24세 젊은이들이 미국에서 새로 감염되는 HIV 사례 중 대략 25퍼센트를 차지한다고 합니다.

발전된 약물치료 덕분에 감염자들도 이전보다 삶의 질이 나아진 것은 사실이지만 HIV나 에이즈 환자로 사는 일은 쉽지 않습니다. 어느 날 갑자기 연구자들이 치료제나 감염을 예방하는 백신을 개발할지도 모르지만 그리기까지는 꽤 오랜 시간이 걸릴 듯합니다. 그때까지 HIV와 에이즈는 매우 현실적인 위협입니다. 또한 HIV와 에이즈에 대한 새로운 치료법들이 일부 사람들에게는 안전한 성관계를 할 필요가 없다는 잘못된 생각을 심어줄 수도 있습니다. 순간적으로 유혹에 넘어가기 쉽지만 매우 위험한 도박이라는 걸 명심해야 합니다.

여성과 성관계를 맺는 여성도 성병을 옮길 수 있다

여성이면서 자신과 같은 성적 지향의 다른 여성과만 성관계를 하는 시스젠더 레즈비언들은 다른 성적 지향의 사람들보다 전체적인 성병 감염율이 낮습니다. 하지만 헤르페스, HPV(질 사마귀 바이러스), 세균성 질염은 여성 간의 성관계에서도 꽤 쉽게 옮겨지므로 조심하고 안전한 섹스를 하는 게 중요합니다. 그리고 HIV, B형 간염, 임질, 클라미디아 같은 성병은 가능성이 낮더라도 여전히 전파될 수 있습니다.

성병 검사 받기

성병이 있는지 어떻게 알 수 있을까? 유일한 방법은 검사를 받는 것이다. 부모님이 알게 될까 봐 걱정된다면 부모님에게 말하지 않고 의사 선생님에게 검사를 해줄 수 있는지 따로 물어볼 수 있다. 성행위를 계획하고 있다면 파트너와 함께 가서 둘 다 검사를 받는 것도 좋은 방법이다.

퀴어의 임신에 관한 사실들

일부 십대들은 자기가 퀴어일지도 모른다는 두려움 때문에 이성과 성관계를 가져 자기가 이성애자라는 것을 자신과 타인에게 증명하려 합니다. 어떤 십대들은 퀴어 커뮤니티보다 '정상'이라고 생각되는 친구들을 만들려고 이성과 섹스하기도 합니다. 이들은 자기가 이성애자라면 인생이 조금 쉬울 거라고 생각하죠.

그러나 실수하지 않도록 하세요. 정상적으로 기능하는 여성의 생식기를 가진 사람이, 정상적인 남성 생식기를 가진 남성인 사람과 질을 통한 성관계를 하면 임신할 수 있습니다. 성적 지향이나 성정체성이 그렇지 않다고 임신이 안 되는 것은 아닙니다. 해부학적으로 남자인 사람은 게이, 트랜스젠더 혹은 논바이너리여도 해부학적으로 여성 신체를 가진 사람을 임신시킬 수 있습니다.

섹스, 성병, 안전한 섹스에 대한 더 많은 정보를 얻을 수 있는 곳

스칼레틴 www.scarleteen.com
기사, 조언, 쌍방형 매체 등을 통해 젊은이들에게 섹스에 대한 긍정적이고 정확하며 편견 없는 정보를 제공한다. 이 웹사이트의 설립자는 《S.E.X.: 십대와 이십대가 알아야 할 성 안내의 모든 것 S.E.X.: The All-You-Need-to-Know Sexuality Guide to Get You Through Your Teens and Twenties》을 쓴 헤더 코리나 Heather Corinna다.

Sex, Etc. sexetc.org
청년들의 종합적인 성교육을 위한 단체인 앤서 Answer에서 운영하며 성과 성 건강에 대한 포괄적인 정보, 십대들이 자신의 경험을 나눌 수 있는 포럼, 방대한 성 관련 용어사전 등을 제공한다.

앨리스에게 물어보세요! www.goaskalice.columbia.edu
컬럼비아대학교에 있는 앨리스! 보건 프로그램 Alice! Health Program에서 운영하는 건강 Q&A 웹사이트로 성, 성 건강, 관계에 대한 사실에 기반을 둔 정보를 담고 있다. 자기가 직접 질문을 올리거나 다른 사람의 질문을 볼 수 있고 전문가로부터 대답을 얻을 수 있다.

알고 싶어요 www.iwannaknow.org
미국사회보건학회 American Social Health Association에서 지원하는 이 웹사이트는 십대들에게 성병과 성 건강에 대해 정확하고 편견 없는 정보를 제공한다. 개개의 성병에 관한 정보, 성병을 예방하는 방법, 피임, 성병 검사 방법 등의 정보 등이 있다.

레즈비언, 게이, 양성애자, 트랜스젠더의 건강 www.cdc.gov/lgbthealth
미국 질병관리예방센터에서 운영하는 웹사이트다. 이 웹사이트에는 성과 건강 문제에 대한 광범위한 정보가 있으며 특별히 젊은이들을 위한 정보도 제공한다.

청소년 옹호단 www.advocatesforyouth.org

이 단체에 있는 청년 활동가 네트워크^{Youth Activist Network}는 십대들이 성
행위에 대해 건전한 판단을 내리도록 돕는다. 웹사이트를 방문해 성에 대
한 정보를 얻거나 청년을 위한 지지 활동에 참여할 수 있다.

CDC National STD Hotline 1-800-232-4636

HIV/에이즈, 바이러스 간염, 성병, 결핵 예방을 위한 미국 질병관리예방
센터의 상담 전화 서비스다. 이 서비스는 익명과 비밀이 보장되고 성병과
예방법에 대해 정보를 제공하며 관련 병원으로 연결도 해준다. 상담 전화
는 365일 24시간 운영된다.

LGBTQ 평등권 증진을 위한 의료 전문가들 www.glma.org

평소 방문하는 의사에게 말하고 싶지 않으면 여러분의 집 근처에 있는 퀴
어 우호적인 의사를 소개해줄 수 있는 단체다. 웹사이트를 방문해 '병원
찾기'를 클릭하면 된다.

미국 가족계획연맹 www.plannedparenthood.org

미국 가족계획연맹^{Planned Parenthood}은 LGBTQ를 위해 교육, 병원 안내,
상담을 비롯해 비밀이 보장되는 성병 검사를 제공하며 여러분이나 파트
너가 임신했을 때도 유용한 서비스다.

국내 정보

● **iSHAP**^{아이샵}은 'Ivan Stop HIV/AIDS Project'의 줄임말로 사단법인
한국에이즈퇴치연맹에서 운영하고 있는 성소수자 에이즈예방센터다. 남
성 동성애자와 트랜스여성을 대상으로 HIV/AIDS 예방교육, 홍보, 상담,
검사 사업을 진행하고 있다.

홈페이지	www.ishap.org
전화	02-792-0083

● **알**은 청소년·청년 감염인 커뮤니티로 청소년·청년 감염인들의 교류와 정보 교환을 위한 커뮤니티의 역할뿐만 아니라 네트워킹 및 인권 증진, 연대 활동 등을 하고 있다.

홈페이지   communityr.org

안전한 섹스 vs. 더 안전한 섹스

무엇이 다를까요? '안전한 섹스'는 잘못된 믿음입니다. 자위행위를 제외하고 완전히 안전한 섹스란 없습니다. 그러나 '더 안전한 섹스'는 있습니다. 성생활을 한다면 더 안전한 섹스가 임신이나 성병 감염의 가능성을 상당히 많이 줄여줍니다. 이는 여러분이 파트너를 얼마나 생각하는지를 보여줄 방법이기도 합니다. 더 안전한 섹스를 위해 알아야 할 기본 사실은 다음과 같습니다.

정액, 질액, 혈액과 같은 체액은 성병이 전달되는 주요 수단이다

반드시 체액 교환을 통해서만 성병에 감염되는 것은 아니지만 이것이 많은 성병 감염의 주요 수단이 됩니다. 그리고 HIV는 체액 교환을 통해서만 감염됩니다.

라텍스 물질이 감염 예방에 가장 효과적이다

콘돔이든, 덴탈 댐[23]이든, 장갑이든 더 안전한 섹스에는 라텍스가 여러분의 친구가 될 수 있습니다. 이런 라텍스 용품은 대부분 약국이

---

23 치과 치료 시 다른 부위를 보호하기 위해 또는 구강 성행위 때 성병 보호용으로 쓰는 얇은 라텍스 막.

나 편의점, 할인점에서 구입할 수 있고 심지어 콘돔을 구비한 화장실도 있습니다. 많은 보건소와 HIV/에이즈 단체, 일부 LGBTQ 커뮤니티 센터들도 콘돔을 무상으로 배포합니다. 덴탈 댐을 주는 곳도 있습니다. 라텍스에 대해 알아두면 좋은 점들 몇 가지는 다음과 같습니다.

- 라텍스 콘돔은 더 안전한 섹스를 위해 최고의 선택입니다. 양가죽으로 만든 일부 '자연' 콘돔은 HIV 같은 것이 통과될 수 있지만 라텍스는 제대로 사용한다면 수많은 감염을 막아줍니다. 라텍스에 알레르기가 있다면 288쪽에 있는 폴리우레탄 재질의 용품들에 대해 살펴보세요.
- 덴탈 댐은 정사각형 라텍스 덮개로 오럴 섹스를 할 때 음문이나 질, 항문을 덮을 수 있습니다. 이것은 입이 박테리아나 바이러스를 함유한 체액에 노출되는 것을 막아줍니다.
- 덴탈 댐은 콘돔보다 구하기 어렵습니다. 한 가지 대안은 콘돔을 펴고 볼록한 끝을 자른 후 길게 잘라 사각형을 만들어 사용하는 것입니다. 그러나 이 방법은 정자를 죽이는 약품이 처리되지 않은, 윤활제(러브젤)를 바르지 않은 콘돔만 가능합니다. 비닐랩도 대체물이 될 수 있지만 절취선이 없는 종류여야 합니다. 작은 구멍들이 있는 비닐랩은 성병 감염 예방에 소용이 없습니다.

라텍스는 오럴 섹스나 수음에도 필요하다

파트너의 손이나 손가락에 베거나 긁힌 상처 혹은 찰과상이나 발진이 있다면 서로 만지는 행위를 할 때 질병을 옮길 수 있습니다. 아주 작은 찰과상을 보지 못할 수 있기 때문에 항상 라텍스 장갑이나 손가락마다 끼는 골무를 사용하는 것이 좋습니다. 이런 보호 용품들은 약국이나 편의점의 응급처치 용품 또는 인슐린 테스트 용품 구역에서 쉽게 찾을 수 있습니다.

콘돔 구입하기

편의점에 가서 콘돔을 살 때 떨리는가? 성행위에 대한 준비가 되었는지를 가늠하는 한 방법은 더 안전한 섹스를 할 만큼 성숙했는지를 보는 것이다. 성병에 걸린다고 해서 나쁜 사람이거나 창피한 일은 아니다. 하지만 성병 치료보다 편의점이나 약국에서 보호 용구를 사는 편이 더 쉽고 비용도 적게 든다는 사실을 명심해야 한다. 너무 쑥스럽고 떨린다면 친구에게 같이 들어가서 사자고 부탁해보자.

라텍스는 찢어지지 않았을 때만 효과가 있다

열과 기름 성분의 윤활제는 라텍스를 손상시킬 수 있습니다. 바로 사용하지 않고 콘돔과 같은 라텍스 보호 용품을 지갑에 넣고 다니면 라텍스가 장기간 열에 노출되어 손상될 수 있습니다. 또한 콘돔이나 다른 라텍스 용품을 베이비오일이나 바셀린, 쇼트닝 기름, 식용유, 버터와 같은 동물성 기름 또는 마사지 오일 등 기름 성분 물질과 함께 사용하지 마세요. 기름과 석유계 물질은 라텍스를 못 쓰게 만듭니다.

윤활제는 수성 윤활제가 좋으며 대부분의 약국이나 슈퍼마켓에서 구매할 수 있습니다. 일부 LGBTQ 서점이나 성인용품점에서도 윤활제를 판매합니다. 실리콘 성분의 윤활제도 괜찮습니다. 잘 모르겠다면 윤활제의 포장지를 살펴보세요. 유성, 수성 혹은 실리콘 성분인지 표시되어 있을 것입니다.

폴리우레탄과 폴리이소프렌 보호 용품들은 HIV 감염을 막을 수 있다

폴리우레탄과 폴리이소프렌 재질의 콘돔, 장갑, 덴탈 댐을 제대로 사용하면 HIV 감염과 성병 전달을 예방할 수 있습니다. 콘돔은 피임에도 사용할 수 있습니다. 그러나 미국식품의약국^{FDA}과 〈컨슈머 리포트^{Consumer Report}〉에 따르면 이런 종류의 콘돔은 더 잘 찢어진다고 합니다. 이 재질의 보호 용품은 라텍스에 예민하거나 알레르기가 있는 사람에게만 추천합니다.

항문성교는 매우 위험한 행동이며 추가적인 보호가 필요하다

항문성교는 파트너의 성정체성과 상관없이 성병 감염에 가장 위험한 행동입니다. 직장^{直腸} 안쪽은 HIV에 감염된 혈액이나 정액을 곧장 혈류로 전달할 수 있는 다공성 막으로 되어 있습니다. 최근 HIV를 더 이상 걱정하지 않아도 된다고 잘못 알고 있는 젊은이들 사이에서 보호 용품을 쓰지 않는 항문성교가 인기를 얻고 있는데, 이는 잘못된 믿음입니다. 항문성교는 HIV와 다른 성병을 전파할 수 있는 아주 위험한 행동입니다.

더 안전한 섹스는 대화에서 시작된다

더 안전한 섹스의 열쇠는 솔직함과 상호 존중입니다. 파트너와 함께 더 안전한 섹스에 대해 이야기할 가장 좋은 시간은 둘 다 옷을 입고 있을 때입니다. 쑥스럽거나 불편한 이야기는 흥분하지 않았을 때 더 편하게 할 수 있습니다. 더 안전한 섹스에 대해 미리 생각하고 이야기를 나누는 것은 때가 되었을 때 준비할 기회를 스스로에게 주는 것입니다.

더 안전한 섹스에 관해 이야기를 나누기가 쉽지는 않지만 중요합니다. 섹스할 준비가 되지 않았더라도 지금 파트너와 논의해 두면 결심이 섰을 때 서로의 생각을 맞추기가 쉽습니다.

> "최근 여자 친구와 사귀기 전에는 누구와도 신체적으로 친밀한 관계를 맺은 적이 없었다. 하지만 우리가 성적인 관계를 맺기 시작하기 전에 나는 그녀에게 최근 성병 검사 결과를 보여달라고 했다."
>
> _버네사, 19세

더 안전한 섹스에 반대하는 주장들과 이에 대처하는 법

때로는 파트너가 더 안전한 섹스에 대한 나의 생각을 지지하지 않을 수 있다. 더 안전한 섹스에 반대하는 흔한 논거들과 이에 대응할 수 있는 관점은 다음과 같다.

반대 주장: "나는 라텍스에 알레르기가 있어."

다른 관점: 라텍스에 알레르기가 있는 사람들이 있는 건 사실이다. 그러나 과학의 발전으로 폴리우레탄과 폴리이소프렌으로 만든 콘돔, 장갑, 덴탈 댐이 시중에 나와 있다. 리텍스 알레르기는 더 안전한 섹스를 하지 않는 핑계가 될 수 없다.

반대 주장: "더 안전한 섹스는 복잡해. 그냥 분위기가 이끄는 대로 하는 게 좋아."

다른 관점: 더 안전한 섹스가 귀찮게 느껴진다면 보호 용품을 쓰지 않아 임신이나 감염이 되었을 때 상황이 얼마나 복잡해질지 생각해야 한다. 그리고 더 안전한 섹스가 더 서로를 더욱 매력적으로 보이게 한다. 서로를 얼마나 배려하는지 보여주기 때문이다.

반대 주장:	"콘돔이나 덴탈 댐, 장갑을 끼면 느낌이 별로 좋지 않아."
다른 관점:	진짜 좋지 않은 느낌은 서로의 건강과 안녕을 배려하지 않을 때다. 더 안전한 섹스를 함으로써 자신과 파트너를 얼마나 생각하는지 보여줘야 한다.

반대 주장:	"파트너랑 보호 용품 쓰자는 이야기를 하기가 창피해."
다른 관점:	더 안전한 섹스에 관한 이야기가 불편할 수 있다. 특히 처음에는 그렇다. 하지만 누군가와 성적으로 친밀해지려면 약간의 창피를 무릅쓸 수 있을 만큼 서로 편하고 존중하는 마음이 있어야 한다. 심호흡을 크게 한번 하고, 보호 용품을 쓰자고 주장해보자.

반대 주장:	"파트너가 자기는 성병에 걸리지 않았다고 말하는데, 나는 파트너를 믿어."
다른 관점:	파트너를 신뢰하는 것은 좋지만 그렇다고 그것이 안전을 보장하지는 않는다. 내가 성병이 없다고 믿는 것처럼 파트너도 정말로 자신이 성병이 없다고 믿을 수 있다. 그러나 눈에 띄는 증상이 없는 성병도 많기 때문에 우선 검사를 받고 몇 개월 후에 다시 검사를 받는 것이 좋다. 자신과 파트너를 걱정하고 존중하는 마음으로 더 안전한 길로 가야 한다.

반대 주장:	"나와 파트너 모두 첫 경험이기 때문에 보호 용품을 쓸 필요가 없다."
다른 관점:	둘 다 첫 경험이라도(그리고 '첫 경험'의 정의는 사람마다 다르다) 항문성교 같은 것은 위험할 수 있다. 분변의 세균에 노출될 가능성이 있기 때문이다. 또한 신체 성별이 다른 사람과 성관계를 하면 첫 경험이라도 임신할 수 있다. 정서적, 신체적으로 성 경험이 건강하도록 노력해야 한다.

반대 주장:　　　　“더 안전한 섹스를 이야기하면 분위기를 망친다.”

다른 관점:　　　　더 안전한 섹스를 이야기하는 것은 파트너와 자신을 얼마나 생각하는지를 보여준다. 아직 둘이 옷을 입고 있고 어떤 행동을 취하기 전에 더 안전한 섹스에 관해 이야기를 나누면 좋다.

더 안전한 섹스를 방해하는 음주와 마약

자신을 안전하게 지키는 데 가장 큰 장애물은 바로 음주와 마약입니다. 아무리 좋은 의도가 있었더라도, 취하지 않았다면 하지 않을 행동을 하는 경우가 있기 때문입니다. 미국 약물남용연구소National Institute on Drug Abuse에서 성적으로 활발한 15~24세 젊은이들을 대상으로 조사한 결과는 다음과 같습니다.

- 응답자의 22퍼센트가 최근 섹스할 때 술을 마시거나 마약을 복용했다고 보고했습니다.
- 응답자의 3분의 1 이상이 성적인 활동을 결정할 때 술과 마약이 영향을 미쳤다고 보고했습니다.
- 응답자의 38퍼센트는 마약을 사용하는 동안 계획하지 않았던 항문성교 또는 질을 통한 성관계를 했다고 보고했습니다.

판단력이 흐려지면 안전하지 않은 섹스를 하거나 취하지 않았다면 내리지 않았을 결정을 할 확률이 커집니다. '마약+섹스=위험한 행동'입니다. 가장 좋은 판단은 여러분이 100퍼센트 정신이 맑을 때 내리는 것입니다.

다른 사람과 신체적인 교감을 나누기 전에 여러분의 성과 성적 정체성을 살펴보는 시간을 가지세요. 이미 성적인 활동을 하고 있다면 자신을 돌아보세요. 이런 행위들이 내게 스트레스가 되는지 내 삶과 관계에 긍정적인 영향을 미치는지 다시 생각해보세요. 건강한 방법으로 접근하는 성 활동은 매우 긍정적이고 충족감을 줍니다. 이는 자신을 잘 알고 서로에게 최선인 것을 선택하는 데서 시작합니다.

9장 나를 지키는 건 꺾이지 않는 마음

퀴어로 태어나 멋짐을 선택하다

성정체성을 고민하는 십대들과 퀴어들에게 사춘기는 진지한 고민이 시작되는 놀라운 시기입니다. 그리고 그만큼 스트레스가 많을 수 있습니다. 보통의 사춘기 변화에 덧붙여 내가 LGBTQ인지 알아내야 하고, 커밍아웃할 것인지를 선택해야 하며, 연애와 섹스에 대해 어떻게 할지 태도를 결정해야 합니다. 생각할 것이 너무 많아서 자신을 돌보는 일을 잠시 제쳐둘 수 있습니다. 하지만 인생의 다른 부분들처럼 여러분의 신체적, 정신적 건강도 매우 중요하고 주의 깊은 관심이 필요합니다.

미국심리학회 연구자들은 십대 LGBTQ들이 건강하지 않고 위험한 행동을 할 위험성이 더 크다고 주목했습니다. 커밍아웃이나 가족과 친구의 배척에 대한 걱정 등 십대 시절에 다뤄야 할 어려움이 많기 때문입니다. 그러나 한편으로는 십대 LGBTQ들이 이성애자 친구들보다 더 다양한 대처 방법으로 더 세련되게 스트레스를 다루는 경우도 있다고 보고합니다. 또한 이들은 대인관계 기술이 더 뛰어나기도 합니다. 예를 들면 학교 이사회에서 게이-이성애자 연대 동아리를 설명하거나 LGBTQ 단체에서 자원봉사를 할 때 필요한 능력들을 생각해보세요.

어쩌면 십대 퀴어들이 이성애자 친구들보다 더 어렵고 복잡한 도전을 마주해야 한다는 건 좋은 기회일 수 있습니다. 그럴수록 여러분의 건강에 더 주의를 기울여 인생에 어떤 어려움이 닥쳐도 헤쳐나갈 수 있는 신체적, 정서적 자원을 준비하는 것이 중요합니다.

자기 돌봄이 필요한 십대 LGBTQ들의 마음 다스리기

분노, 좌절, 슬픔 같은 감정을 겪는 것은 청소년에게 자연스런 일입니다. 미국 질병관리예방센터가 발표한 〈2015년 미국 청년의 위험 행동 감시Youth Risk Behavior Surveillance—United States, 2015〉는 미국 고등학생의 약 30퍼센트가 2주일 이상 슬픔이나 절망감을 느껴 일상 활동에 방해를 받는다고 보고했습니다. 미국 전역의 청소년들, 즉 중학교 3학년에서 고등학교 3학년 학생의 약 15퍼센트가 자살 계획을 세운 적이 있다고 합니다.

경고가 될 만한 통계 수치이며 아마도 LGBTQ 학생들의 숫자는 더 많을 것입니다. 미국 질병관리예방센터에 따르면 LGB 고등학생의 29퍼센트가 이전 해에 최소 한 번은 자살을 시도했는데, 이성애자 학생은 6퍼센트였습니다. 십대 트랜스젠더와 논바이너리의 수치는 찾기 어렵지만 41퍼센트 정도가 자살 시도를 했다고 추정됩니다. 2015년 성인 트랜스젠더를 대상으로 전국적으로 실시한 설문조사에서는 충격적이게도 응답자의 92퍼센트가 25세 이전에 자살을 시도해봤다고 답했습니다.

퀴어 젊은이들의 우울증과 자살 시도 비율이 높은 것은 성적 지향 및 성정체성과 관련된 문제들 그리고 사회와 친구들에게서 받는 스트레스 때문일 수 있습니다. 퀴어라는 것이 본질적인 스트레스가 아니라 사회에서 마주하는 복합적 반응과 수용 정도가 견디

> "우울할 때 나는 노래를 부르거나 글을 쓴다. 뭔가 창의적인 일에 몰두해서 그 순간 일어나는 무언가를 생각하지 않으려고 노력한다."
>
> _에릭, 15세

기 힘들기 때문입니다. 그렇기에 여러분이 기분이 좋지 않을 때 어떻게 해소할 것인지 계획을 세워두는 건 매우 중요합니다.

우울증을 이겨내는 여섯 가지 방법

가끔 좌절을 느끼거나 현재 상황이 행복하지 않다고 느끼는 것은 괜찮습니다. 하지만 다른 사람들의 무지한 태도가 여러분의 기분에 영향을 미치도록 내버려둔다면 삶이 결코 나아지지 않습니다. 힘든 감정에 대처하는 긍정적인 방법을 찾아 기분이 좋아지도록 노력해야 합니다. 스트레스나 우울증으로 인생의 찬란함을 놓쳐서는 안 되니까요.

여기 매일 마주치는 스트레스에 대응하는 건강하고 훌륭한 방법들을 소개합니다. 여러분이 시도할 수 있는 여섯 가지 기본적인 방법입니다.

1 밖으로 분출한다

대화, 글쓰기, 춤, 연기, 노래, 랩, 시 낭독, 그림 그리기 등 다양한 방식으로 자신의 감정을 표현합니다. 기분 좋아지는 음악 플레이리

스트를 만들어 반복해서 듣는 것도 한 가지 방법입니다. 이 외에도 감정을 표출하는 좋은 방법이 많이 있습니다. 일기를 쓰거나 방에서 춤을 추는 것과 같이 혼자 할 수 있는 것도 있고, 학교 연극에 참여하거나 아마추어들이 설 수 있는 무대에서 노래나 개그를 할 수도 있습니다. 긍정적인 방법으로 스트레스를 분출할수록 기분이 더 좋아질 겁니다. 어쩌면 여러분이 알지 못했던 재능을 발굴할 수도 있습니다. 더 많이 웃고, 마음을 풀고, 재미있고 의미 있는 무언가를 시도해보세요!

2 내면에 집중한다

요가, 명상, 마음챙김^{mindfulness}(매 순간을 자각하고 주의를 기울이는 것)과 같은 훈련은 내면에서 평화를 찾게 도와주며 스트레스 해소에 효과적인 도구가 될 수 있습니다. 그중 마음챙김 요가^{mindful yoga}는 몸을 살피고 신체와의 긍정적 연결을 발달시키는 좋은 방법이어서 누구에게나 좋지만, 특히 자신의 젠더와 일치하지 않는 신체로 스트레스와 좌절을 경험하는 사람들에

> "스트레스를 받으면 나는 문학에 몰두한다. 세상과 떨어져 내 모습의 그림자를 찾으려 노력한다."
>
> _프란시스, 20세

게 많은 도움이 됩니다. 움직임이 적은 게 특징인 회복 요가^{restorative yoga}는 위험에 처했을 때 활성화되는 교감신경 모드(싸울지-도망갈지-그대로 멈출지)에서 쉼과 소화를 위해 활성화되는 부교감신경 모드로 신경 반응을 바꾸는 데 탁월합니다. 부교감신경이 활성화되면 이완과 치유가 이루어지는 편안한 상태가 됩니다.

스트레스에 관한 과학적 사실

스트레스가 다 나쁘지는 않다. 기술적으로 말하자면 스트레스는 변화에 대한 몸의 반응이다. 학교 연극에서 주연을 따내는 과정은 긍정적인 스트레스로 '유익한 스트레스positive stress, eustress'라고 한다. 그러나 당장 어디서 자야 할지 모르거나 학교에서 당하는 괴롭힘 등 어려운 상황에서는 부정적인 스트레스를 받는다. 유익한 스트레스를 받으면 희망이 있고 긍정적으로 생각하며 에너지를 얻는다. 하지만 부정적인 스트레스는 걱정, 슬픔, 통제 불능을 느낀다. 부정적 스트레스가 지속되면 신체에 심각한 영향을 미칠 수 있다.

스트레스는 부교감 반응과 교감 반응이라고 부르는 신경계 자율반응에 영향을 준다. 이완이 되면 신체는 스스로 치유되고 회복되며 소화가 촉진되어 영양분을 섭취한다. 근육이 이완되고 심장박동도 느려진다. 이것이 부교감 반응이다. 그러나 부정적인 스트레스는 정반대의 반응을 유발한다. 몸에서 아드레날린이 분비되고 심장박동 수가 늘어나며 내적 치유 과정이 거의 정지한다. 교통사고를 아슬아슬하게 피한 뒤 심장이 터질 것 같고 손이 떨린 적이 있다면 교감신경의 '싸움-도망-얼음' 반응을 경험한 것이다.

어느 정도의 부정적인 스트레스는 정상이지만 이것이 오래 지속되면 심각한 건강 문제를 초래할 수 있다. 교감신경 상태에서는 몸에서 코르티솔이라는 호르몬이 분비된다. 너무 많은 코르티솔은 면역 기능 저하, 골밀도 감소, 근육조직 손실, 심지어 뇌 기능 저하 등 신체에 심각한 영향을 미친다. 또한 복부지방 증가의 원인이 되기도 한다.

3 운동한다

운동을 하면 뇌에서 엔도르핀이란 화학물질이 분비되어 긍정적인 감정이 증가하고 고통이나 스트레스 감정이 감소합니다. 운동은 걷기, 농구, 몸으로 하는 비디오게임 등 몸을 움직이는 모든 것을 말합니다.

모든 종류의 운동은 스트레스 해소를 돕습니다. 여러분이 좋아하는 운동을 찾기만 하면 됩니다. 교내 운동부에 들거나 동네에서 조직된 팀에 들어가 보세요. LGBTQ 운동팀이 있는 지역도 있지만 가끔 십대 후반이나 성인으로 회원을 제한하기도 합니다. 때로는 여러분이 직접 친구들을 모아 배구나 축구 또는 좋아하는 운동을 할 수도 있습니다. 댄스, 요가, 태권도 학원도 좋은 방법입니다. 혼자 하는 것을 좋아하면 자전거, 스케이트보드, 인라인 스케이트를 탈 수 있고 달리기, 등산, 헬스, 댄스, 수영 등도 좋은 운동입니다. 모든 운동은 정서적, 신체적으로 기분을 좋게 만듭니다. 엔도르핀이 솟고 몸에 좋은 무언가를 꼭 해보세요.

십대를 위한 마음챙김

마음챙김은 스트레스를 해소할 뿐 아니라 회복탄력성을 기르는 데 도움을 준다. 마음챙김에 대해 더 자세히 알고 싶다면 증 보 Dzung Vo 박사의 웹사이트 www.mindfulnessforteens.com에서 자료를 찾아보자. 증 보 박사는 청소년을 전문으로 하는 소아과 의사로 이 웹사이트에는 십대를 위한 다양한 마음챙김 명상이 있다. 그 밖에도 인사이트 타이머 Insight Timer와 같이 휴대전화, 컴퓨터, 태블릿에 무료로 다운로드할 수 있는 명상 앱들도 소개한다.

4 건강한 식사를 한다

풍부한 영양을 갖춘 균형 잡힌 식단은 몸을 건강하고 행복하게 만듭니다. 정크푸드를 먹으면 피곤하고 슬픈 감정만 늘어날 뿐입니다. 특히 신체가 성장하는 지금은 균형 있는 식단이 중요합니다. 웹사이트 뉴트리션팩트(nutritionfacts.or)를 방문하면 과학에 근거한 편견 없는 건강 정보를 더 얻을 수 있습니다.

그렇다고 좋아하는 음식을 끊으라는 뜻은 아닙니다. 핵심은 그런 음식을 적당히 먹어야 한다는 겁니다. 예를 들어 가끔 감자튀김을 먹을 수 있지만 주식으로 먹어서는 안 됩니다. 좋은 음식은 몸과 마음에 힘과 탄력을 주는 연료가 됩니다. 충분히 수분을 섭취해 세포의 생기를 살리고 몸을 최고의 컨디션으로 유지합니다. 채소도 많이 먹어야 합니다. 건강한 소화기관이 더 나은 정신 건강에 기여하며 많은 섬유질과 필수 영양분을 갖춘 초록 채소가 장내 생물(건강한 박테리아)에 가장 좋은 연료가 됨을 보여주는 데이터가 계속 발표되고 있습니다.

5 건전한 모험을 즐긴다

삶으로 뛰어드세요. 살아 있어 좋은 점은 새로운 것을 시도할 수 있다는 사실입니다. 재즈 밴드에서 솔로 연주를 맡는다든지, 첫 데이트를 신청해보세요. 물론 이런 새로운 도전은 겁이 날 수 있습니다. 토론 클럽에 가입하거나 한 번도 가본 적 없는 곳으로 여행을 가거나 정원을 손질하는 등 신나는 일도 좋습니다. 새로운 것들을 시도하면 그 과정에서 자신에 대해서도 알게 되고 삶의 지평을 넓힐 수 있습니다. 이런 경험들은 여러분의 관심이 인생에서 겪는 어려움에 머무는 대신 긍정적인 측면으로 주의를 돌릴 수 있도록 도와줍니다.

6 적극적으로 참여한다

LGBTQ 커뮤니티에 참여하세요. 온라인 포럼 참석이든, 실제로 십대 퀴어들과 만나는 것이든 상관없습니다(6장에 그 방법을 소개했습니다). 적극적인 참여를 통해 여러분은 혼자가 아님을 깨닫고 고립감에서 벗어날 수 있습니다. 각계각층에 우리와 같은 사람이 많다는 사실은 위안을 줍니다. 뜻을 같이하는 곳에서 자원봉사를 하거나 정치에 참여하는 것도 같은 관심사를 가진 사람들을 만나는 좋은 방법입니다. 퀴어든, 이성애자·시스젠더든 상관없습니다.

마음을 다스리는 일기 쓰기

일기 쓰기는 자신의 삶을 되돌아보고 감정을 다스리며 화를 가라앉히는 훌륭한 방법입니다. 실제 인물이거나 상상 속의 누군가에게 여러분의 감정을 편지 형식으로 써도 좋고(편지를 꼭 보낼 필요는 없습니다) 간단한 스케치나 시로 표현하거나 그냥 느끼는 바를 쓸 수도 있습니다. 그 형식이 무엇이든 남들이 보지 못하게 해야 진정으로 나를 표현할 수 있을 겁니다. 컴퓨터에 저장할 때는 비밀번호를 설정하는 것이 좋습니다.

여러분이 이미 일기 쓰기 선수거나 이제 막 쓰기 시작했거나 상관없이, 스트레스를 받을 때 일기 쓰기에 필요한 팁을 아래에 실었습니다. 뭔가를 끄적이면 격한 감정이 풀어지고 여러분 자신에 대해 더 좋은 감정을 느낄 수 있습니다(제 웹사이트 kellymadrone.com에 등록해서 무료 뉴스레터를 받아보세요. 글쓰기와 말하기, 의사소통 그리고 긍정적이고 알찬 삶에 대한 팁과 생각거리를 얻을 수 있습니다).

1 공책이나 컴퓨터에 적는 나만의 노트에 내게 스트레스를 주는 게 무엇인

지 정확하게 적습니다. 막말을 한 그 사람에게 여러분의 생각을 그대로 말합니다. 퀴어 반대 법안을 지지하는 의원에게 말도 안 된다고 말하세요. 여러분의 감정을 표출하세요.

> "스트레스를 받으면 나는 LGBTQ인 친구들에게 전화하거나 인터넷에서 나와 같은 위치에 있는 사람들에 대한 글을 찾아 읽는다. 나와 같이 느끼는 사람이 나 혼자가 아니라는 걸 알면 한결 기분이 나아진다. 그리고 일기를 쓴다. 신경 쓰이는 일이 있을 때도 글을 쓰면 마음이 괜찮아진다."
>
> _하이디, 19세

2 여러분이 쓴 부정적인 문장 개수를 세어봅니다. '말도 안 된다', '지긋지긋하다' 같은 말들이요.

3 새 종이를 펼치거나 노트북에서 새 페이지를 만듭니다. 부정적 문장 개수만큼 번호를 적습니다. 예를 들어 부정적 문장이 세 개였다면 1부터 3까지 번호를 적습니다. 각 번호 옆에 여러분에 대한 긍정적 문장이나 여러분이 감사하는 것을 적습니다. 이렇게 하면 세상과 나를 보는 시야가 넓어지고 감정의 균형을 얻을 수 있습니다.

여기 일기의 예를 하나 제공합니다.

이른바 '동료'라는 사람들의 무지와 편견을 마주하는 데 진절머리가 난다.[①] 오늘 아이작이 게이들에 대해 악의적인 말을 했다. 그것도 아주 큰 소리로. 그런데 선생님은 아무런 조치도 취하지 않으셨다. 선생님도 싫어 죽겠다.[②] 점심시간에 앨리에게 이 이야기를 했더니 '아이작은 나쁜 놈'[③]이라는 데 동의했다.

① 나는 좋은 친구다.

② 나는 다른 사람들의 기분을 잘 살핀다.

③ 나는 귀여운 고양이 코디가 있어 감사하다.

어떤 형식으로 나만의 메모장을 채우든 반드시 '다 표출해야' 합니다. 감정을 담아두면 스트레스와 걱정이 쌓여 정신과 육체의 대가를 치르게 됩니다. 감정을 밖으로 발산해서 모두 잊고 앞으로 나아갈 수 있어야 합니다.

나는 우울증을 겪고 있는가?

젊은이들은 가끔 슬픔과 절망을 느낄 때가 있습니다. 퀴어 청소년, 특히 십대 트랜스젠더들은 같은 십대 이성애자·시스젠더들보다 이런 감정을 더 빈번하게 경험합니다. LGBTQ가 불행을 겪을 운명이라는 말이 아니라, 이들은 십대가 겪는 일반적인 스트레스에 더해 동성애혐오나 트랜스젠더혐오를 마주해야 하고 여러 어려움이 합쳐져 결국 자존감이 무너지기 때문입니다. 괴롭힘을 당하지 않더라도 주변과 세상에 자신이 맞지 않는다고 느낄 때가 있습니다. 대체로 자신에 대해 긍정적 감정을 가진 사람도 마찬가지입니다. 따라서 우울증의 징후들을 잘 알아두어야 합니다. 그리고 힘들면 반드시 주변에 도움을 청하세요.

우리를 무너뜨리는 생각들

불행하게도 LGBTQ는 사회에서 평등하게 대접받지 못할 때가 자주 있습니다. 동성애혐오나 트랜스젠더혐오는 겉으로 드러나는 괴롭힘이지만 일반 사람들의 편견은 더 교묘하게 나타납니다. 이런 부정적인 상황들이 여러분의 마음에 타격을 주기 시작할 때 이를 알아채는 것이 중요합니다. 다음은 종종 우울증에까지 이를 수 있는 생각들 그리고 그럴 때 지금 그대로의 모습으로 멋지다는 사실을 다시 기억하도록 도와주는 말들입니다.

"너무나 많은 죄 없는 십대들이 세상의 무지함 때문에 스스로 목숨을 끊는다. 정말이지 고등학교가 이렇다면 저 밖에 있는 세상은 어떨까?"

_아마르, 15세

이 세상에서 LGBTQ는 나 하나뿐이다

혼자라는 느낌은 정말 여러분을 무너뜨릴 수 있습니다. 이럴 때 다음 사실을 기억하면 도움이 됩니다. 일반적인 통계에 따르면 약 10명 중 한 명이 LGBTQ이고, 그보다 훨씬 많은 사람이 자신은 배타적 이성애자가 아니라고 말합니다. 전 세계 수십억 인구를 생각하면 퀴어는 엄청나게 많은 수를 자랑합니다.

"고등학교 때 나는 화요일 밤마다 가는 청소년 모임이 있었다. 뭔가가 필요하면 이야기할 수 있는 어른이 세 분 있었고, 친구들도 있었다. 우리는 각자의 문제를 이야기하고 이를 해결하기 위해 무엇을 할 수 있는지 서로 조언해주었다."

_이바나, 19세

LGBTQ는 뭔가가 잘못된 사람들이다

LGBTQ들은 뭔가 잘못된 사람이라는 소리를 너무 오래 들어왔기에 어쩌면 여러분도 마음 한구석에서 이 말을 믿을지 모릅니다. 퀴어란 나쁜 것이라고 고민하는 십대가 많습니다. 그러나 LGBTQ는 전적으로 자연스러운 것이라고 많은 의학계와 정신건강 단체에서 말하고 있습니다. 여기 그런 단체들 몇 개를 소개합니다.

- 미국소아과학회American Academy of Pediatrics
- 미국상담협회American Counseling Association
- 미국정신의학회American Psychiatric Association
- 미국학교심리학자협회National Association of School Psychologists
- 미국사회사업가협회National Association of Social Workers

이 단체들은 합해서 약 50만 명의 건강 전문가와 정신건강 전문가들을 대표합니다. 이들은 모두 퀴어가 정신질환이 아니라고 봅니다.

나는 절대로 정상적인 삶을 살 수 없다

'정상적'이라는 단어의 정의가 무엇이든 LGBTQ들도 가장 '정상적'인 삶을 살 수 있습니다. 우리는 의사, 변호사, 정치가, 건설노동자, 예술가, 선생님, 부모, 상담사, 성직자, 회사 중역, 기업가, 공장 직원 등 원하는 무엇이라도 될 수 있습니다. 가족도 꾸릴 수 있고 집도 소유할 수 있으며 결혼도 가능합니다. 다른 모든 사람처럼 우리도 인생에서 기쁨과 슬픔, 사랑과 이별, 쾌락과 고통을 경험합니다.

나는 인기가 많고 친구도 많지만 행복하지 않다

친구가 많고 공부를 잘하고 사랑하는 가족이 있다고 해서 삶이 쉬운 건 아닙니다. 겉으로는 모든 것이 좋아 보여도, 자신의 성적 지향이나 성정체성을 이해하려 애쓸 때는 세상과 동떨어진 듯 혼자라고 느낄 수 있습니다. 가끔 우울함을 느끼는 것은 정상이지만 이런 감정에 휩싸일 때가 많다면 집이나 학교에 있는 어른들과 대화를 나눠보세요.

많은 정신건강 전문가가 우울증이 외부 요인과 상관없고 정서를 조절하는 역할을 하는 뇌에서 분비되는 화학물질의 불균형과 관계있다고 이야기합니다. 가족력이 있어 우울증에 더 취약한 사람도 있습니다. 그러니 정신건강 전문가와 상의해서 우울증의 원인을 찾아내기를 권합니다.

내가 LGBTQ여서 모두가 나를 싫어한다

가끔 이렇게 느낄 수 있지만 사실은 많은 사람이 여러분을 아낍니다. 실제로 많은 사람이 여러분이 퀴어인지 아닌지 신경 쓰지 않습니다. 이 책이 처음 출간되었던 2003년 이후 많은 변화가 있었고 퀴어와 관련 문제에 대한 인식이 높아지면서 LGBTQ에 대한 이해와 수용도 늘어났습니다. 예를 들어 2015년에는 전체 미국인의 절반이 훨씬 넘는 사람들이 동성결혼 권리를 지지했고 이 권리는 이제 전국적으로 인정받고 있습니다.

가끔 반발이 있는 것도 사실입니다. 예를 들면 이 책을 준비할 당시 트럼프 대통령 행정부가 트랜스젠더의 군복무 금지를 공표했고 종교적 믿음을 근거로 LGBTQ 차별을 허용할 수 있는 판례를 지지했으며, 많은 주에서 의료 제공자의 종교적 입장에 따라 트랜스젠더에게 의료 행위를 거부할 수 있는 법안을 준비 중입니다. 그러나 마틴 루터 킹 주니어 목사가 말했듯이 "도덕적 우주의 궤적은 길지만 정의를 향해 굽어 있습니다." 한 걸음 뒤로 물러나 인권운동의 긴 궤적을 바라보면 전진 뒤에 종종 퇴보가 따릅니다. 이것이 정상이며 현재의 어려움에도 불구하고 전체적인 변화는 계속 이어질 것입니다. 그리고 여러분이 그 변화의 한 부분이 될 수 있습니다.

우울증을 경고하는 징후들

여러분의 감정이 어떤 상태인지를 아는 것이 중요합니다. 특히 슬프거나 화가 날 때가 많다면 더욱 그렇습니다. 가족과 친구들은 여러분을 아끼고 여러분의 건강을 바라지만 우울증을 암시하는 변화는 눈치채지 못할 수 있습니다. 우울증은 극단적인 슬픔과 절망의 감정을 경험하는 심각한 정신 상태입니다. 이런 상태는 청소년들의 전형적인 감정 기복보다 정도가 심하고 더 오래 지속되며 행동에 큰 영향을 미칩니다. 다음 증상들 중 2주 이상 계속되는 것이 있다면 우울증의 징후일 수 있습니다.

감정 변화

√ 분노

√ 무관심

√ 죄책감

√ 외로움

√ 불안

√ 슬픔

√ 정서적 무감각   √ 패배감

√ 절망   √ 무력감과 자신이 쓸모없다고 느낌

√ 짜증을 잘 냄   √ 동기 상실

신체 변화

√ 수면 장애(과도한 수면 혹은 수면 부족)

√ 소화불량, 복통, 메스꺼움

√ 폭식 또는 식욕 저하(체중 증가 혹은 체중 감소)

√ 이유를 알 수 없는 통증

√ 두통

√ 피곤함 또는 활력 부족

생각의 변화

√ 기억력 혹은 집중력 감퇴   √ 행복할 자격이 없다는 생각

√ 혼란   √ 다른 사람에게 짐이 된다는 생각

√ 나를 걱정하는 사람이 없다는 생각 √ 잘못을 모두 내 탓으로 돌림

√ 좋아하던 것들에 대해 관심이 없어짐 √ 온갖 잡생각이 머릿속을 맴돎

√ 비관주의(모든 것에 대한 부정적 사고) √ 자해에 관한 생각

√ 죽음이나 자살에 관한 생각

행동 변화

√ 공격성   √ 탈선(무단결석, 난폭운전, 가출)

√ 말과 행동이 느려짐   √ 개인위생 불결

√ 술, 담배, 약물 남용   √ 잦은 눈물

√ 성적이 떨어지거나 지나치게 애씀

√ 혼자 있거나 혼자 있는 것을 두려워함

√ 자해 행동(칼로 긋거나 멍들게 하기, 불로 지지기)

위의 체크리스트는 우울증을 겪는 젊은이들에게 도움이 될 베브 코베인^{Bev Cobain}의 《모든 게 무의미해질 때^{When Nothing Matters Anymore}》에서 가져온 것입니다.

도움 얻기

자살이나 자해 충동을 느낄 때는 즉시 누군가와 대화해야 한다. 믿을 만한 어른이나 친구가 없으면 관련 단체나 기관에 연락하자. 이들은 즉각적인 도움을 제공하고 여러분이 사는 지역에 있는 사람과 연결해줄 수 있다. 때때로 우리는 누군가에게 기댈 필요가 있다는 사실을 기억하자.

국내 정보

위기 상황에서 도움을 줄 수 있는 국내 단체 및 연락처는 31쪽을 참조하라.

서로 이야기를 들어주는 계약 맺기

신뢰할 수 있는 가족이나 친구와 '계약'을 맺으세요. 정말 기분이 우울할 때 전화를 하면 언제든지 이야기를 들어준다는 약속을 받으세요. 마찬가지로 그들을 위해 여러분도 항상 대기하겠다고 약속하세요. 어쩌면 한밤중에 전화할 필요가 없을지 모르지만 기댈 수 있는 누군가가 있다는 사실이 여러분에게 안도감을 줄 겁니다.

우리, _____와 _____는 지금부터 영원토록 서로를 위해 있어주기로 맹세합니다. 이야기 상대가 필요한 사람은 밤이나 낮이나 시간에 상관없이 전화할 수 있고 그럴 경우 상대방은 들어줄 것입니다. 또한 자해 충동이 생길 때는 다른 사람에게 전화해서 도움을 청할 것을 맹세합니다.

2022년 〇월 〇일

이름 _____

이름 _____

LGBTQ 청소년과 술에 관한 진실들

십대는 술과 담배 그리고 다른 약물에 대해 결정해야 하는 시기입니다. 여러분의 몸이니 선택은 여러분에게 달려 있습니다. 그러나 선택에 따른 결과와 함께 살아야 하는 것도 여러분이기 때문에 잘 알고 현명한 판단을 내려야 합니다. 연구에 따르면 전반적으로 LGBTQ

청소년들이 또래 이성애자·시스젠더 친구들보다 술, 담배를 포함한 모든 범주의 약물 남용 비율이 높다고 합니다. 2015년 미국 질병관리예방센터는 다음과 같은 데이터를 보고했습니다.

- LGB 학생의 75.3퍼센트가 술을 마신 경험이 있다고 답했습니다(이성애자 학생은 62.5퍼센트).
- LGB 학생의 52.9퍼센트가 대마초 경험이 있다고 답했습니다(이성애자 학생은 37.5퍼센트).
- LGB 학생의 11.5퍼센트가 환각제 경험이 있다고 답했습니다(이성애자 학생은 5.5퍼센트).
- LGB 학생의 10.1퍼센트가 엑스터시 마약 경험이 있다고 답했습니다(이성애자 학생은 4.1퍼센트).
- LGB 학생의 6퍼센트가 헤로인 경험이 있다고 답했습니다(이성애자 학생은 1.3퍼센트).
- LGB 학생의 8.2퍼센트가 메스암페타민(필로폰) 경험이 있다고 답했습니다(이성애자 학생은 2.1퍼센트).
- LGB 학생의 27.5퍼센트가 의사의 처방이 없으면서 처방전이 필요한 약을 먹은 적이 있다고 답했습니다(이성애자 학생은 15.5퍼센트).
- LGB 학생의 50.4퍼센트가 흡연을 한 적이 있다고 답했습니다(이성애자 학생은 30.5퍼센트).

십대 트랜스젠더들의 자료는 찾기가 더 어렵지만 2017년 〈학교 건강 저널Journal of School Health〉에 발표된 연구는 트랜스젠더 학생들이 시스젠더 학생들보다 코카인이나 메스암페타민을 경험할 확률이 2.5배 높고, 처방전을 받아야 하는 진통제를 오용할 확률이 2배 높다고 밝혔습니다. 왜 이렇게 높은 수치를 보일까요? 피츠버그대학교의 연구자이자 2008년에 발표된 LGBTQ 젊은이와 약물 남용에 관한 연구의 공동 저자인 마이클 마셜Michael Marshal 박사는 "동성애혐오, 차별, 부당한 가해가 게이 젊은이들 사이에서 보이는 이런 약물 사용 빈도 차이의 많은 부분을 설명한다"라고 말했습니다. 그러나 "동성애혐오가 있는 사회에서 살며 마주하는 스트레스 요인들에도 불구하고, 게이 젊은이들 대다수는 여전히 건강하고 행복하다는 사실을 기억해야 한다"라고 덧붙였습니다.

자신이 LGBTQ임을 깨닫고 받아들이는 것은 믿을 수 없을 만큼 스트레스가 큽니다. 게다가 일반적인 십대가 겪는 매일의 스트레스까지 더해져 십대 퀴어들은 더욱 힘들 수밖에 없습니다. 많은 퀴어 청소년이 당하는 언어적 폭력이나 육체적 괴롭힘도 스트레스 수준을 한층 높일 수 있습니다. 이런 스트레스가 우울증의 원인이 되고 결국 약물 남용에까지 이를 수 있습니다. 많은 십대가 스트레스와 걱정에서 벗어나기 위해 술과 마약에 의존합니다. 이런 물질들이 힘을 주고 기분을 좋게 하며, 사람들과 어울릴 수 있게 도와주고 지금 마주한 문제들에 대해 무감각하게 만들어준다고 생각하기 때문입니다.

"마약과 술은 많은 LGBTQ에게 문제가 될 수 있다. 이것들은 잠깐이나마 우리의 문제를 잊게 하고 인생이 멋지다고 느끼게 해준다. 그러나 실제로는 마약과 술을 더 많이 할수록 기분은 점점 더 나빠진다. 그리고 인생이 더 힘들어진다. 인간관계가 무너지고 사람들이 상처를 받는다."

_벤, 18세

LGBTQ 모두가 술을 마시고 파티를 즐기지 않는다

모든 LGBTQ 혹은 대부분의 LGBTQ가 파티를 즐기거나 술을 마시고 담배를 피우며 마약을 한다는 고정관념을 믿는 사람들이 있습니다. 술집이나 클럽에 LGBTQ 문화가 있기도 하지만, 모든 퀴어가 파티를 즐기고 마약과 음주에 빠져 산다는 것은 사실과 많이 동떨어진 이야기입니다.

'레즈비언 AIDS 프로젝트Lesbian AIDS Project'의 임원이었던 미셸 피치먼스Michele Fitzsimmons는 LGBTQ 청소년들이 퀴어 술집이나 클럽에 끌리는 것은 주변에서 받는 스트레스에서 벗어나 성정체성을 표현하기에 편안한 장소이기 때문이라고 했습니다. "커밍아웃을 할 때 자존감이 불안정할 수 있다. 그래서 마약과 술에 중독되거나 이로써 위험한 상황에 처할 수도 있다."

법적으로 21세가 되기 전에는 술집과 클럽에 갈 수 없지만[24] 많은 청소년이 불법으로 이런 곳을 출입합니다. 그런데 술집과 클럽은 위험할 수 있습니다. 타인의 인정에 목마른 사람들이 다른 사람들과 어울리기 위해 술을 마시거나 대화를 시도하려고 담배를 피웁니다. 자신감을 북돋거나 긴장을 풀고 싶어 엑스터시나 다른 합성 대마초를 피우는 사람들도 있습니다.

이런 약물이나 비슷한 것들을 한번 해보라고 유혹하는 클럽에 가게 된다면 그것들이 여러분에게 어떤 영향을 미칠지 기억하세요. 그리고 클럽에 있는 모든 LGBTQ가 술을 마시거나 담배를 피우고 마

---

24 미국에서는 21세 생일이 지나야 술을 구매할 수 있다. 우리나라의 '청소년보호법'은 19세가 되는 해의 1월 1일부터 술과 담배 구매가 가능하다.

약을 하지는 않는다는 사실도 기억하세요. 사람들과 어울리기 위해 반드시 해야 하는 일이 절대로 아닙니다.

술집이나 클럽에서는 정신을 똑바로 차리는 것이 중요합니다. 술을 마시고 마약을 하기 때문에 많은 사람이 명확한 사고를 못 하거나 옳은 판단을 내리지 못합니다. 취하지 않은 사람들도 있지만 이 중에는 다른 사람을 이용하거나 해를 입히려는 사람들도 있습니다. 따라서 현명하게 행동해야 합니다.

예를 들어 무언가를 마시고 싶으면 직접 음료를 받으세요. 잘 모르는 누군가가 건네주는 것은 어떤 종류의 음료라도, 설령 열지 않은 생수병이더라도 절대로 받아서는 안 됩니다. 아무리 친절하고 좋은 사람 같아 보여도 슬쩍 약을 넣을 수도 있습니다. 21세 미만이라면 술집이나 클럽에 가는 것이 불법입니다. 따라서 마약이나 음주를 하지 않더라도 이런 장소에 출입하는 것 자체가 여러분의 인생에 부정적인 결과를 가져올 수 있습니다.

음주에 관한 오해들

미국에서 21세가 되는 것은 커다란 통과의례로 여겨집니다. 많은 젊은이가 법적으로 술을 마셔도 되는 나이를 기대하며, 그때가 되기까지 참지 못해 안달인 친구들도 있습니다. 하지만 이런 기대 속에서 알코올도 약물의 하나이며 많은 문제를 일으킬 수 있다는 사실을 잊어버리기 쉽습니다. 십대뿐 아니라 많은 사람이 알코올이 신체에 주는 영향에 대해 잘못 알고 있습니다. 잘못된 생각들 몇 가지는 다음과 같습니다.

스트레스를 받거나 우울할 때 술을 마시면 기분이 좋아진다

사람들이 힘든 하루를 보낸 뒤 "술이 필요해!"라고 외치는 소리를 흔히 들을 수 있습니다. 십대 퀴어들은 스트레스도, 해결해야 할 문제도 많지만 알코올이 나쁜 감정이나 문제를 잊도록 도와주지는 않습니다. 오히려 더 악화시킬 수 있습니다. 알코올은 뇌의 속도를 낮춰 슬픈 감정을 불러일으키고 명확한 사고를 방해합니다. 따라서 알코올이 기분을 좋게 만드는 것처럼 보일지 모르지만 사실은 처지게 만듭니다. 음주는 수면의 질과 양을 떨어뜨리며 이로 인해 신체의 기능이 떨어지고 자신을 치유하는 능력도 저하됩니다. 또한 우울한 감정도 심해집니다.

"술을 마신 9개월 동안 나는 게이를 한 명도 만나지 않았다. 술을 끊은 후에야 게이 친구가 몇 명 생겼고 다시 데이트도 시작했다. 열여섯 살 때 아버지와 모든 친구에게 커밍아웃했지만 술을 끊으니 거의 다시 커밍아웃하는 듯했다. 새롭게 많은 사람을 만났고 진정한 나의 모습을 다시 받아들이게 되었다."

_블레이크, 20세

술을 마시면 멋지고 성숙해 보인다

LGBTQ 청소년들에게는 술이 사람들과 어울리는 데 도움이 된다는 생각이 매우 그럴듯해 보입니다. 하지만 알코올이 갑자기 누군가의 인기를 높인다거나 사람들과 잘 어울리게 만들지는 않습니다. 오히려 미성년 시기에는 사람들 앞에서 나중에 후회할 행동을 하기 쉽습니다. 또한 여러분과 여러분이 중요하게 생각하는 것에 대해 다른 사람들에게 잘못된 인상을 줄 수 있습니다.

술을 마시면 사람들을 만나는 데 도움이 된다

약간의 술이 긴장을 풀어주고 여러분을 사교적으로 만들어준다고 생각할지 모릅니다. 그러나 술기운이 있는 상태에서 사람을 만나는 것은 좋은 인상을 주는 방법이 아닙니다. 의미 있는 인간관계를 맺고 새로운 친구를 사귀고 싶을 때 술에 취해 있다면 별로 좋은 인상을 주지 못합니다. 창피한 말이나 행동을 할 수도 있고, 성적 접촉이나 운전하는 상황일 때는 나중에 후회할 판단을 내릴 수도 있습니다.

모임이나 파티에서 술을 거절하는 방법

음주를 거부하는 것은 자신을 돌보고 자신감을 보여주는 일입니다. 어색해하지 말고 남의 시선을 의식하지 마세요. 당당하게 "아니요"라고 답해도 됩니다. 다음은 사람들이 술을 권할 때 거절하는 방법입니다.

- 음료를 주문하되 라임을 곁들인 클럽 소다 등 무알코올 음료를 주문하세요. 손에 음료수를 들고 있으면 조금 더 편안할 수 있습니다.
- 누군가 한잔하겠냐고 물으면 손에 든 주스 잔을 보이면서 "아니요. 괜찮습니다. 벌써 마시고 있어요" 또는 "괜찮습니다. 춤을 추는 게 더 좋아요"라고 답합니다.
- 지명 운전자designated driver[25]가 되세요. 어떤 클럽에서는 지명 운전자에게 무료로 무알코올 음료를 제공합니다.

---

25 모임이나 술집에 갔을 때 나중에 일행들을 데리고 운전해야 해서 술을 마시지 않기로 한 사람.

- 그래도 누군가가 술을 가져다줄 수 있습니다. 이때도 꼭 마셔야 하는 것은 아닙니다. 여러분의 탄산음료나 주스 잔을 들어서 보여주며 "고맙습니다. 그런데 괜찮아요"라고 말하세요. 상대를 존중하는 사람이라면 술을 억지로 권하지 않습니다.
- 술을 마시지 않겠다고 하는 사람의 의견을 존중해야 합니다.

죽음에 이르는 담배에 관한 진실

다른 약물과 마찬가지로 십대 퀴어들은 십대 이성애자·시스젠더들보다 담배 관련 상품을 더 많이 소비하는 경향이 있습니다. 전미청소년지지연합National Youth Advocacy Coalition이 2010년에 발표한 보고서에 따르면 십대 LGBTQ들의 흡연 실태 조사 결과, 차별이나 가족의 외면과 같은 스트레스 요인들이 흡연 비율을 높이는 것으로 나타났습니다. 또한 많은 퀴어 젊은이가 흡연을 중요한 사회적 활동으로 생각한다고 밝혔습니다. 실제로 설문에 참여한 십대들 중 담배를 한 번도 피운 적이 없다고 답한 사람은 28퍼센트뿐이었습니다. 응답자들이 처음 담배를 피우기 시작한 나이는 평균 15세였습니다.

담배 산업은 누군가를 죽음에 이르게 할 수 있고 실제로 죽이고 있는 물질로 돈을 버는 회사들입니다. 이들은 수십 년간 광고와 제품 노출 그리고 온갖 마케팅 수단을 동원해 흡연이 멋진 행동이고 삶의 질을 높인다고 우리를 설득해왔습니다. 이런 광고 중 일부는 젊은이들과 퀴어를 직접적으로 겨냥한 것들입니다.

대중에게 공개된 담배 산업 관련 자료를 보면 거대 담배 회사Big Tobacco[26]들의 마케팅 메시지가 십대를 목표로 한다는 것을 알 수 있습니다. 이들 거대 담배 회사는 1990년대 '하위문화 도시 마케팅 프로젝트Project Subculture Urban Marketing'라고 불리는 마케팅 프로젝트를 통해 퀴어를 타깃으로 삼았고, 주요 담배 회사 중 하나인 R.J. 레이놀즈 내부에서는 이를 '스컴SCUM'[27]이라고 부릅니다. 이런 회사들을 지지하고 싶은가요?

끊기 힘든 '중독'의 덫

혼자 동떨어진 느낌이 들거나 사람들을 새로 만나고 싶을 때 담배는 사람들에게 접근할 수 있는 좋은 방법처럼 보일 수 있습니다. 어떤 사람들은 누군가에게 다가가고 싶을 때 "불 있어요?" 또는 "담배 한 대 얻을 수 있을까요?"라는 말을 자주 씁니다.

담배 안에 있는 중독성 강한 화학물질인 니코틴 때문에 흡연은 시작하기 쉽지만 끊기가 어렵습니다. 담배는 흡연자에게 매우 만족스러운 자극을 줘서 많은 사람이 단번에 빠집니다. 어떤 사람들에게는 담배가 헤로인보다 더 중독성이 강한 것을 밝힌 연구도 있습니다. 니코틴에 대한 갈망이 너무 강해서 사람들은 폭우가 쏟아지거나 영하의 날씨에도 기꺼이 밖으로 나가 담배 한 대를 즐깁니다. 금연이 얼마나 힘든지 의심스럽다면 얼마나 많은 광고가 금연 프로그램, 껌,

---

26 중국담배공사, 필립모리스, RJR 나비스코 등 세계적으로 규모가 큰 담배 회사들을 합쳐 부르는 말.

27 하위문화 도시 마케팅Subculture Urban Marketing의 영어 첫 글자로 조합된 말이지만 영어 단어 'scum'은 '쓰레기 같은 인간'이란 의미가 있다.

패치, 알약을 선전하는지 살펴보면 알 것입니다.

　십대 퀴어들은 일상의 스트레스에서의 도피처로 담배에 의지할 때가 종종 있습니다. 이들은 긴장 해소와 우울한 감정의 완화 방법으로 흡연을 이용합니다. 담배를 피우면 일시적으로 기분이 풀어지는 느낌을 받을 수 있지만 말 그대로 '일시적'일 뿐입니다. 그리고 그 대가는 엄청납니다. 심장박동수가 올라가고 체력과 폐활량이 감소하며 암 발병률도 증가합니다. 비싼 담뱃값과 옷, 머리, 입에서 나는 냄새는 물론입니다.

　아직도 흡연이 나쁜지 모르겠다면 이 사실을 생각해보세요. 국제보건기구WHO에 따르면 세계적으로 약 700만 명이 흡연으로 사망합니다. 미국 질병관리예방센터는 미국 흡연자의 약 90퍼센트가 19세 이전에 중독된다고 보고했습니다.

세상에 괜찮은 마약은 없다

　술, 담배와 마찬가지로 LGBTQ 청소년들은 이성애자 친구들보다 마약 복용 비율이 높습니다. 그렇다고 이들이 원래 약물을 남용하는 경향이 있다는 뜻은 아닙니다. 결국 스트레스와 우울 때문입니다. 일부 십대 LGBTQ들은 간절하게 기분이 좋아지길 원하며, 약물이 긴장을 풀어주고 타인과 어울리게 도와준다고 생각합니다. 하지만 마약도 음주나 흡연보다 나을 게 없습니다. 삶을 개선하지도, 자신을 사랑하게 만들지도 않습니다.

마약은 문제를 해결하기는커녕 더 복잡하게 만듭니다. 우울한 기분이 들 때 마약을 하면 처음에는 기분이 좋아지는 것 같지만 약효가 사라지면서 더 어둠의 구렁텅이로 빠지게 됩니다. 예를 들어 엑스터시와 같은 약물은 둥둥 떠다니는 듯한 행복한 기분을 주지만 다음 날 그리고 며칠 동안 큰

"나는 아홉 살에 마약을 시작했다. 무리와 섞이고 싶었고 내 '비밀스러운 정체성'을 숨기고 싶었다. 결국 열세 살에 재활센터에 들어갔고, 상담 선생님은 내가 자신의 모습에 진실하지 않으면 마약을 끊지 못할 것이라고 했다. 집으로 돌아간 후에 그 말을 곰곰 생각했고 다음 날부터 친구들에게 커밍아웃하기 시작했다."

_샘, 15세

후유증이 옵니다. 케타민의 'K-홀'처럼 나락에 떨어진 듯한 경험을 주는 마약들도 있습니다. 스트레스가 많을 때는 사람을 행복하게 만든다는 마약이 오히려 피해망상, 초조, 통제 불능으로 몰고 가는 경우도 자주 있습니다. 대체로 마약은 예측할 수 없습니다. 여러분이 어떤 상태가 될지, 약 때문에 어떤 기분이 될지 정말 알 수 없습니다.

격렬한 춤을 추고 싶거나 고래고래 소리를 지르고 싶어지는 것은 메스암페타민(필로폰), 엑스터시, 케타민, 대마초, GHB(물뽕) 등의 영향입니다. '클럽 마약'이라고 불리는 이 약물들은 다른 마약만큼 위험하고 예측 불가능합니다. 이 마약들이 학교에서의 놀림이나 부모와의 다툼을 잊게 만든다는 생각은 매우 유혹적입니다. 그러나 그렇지 않습니다. 마약 복용에는 항상 결과가 따릅니다. 곧바로 확연히 보이지 않더라도 말입니다. 마약은 몸과 판단력을 해칠 뿐 아니라 불법이기 때문에 법적으로 대가를 치를 수 있습니다.

여러분이 마약을 하지 않더라도 다른 사람의 마약 복용 때문에

심각한 문제를 겪을 수도 있습니다. 술이나 마약에 취한 듯 보이는 사람의 자동차를 절대로 타서는 안 됩니다. 운전면허가 있다면 여러분이 그들을 데려다주겠다고 제안하세요. 만약 그들이 여러분 제안을 거절해도 그 차를 타면 안 됩니다. 차를 타는 순간 그 사람 손에 여러분의 목숨을 맡기는 것입니다.

"대마초는 괜찮아"

이런 말을 들어본 적이 있을 것이다. 대마초는 거의 해롭지 않다는 잘못된 평판이 있다. 하지만 대마초는 사고와 판단을(폐는 말할 것도 없고) 손상시키는 마약이다. 약물이 어떻게 뇌에 영향을 미치는지를 연구하는 미국 국립약물남용연구소National Institute on Drug Abuse에 따르면 "대마초는 지각의 왜곡, 협응 능력 장애, 사고와 문제 해결의 어려움, 학습과 기억 장애의 원인이 된다. 그리고 대마초의 급성 효과가 사라진 뒤에도 대마초 흡입은 학습과 기억에 미치는 부정적 영향이 며칠 혹은 몇 주씩 계속된다. 또한 대마초 남용의 장기적 결과에 대한 연구들은 대마초가 다른 주요 마약을 오래 사용했을 때와 비슷한 두뇌 변화를 일으킴을 발견했다." 미국 대부분 주에서 대마초는 아직도 불법이어서 대마초 사용은 매우 심각한 결과를 초래할 수 있다. 대마초 구매와 사용이 합법화된 주에서조차 대마초에 취해 운전하거나 미성년자의 사용은 여전히 불법이다.

화학적으로 얻은 감정의 고취는 모두 문제가 있습니다. 마약은 무언가를 주고 그 대가로 무언가를 앗아갑니다. '클럽 마약'은 멀리하지만 다이어트약이나 운동 능력 향상 약물을 복용하는 십대들도 있습니다. 그 물질이 '자연적'이라도 결과는 같습니다. 약물에는 결과가 따르며 그중 일부는 생명을 위협합니다.

다른 사람들이 뭐라고 하든, 여러분의 기분이 얼마나 절망적이든 여러분은 인생에서 원하는 것을 성취할 잠재력을 지니고 있습니다. 놀라운 일을 할 수 있습니다. 어려운 시기를 뚫고 나갈 도움이 필요하다면 도움을 청하세요. 도움은 항상 기다리고 있고, 너무 늦은 때는 없습니다.

금주, 금연 그리고 마약 끊기

마약을 하거나 음주 또는 흡연을 한다면 이것들을 끊는다는 게 세상에서 가장 어려운 일일 겁니다. 그러나 아무리 도전이 된다고 해도 이는 여러분이 할 수 있는 중요한 일입니다. 꼭 다시 정상적인 생활로 돌아와야 합니다.

여러분의 아버지가 자식이 퀴어임을 받아들이지 못하거나, 학교에서 괴롭힘을 당하거나, 혼자라고 느끼거나, 성전환수술 비용을 어떻게 마련할지 막막할 수 있습니다. 그러나 세상이 아무리 여러분에게 적대적이어도 여러분은 삶을 변화시키는 힘을 가지고 있습니다. 여러분의 밖에서 무슨 일이 일어나든 여러분의 내면에는 강인한 힘이 존재합니다. 깨끗한 몸과 마음이 될 수 있습니다. 다음은 술과 담배, 마약을 끊는 데 도움이 되는 몇 가지 조언입니다.

"헤로인과 코카인을 섞어 흡입한 것이 기억난다. 그러나 그 후에 일어난 일 때문에 너무 겁이 나서 다시는 마약과 술에 손을 대지 않게 되었다. 스무 살이었고, 한밤중에 방바닥에 꿇어앉아 코피를 쏟으며 토했다. 이 상황에서 깨어나면 다시는 마약에 손대지 않겠다고 기도했던 생각이 난다. 마약을 하는 기간에 병에 걸리거나 강간을 당하거나 나 또는 남을 죽이지 않은 건 정말 운이 좋은 거였다."

_시안, 26세

자신에게 문제가 있음을 인정한다

술, 담배, 마약이 없으면 제대로 생활하기 어렵거나 불가능한가요? 자신에게 솔직해야 합니다. 문제가 보이지 않으면 해결을 할 수 없습니다.

도움을 받는다

술이나 담배, 마약을 끊으려 할 때 가족, 친구, 의사 또는 상담사가 큰 도움이 될 수 있습니다. 부모님에게 말씀드릴 수 없다면 믿을 수 있는 어른을 찾으세요. 상담 선생님, 좋아하는 선생님, 친척, 정신적인 멘토, 의사 선생님, 아니면 관심을 쏟아주는 어른과 이야기를 나누세요. 누군가가 여러분의 문제를 알고 옆에서 도울 수 있는 게 중요합니다. 도움을 청하는 사람에게 커밍아웃해야 하기 때문에 어려울 수 있지만 여러분은 할 수 있습니다. 그럴 만한 가치가 있습니다.

왜 끊으려 하는지 기억한다

음주, 흡연, 마약에서 벗어나기는 쉽지 않을 겁니다. 그러나 중독을 극복했을 때 얻는 것들을 기억한다면 도움이 됩니다. 우선 여러분의 몸과 마음이 훨씬 좋은 상태가 될 것이고, 해로운 약물을 이겨냄으로써 여러분이 생각하던 것보다 더 강한 사람이 될 겁니다.

술이나 마약을 끊은 뒤 그 상태를 유지하도록 도와주는 조언은 다음과 같습니다.

끊기로 했다는 결심을 친구들에게 알린다

진정한 친구라면 여러분의 결정을 존중하고 지지할 겁니다. 완전히 끊으려는 노력을 충분히 이해하고 도와주는 새로운 친구들을 만들어야 할지도 모릅니다. 이전 친구들이 계속 음주, 흡연, 마약을 즐긴다면 가까이하지 말아야 합니다. 옛날 버릇과 행동으로 쉽게 돌아갈 수 있기 쉽기 때문입니다.

> "술과 마약 없이 6년을 지낸 후에야 내가 정말 누구인지 알기 시작했다. 지금은 매일 고마운 우정을 나누는 친구들에게 둘러싸여 있다."
>
> _시안, 26세

친구와 가족에게 지지와 도움을 부탁한다

대화가 필요할 때 한밤중이라도 전화할 수 있는 누군가가 있는 것이 중요합니다. 여러분이 전화하지 않게 되더라도 누군가 항상 대기하고 있음을 아는 게 큰 도움이 됩니다.

술과 마약이 없는 모임에만 참석한다

특히 금주나 금연, 마약을 끊는 일이 처음이라면 유혹이 있을 만한 상황을 피하는 것이 안전합니다.

모임에 술과 마약이 있다면 어떻게 할지 미리 계획한다

술과 마약의 유혹에 빠질 수 있지만 어떻게 접근할지 미리 알고 있으면 대처하기가 더 쉬울 수 있습니다. 계획이라고 해봐야 '뒤도 돌아보지 않고 자리를 뜨기' 같은 아주 간단한 것일 수도 있습니다.

그렇더라도 어떻게 할지 미리 안다면 필요할 때 계획대로 실행하고 자신을 지킬 수 있습니다.

중독되었다고 나쁘거나 나약한 사람이 아니라는 사실을 기억한다

실수로 술, 담배, 마약을 다시 했다면 가능한 한 빨리 도움을 받아야 합니다. 끊으려는 노력이 매우 힘든 일임을, 창피할 게 하나도 없음을 알아야 합니다. 다시 제자리로 돌아올 수 있습니다. 여러분은 삶에 많은 긍정적 변화를 이뤄냈습니다. 한 번의 실수가 그 사실을 바꿀 수 없습니다.

동성애혐오나 성정체성에 대한 무지나 혐오 같은 문제들은 여러분이 통제할 수 없는 것들입니다. 긍정적이고 건강한 행동의 실행과 같이 여러분이 통제할 수 있는 일에 집중한다면 자신을 위해 더 행복하고 충만한 삶이 이어질 것입니다.

10장 종교와 문화 속에서 나의 자리 찾기

여러분은 모자이크입니다

수많은 다양한 측면이 모여 '나'라는 한 사람을 만듭니다. 성^性은 인간을 구성하는 중요한 부분이지만 종교, 문화, 민족 또한 일상생활의 한 부분을 차지합니다. 이런 다양한 면들은 여러분이 정하는 우선순위, 자신을 보는 관점, 다른 사람과 관계를 맺는 방식에 영향을 줍니다. 자라온 종교와 문화가 LGBTQ 정체성을 인정하지 않거나 지지하지 않는다면 여러분이 자신의 성정체성과 성적 지향을 이해하려 할 때 내가 누구인지, 세상에서 나는 어디에 위치하는지 혼란을 느낄 수 있습니다.

　종교적 신념이나 문화적 전통 때문에 자신이 LGBTQ임을 받아들이지 못하거나 사랑하는 사람들로부터 인정받지 못하는 사람들도 있습니다. 종교와 문화는 뿌리가 깊기에 이런 믿음과 가치관에 반하는 것은 모두 저항과 분노를 불러일으킬 수 있습니다. 문화 또는 민족적 정체성과 LGBTQ의 자부심 사이에서 선택해야 한다고 느낀다면 자신을 받아들이고 커밍아웃하기가 더 쉽지 않을 겁니다.

　영향이라는 측면에서 종교와 문화는 서로 분리하기 어려울 때가 있습니다. 종교가 한 문화에서 보편적인 믿음과 전통에 중요한 역할을 하기 때문입니다. 예를 들어 가톨릭은 라틴 문화와 필리핀 문화에서 필수적인 부분입니다. 이슬람은 중동에서부터 일부 아시아, 환태

평양 지역 그리고 미국까지 전 세계에 걸쳐 문화에 큰 영향을 미쳤습니다. 기독교 신앙이 미국 일부 커뮤니티와 문화의 주춧돌이라고 생각하는 사람들도 많습니다. 그 밖에 많은 종교와 신앙이 전 세계의 여러 문화에서 중요한 역할을 하고 있습니다.

종교 용어 다시 보기

이 장에서 등장하는 '회중' 또는 '신자들congregation'이란 단어는 종교적 예배나 가르침이 목적인 사람들의 모임을 의미하며 특정 신앙을 암시하지 않는다. 또한 '종교 커뮤니티', '신앙 커뮤니티', '예배 장소'라는 말과 바꿔 쓰이기도 한다.

LGBTQ는 잘못된 것이라고 여러분의 종교가 가르친다면 그 믿음은 종교적 장소뿐 아니라 문화 전체를 지배할지 모릅니다. 그럴 경우 여러분이 갈등을 느끼는 건 당연합니다. 한편으로는 자신의 성을 이해하고 자기 모습을 받아들이고 싶은데, 다른 한편으로는 그런 모습이 괜찮지 않다고 가르치는 종교나 문화에서 성장했기 때문입니다. 그러면 어떻게 해야 할까요?

왜 종교는 LGBTQ에게 가혹한가

사랑하는 가족 중 한 명이 LGBTQ일 때 종교 때문에 받아들이기 힘들어하는 가정도 있습니다. 어떤 가족은 종교가 없거나 LGBTQ를 공식적으로 인정하는 수용적인 종교를 가지고 있어 전혀 문제가 되지 않기도 합니다. 그리고 그 중간인 이들도 있습니다. 가족들은 받아들이지만 종교가 인정하지 않는 퀴어들입니다.

많은 사람이 종교를 중요하게 생각하고 여러분도 그럴 수 있습니다. 미국을 포함한 많은 나라의 젊은이가 기성 종교를 믿는 가정에서 자라는 경우가 흔합니다. 퓨리서치센터의 《2014년 종교 양상 연구 2014 Religious Landscape Study》에 따르면 미국인 약 71퍼센트가 자신은 기독교(개신교, 가톨릭, 모르몬, 여호와의 증인 포함) 신도라고 말했으며 약 2퍼센트가 유대교라고 합니다. 이슬람교, 불교, 힌두교는 각각 1퍼센트였습니다. 자신을 무교라고 한 집단을 포함해 미국인의 약 23퍼센트는 아무런 종교에 속하지 않는다고 응답했으며, 여기에는 무신론자와 불가지론자도 포함됩니다.

표면적으로는 종교와 성은 별 관계가 없어 보입니다. LGBTQ란 성적 지향이나 성정체성에 관한 것으로 생물학적 정서적 요인들의 조합이며, 종교는 영적 믿음에 관한 것입니다. 그렇다면 왜 종교는 많은 LGBTQ에게 그토록 복잡하고 고통스럽기까지 한 문제일까요?

게이와 종교에 관한 다큐멘터리

〈아웃 인 더 사일런스Out in the Silence〉는 게이인 영화 제작자가 워싱턴 D.C.에서 고향인 펜실베이니아의 작은 마을까지 가는 여정을 그린 감동적인 다큐멘터리다. 그곳에서 그는 마을을 분열시키는 동성애혐오의 뿌리를 탐색한다. 이 영화는 또한 커밍아웃을 한 C.J.라는 이름의 16세 청소년에게 초점을 맞추는데, C.J.는 점점 심해지는 괴롭힘 때문에 동네에 있는 학교에서 중퇴했다. 열린 태도를 견지하는 이 영화는 광범위하고 다양한 시각을 보여주며 많은 이야기가 종교를 중심으로 전개된다. 이 영화에 대해 더 알고 싶다면 legacy.wpsu.org/outinthesilence를 찾아보기 바란다.

퀴어를 배격하는 종교적 전통

전 세계의 많은 종교가 여러 가지 이유로 LGBTQ를 받아들이지 않거나 호의적이지 않습니다. 그 이유는 그들의 경전이나 역사와 관련되어 있을 수도 있고, 종교적 신념으로 뿌리내린 문화적 전통 때문일 수도 있으며 이 모든 것의 조합일 수도 있습니다.

예를 들어 어떤 종교에서는 시스젠더 남성과 시스젠더 여성의 결합이 신성하다고 믿습니다. 그것이 그들의 경전(성경)에 명시되어 있거나 그렇게 해석하기 때문입니다. 굳건하고 긍정적이며 사랑으로 연결된 관계는 분명히 찬양받을 일입니다. 하지만 시스젠더 남성과 시스젠더 여성의 결합만이 신성화되는 이유는 종종 이들이 체외수정이나 대리모 없이 자식을 낳을 수 있기 때문입니다. 실제로 일부 종교에서는 부부가 즐거움이 아닌 번식을 목적으로 성관계를 해야 하며 피임이 부도덕하다고 믿습니다. 그런 믿음의 결과로 LGBTQ들의 성과 사랑은 배격당합니다. 우리의 낭만적이고 육체적인 관계의 주목적은 번식이 아니기 때문입니다. 문제는 그런 종교를 믿는 많은 시스젠더 커플도 번식만을 위한 섹스라는 생각을 전혀 따르지 않는다는 사실은 상관하지 않는다는 점입니다.

종교의 역사 공부하기

종교의 역사를 더 알고 싶은데 어디서 시작해야 할지 모른다면 온라인 검색이나 도서관 탐방이 좋은 시작점이 될 수 있다. 지역의 종교 지도자를 찾아가 조언을 얻을 수도 있고, 여러분이 다니는 교회나 법당에 자료실 또는 도서실이 있을 수도 있다. 이런 곳에서 구한 자료들 일부는 편향된 내용일 수 있지만(저자의 배경을 고려해야 한다), 일부는 진실한 역사 정보를 제공할 수도 있다. 또한 퀴어에 호의적인 종교 단체가 제공하는 자료와 도서 목록들도 있다.

수용은 자신과 타인을 '아는 것'에서 시작된다

여러분의 종교 커뮤니티가 LGBTQ를 받아들이고 이해하기 위해서는 '지식'이 도움이 될 수 있습니다. 우리가 지닌 개인적 신념과 종교적 믿음이 어디에서 오는지를 살펴보기 시작한다면 사람들이 조금 깊게 생각할 수 있기 때문입니다. '우리는 왜 이것을 믿을까?'라는 질문은 간단해 보이지만 사실 사람들은 자신의 믿음 체계에 도전하거나 탐색하기를 꺼립니다. 자신의 믿음에 대한 새로운 발견이 전체 신념을 무너뜨릴까 두렵기 때문입니다.

종교 때문에 고민이라면 그 역사를 알아보고 LGBTQ에 반대하는 믿음이 어디서 시작되었는지 알아보세요. 다른 사람들이 어떻게 해석한 것인지 더 잘 이해하기 위해 성경이나 경전의 원본을 읽어보세요. 어떤 문제나 개념이 문맥에서 떼어져 나와 사람들의 개인적 의견이 해석에 영향을 미쳤을 수 있습니다. 문서에 명확히 적혀 있다고 이야기하는 것들도 결국 그렇게 명백하지는 않을지도 모릅니다.

여러분이 퀴어라는 사실을 안 가족이나 친구가 그들의 종교와 믿음 때문에 괴로워하면 여러분이 알게 된 것에 대해 이야기를 나누세요. 그들이 듣지 않을 수도 있지만 새로 얻은 정보를 숙고해볼 수도 있습니다. 종교의 뿌리를 조사하고 대화를 시도하는 일은 여러분 자신과 종교적 신념의 조화를 위한 긍정적인 움직임입니다. 가족이나 친구, 종교 커뮤니티 사람들에게 어떻게 접근할지 모르겠다면 4장의 커밍아웃 중 효과적인 의사소통에 관한 조언을 참조하세요. 그중 많은 항목이 대화하기 어려운 다양한 주제들에 접근하는 데 도움이 될 수 있습니다.

퀴어 신도를 수용하려는 노력들

많은 종교 커뮤니티에서 퀴어 신도들에 대한 논의가 이루어지고 있습니다. 이런 논의는 LGBTQ 신도들을 수용할 것인지, LGBTQ 신도를 허락하기 위한 세부 조건들은 무엇인지, 동성결혼식을 집례할 것인지 등을 포함합니다. 아직도 LGBTQ들을 전혀 받아들이지 않는 종교도 있지만 많은 곳에서 이에 대해 생각하고 이야기를 나누고 있습니다. 바로 여기서 변화가 시작됩니다. 종교 지도자들이 LGBTQ들을 받아들이지 않겠다고 결정하더라도, 문제에 대한 논의는 개인의 마음을 열고 변화시키는 데 도움이 됩니다. 많은 신도가 LGBTQ 신도들을 포용하기 위해 개인적으로 '환영과 인정 운동Welcoming and Affirming Movement'[28]에 참여하고 있습니다.

일부 종교 지도자 단체가 LGBTQ를 받아들이지 않기로 공식적으

> "우리 엄마는 무엇보다 종교적 문제 때문에 고민했다. 종교 때문에 내가 퀴어라는 사실을 오랫동안 받아들이기 힘들어하다가 리로이 아론스Leroy Aarons가 쓴 《바비를 위한 기도Prayers for Bobby》라는 책을 읽었다. 그 책은 하룻밤 만에 엄마의 마음을 바꾸었다."
>
> _로버트, 15세

---

[28] 신도들의 성정체성이나 성적 지향과 관계없이 모든 사람을 환영하고 인정하자는 교회들의 움직임.

로 결정했다는 소식이 실망스러울 수 있습니다. 그러나 이를 전체 종파나 회중의 결정으로 생각하지 마세요. 모든 단체 안에는 그 결정에 동의하지 않고 퀴어들을 수용하는 사람들이 있습니다.

LGBTQ도 종교 지도자가 될 수 있을까?

LGBTQ에게 종교 지도자 역할을 맡길 수 있을까를 이미 논의했거나 지금 하고 있는 종교 단체가 많습니다(이들 종교 중에는 이성애자·시스젠더, 게이, 양성애자와 상관없이 아직도 여성에게 지도자 역할을 허락하지 않는 곳도 있습니다). 2010년 7월 8일 미국 장로교회Presbyterian Church 지도자들은 파트너가 있는 게이도 성직자가 될 수 있다고 투표로 결정했습니다. 이전에는 모든 성직자와 집사, 장로들이 기혼이거나 성관계가 없는 사람이어야 했습니다.

영국 성공회도 LGBTQ 허용에 큰 발걸음을 내디뎠습니다. 공개적으로 LGBTQ들이 성직자가 될 수 있을 뿐 아니라 주교가 될 수 있도록 허용했으며 동성결혼과 트랜스젠더 신도를 지지하는 성명서를 발표했습니다.

천주교는 공개적으로 게이인 신부를 허용할 것이냐에 대한 논의가 아직 진행 중이나, 천주교 한 종파인 북미 구 가톨릭교North American Old Catholic Church는 2013년에 금지되기 전에 공개적으로 게이인 신부 몇 명을 성직자로 임명했습니다. 그러나 천주교는 이성애자·시스젠더든, LGBTQ든 상관없이 아직도 여성 사제를 허용하지 않습니다.

세상에서 가장 개방적인 교회

미국 콜로라도주 덴버에 있는 복음주의 루터교회인 '모든 죄인과 성인을 위한 집House for All Sinners and Saints'은 아마도 가장 개방적이며 수용적인 교회일 것이다. 목사인 리건 험버Reagon Humber는 남부침례교 가정에서 자란 게이다. 그는 LGBTQ를 지지하지 않는 종교 안에서 자랐지만 대학 재학 중 교회 목사가 캠퍼스에서 촛불 추도를 주도하면서 매튜 셰퍼드Mathew Shepard[29]의 죽음에 대해 사랑과 응원의 메시지를 전하는 모습을 목격했다. 그 장면은 깊은 인상을 남겼고 험버는 복음주의 교회 목사가 되기 위해 신학교를 가기로 결심했다.

험버의 가족은 처음에는 그가 게이인 것을 받아들이지 않았으나 시간이 지나며 그를 포용하게 되었고, 험버의 사제 서품식에 참석하기 위해 샌프란시스코까지 갔다. 지금 험버는 모든 사람을 환영하는 것으로 알려진, 다양성을 특징으로 하는 교회를 이끌고 있다. 이 교회에는 사람들이 자신이 불리길 바라는 대명사를 적은 이름표가 있다. 험버는 트랜스젠더인 신도들에게서 가장 많이 배우고 있으며, 침례와 개명을 기억하는 특별 의식을 집행하는 등 몇몇 신도의 전환 과정에 참여하는 특권을 누린다고 말한다. "계속해서 교회가 이렇게 문을 여는 것을 목격하면서 치유와 겸손을 경험합니다."

유대교는 공개적으로 게이인 랍비와 공개적으로 게이인 정통파 랍비가 있습니다. 2010년 8월에 150명의 유대교 랍비가 게이와 레즈비언의 수용을 선언하는 문서에 서명했습니다. 그 성명서에는 "동성애 성향이나 동성에게 끌리는 유대인도 유대교 회당과 학교 커뮤니티의 완전한 일원으로 환영받아야 한다"라고 적혀 있습니다. 2013년 기준으로 미국에는 적어도 여섯 명의 트랜스젠더가 랍비가

---

[29] 1998년 미국 와이오밍주에서 동성애자라는 이유로 폭행과 고문을 당하고 22세에 사망한 대학생. 이 사건은 미국에서 증오범죄를 처벌하는 법의 중요성을 일깨우는 계기가 되었다.

되었거나 랍비가 되는 준비를 하고 있습니다. 이들 중 아마 가장 잘 알려진 랍비는 예시바대학교의 여성을 위한 스턴 칼리지의 조이 라딘 ^{Joy Ladin} 교수일 것입니다. 그녀는 2008년에 남성에서 여성으로 성을 바꾸었습니다.

LGBTQ로서 어떻게 종교 생활을 할 것인가?

종교와 문화는 한 사람의 인생에서 매우 개인적이고 의미 있는 측면으로, 여러분이 퀴어라고 해서 이를 바꿀 필요는 없습니다. 여러분이 지금 속한 종교 안에서 자리를 찾을 수도 있고, 아니면 다른 영적인 전통 안에 머물 수도 있습니다. 때로는 여러분의 영적인 믿음을 어떤 단체의 일원으로서가 아닌 개인적으로 추구할 수도 있습니다.

불교와 자연 중심 영성과 같이 여러 개의 전통을 결합한, 뚜렷하게 정의되지 않은 일련의 영적 믿음에 따라 사는 사람들도 많습니다. 여러분과 비슷한 생각을 지닌 사람들과 연결해 여러분만의 온라인 커뮤니티를 만들 수도 있습니다.

> "내게 종교적 배경이 있다고 생각하지 않는다. 기성 종교들을 좋아하지 않기 때문이다. 나는 종교적 측면이 배제된 매우 영적인 사람이라고 생각한다. 종교는 어떤 방식으로든 내게 영향을 주지 않는다. 적어도 내가 느끼기에는 그렇다. 내가 LGBTQ라는 사실이 가족들에게 부정적인 영향을 미칠 걸 안다. 그들은 종교 이상의 것을 보지 못한다."
>
> _리, 20세

지금 어떻게 해야 할지 모르는 여러분에게 도움이 될 수 있는 질문과 답변은 다음과 같습니다.

내가 예배드리는 곳이 LGBTQ를 받아들이지 않는다면 어떻게 해야 하나요?

한번 생각해봅시다. 첫째, 여러분이 예배 드리는 곳이 LGBTQ를 받아들이지 않는 게 확실한가요? 혹시 혼자 그렇게 생각하는 건 아닌가요? LGBTQ가 되는 것은 잘못이라는 말을 교회에서 했나요? 아니면 LGBTQ에 대해 교회에서 아무 언급이 없거나 아는 LGBTQ 신도가 없기 때문에 교회가 LGBTQ를 받아들이지 않는다고 짐작하는 건 아닌가요?

어떤 경우든 교회 지도자를 찾아가 LGBTQ 신도에 대한 의견을 알아보는 것이 좋습니다. 부모님 중에 여러분이 LGBTQ임을 받아들이는 분이 있다면 같이 가도 좋습니다. 여러분이 찾아간 성직자가 기꺼이 이 문제를 같이 탐색하면 두 사람 모두 배우고 성장하는 기회가 될 수 있습니다. 그런 뒤 어쩌면 전체 회중이 더 개방적이고 수용적인 방향으로 움직일 수도 있습니다.

자신을 받아들이고 커밍아웃을 하는 것이 하나의 과정이듯 변화도 그렇습니다. 여러분의 종교 지도자와 커뮤니티에 기회를 주세요. 전국적인 단체 중 일부 회원들은 기꺼이 종교 집회 현장을 찾아가 집회의 개방과 LGBTQ 신도 수용에 대해 다른 신도들과 이야기를 나누기도 합니다.

LGBTQ를 인정하는 종교 단체들
한국에도 성소수자를 인정하고 연대하는 종교단체 및 커뮤니티가 있습니다.

차별 없는 세상을 위한 기독인 연대 facebook.com/equalchristcom
불교이반모임 cafe.daum.net/buddhaban

내가 믿는 종교 커뮤니티가 나를 받아들이지 않으면 어떻게 하나요?

안타깝게도 일부 종교 커뮤니티와 회중들은 변하지 않으려 합니다. 하지만 여러분의 커뮤니티가 그렇더라도 종교를 버려야 한다고 미리 생각하지 마세요. 거의 모든 종교에 LGBTQ를 수용하는 교파나 지파가 있습니다. 이는 성경이나 토라, 코란과 같은 주요 종교 경전이 여러 방식으로 해석될 수 있기 때문입니다. 어떤 해석은 보수적이지만 또 다른 해석은 더 자유롭고 포괄적입니다. 여러분이 참석하는 사원이 이성애자·시스젠더만을 환영할지 모르지만 여러분이 믿는 종교의 다른 사원은 개방적이고 수용적일 수 있습니다.

어떤 예배 장소가 퀴어에게 얼마나 열려 있고 수용적인지는 여러 요인에 달렸습니다. 어느 지역인지, 회중들이 얼마나 LGBTQ에게 익숙한지, 회중들의 다양성은 어떤지, 커뮤니티 리더의 개인적 신념은 무엇인지 등입니다.

원래 자신이 다니는 곳에 머물면서 변화를 위해 애쓰는 사람도 있고, 그 집회에 참여하며 신앙 커뮤니티는 변하지 않을 거라는 생각에 자신을 맞추는 사람도 있습니다. 무엇이 옳고 무엇이 그른지는 판단할 수 없습니다. 종교는 매우 개인적인 문제이며 여러분에게 가장 좋은 것이 무엇인지는 자신만이 정할 수 있습니다.

지금은 여러분이 다른 종교 집회 장소를 찾아가는 게 어렵거나 불가능한 상황일 수 있습니다. 운전하기에 너무 어리거나 다른 교통수단이 없을지도 모릅니다. 이유가 무엇이든 변화를 꾀하려면 조금 기다리는 수밖에 없습니다.

여러분이 잘못된 게 아니라는 사실을 기억하세요. 여러분은 이 세상 모든 사람만큼 많은 기회와 행복을 누릴 자격이 있습니다. 여러분의 종교와 영성을 계속 탐색하고, 지금 속한 종교 단체나 종교 지도자의 시각에 상관없이 여러분의 자리를 계속 찾으세요.

> "나는 루터교도다. 잘 모르는 사람들도 있지만 루터교회에는 두 종파가 있다. 미국 복음주의 루터교회와 미주리 시노드다. 하나는 진보적인데 다른 하나는 지옥의 불구덩이를 이야기하는 곳이다. 복음주의 루터교회 내부에서는 파트너가 있는 LGBTQ도 성직자로 임명하자는 움직임이 있었다. 과거에는 이성애자여야, LGBTQ라면 독신이어야 성직자가 될 수 있었다. 그러나 엄마처럼 미주리 시노드의 신념과 가치관을 주입받으며 자란 사람은 별로 마음이 열려 있지 않다."
>
> _샬럿, 19세

퀴어에게 개방적인 교회를 찾지 못하면 어떻게 하나요?

여러분의 종교 안에서 비슷한 신념을 가진 다른 교파나 지파를 찾거나 여러분이 사는 지역에서 조금 더 마음이 열린 종교 단체를 찾을 수 있을지 모릅니다. 특히 기독교에는 많은 교파가 있습니다. 모든 교파는 같은 기본 신념 체계를 가지고 있고 종교 문헌으로 성경을 사용하지만 성경의 해석, 관점, 실천 방식이 다를 수 있습니다. 많이 비슷한 교파도 있고 그렇지 않은 곳도 있습니다. 비슷한 교파 안에서 여러분에게 편한 교회를 찾을 수 있다면 좋겠지요.

여러분의 교파와 비슷한 교파를 찾지 못하거나 비슷한 교파에 속하면서 퀴어를 인정하는 커뮤니티가 집 가까이에 없다면 다른 방법을 찾아야 합니다. 전혀 다른 교파를 선택하거나 다른 종교나 신앙 전통을 탐구할 수도 있습니다.

유니테리언회Unitarian Universalists처럼 모든 사람을 환영하는 종교 커뮤니티도 있습니다. 이런 커뮤니티는 회중 안에 유대교인, 이슬람교인, 기독교인, 주술숭배인 혹은 특정 종교에 집중하지 않는 사람들까지 모두 섞여 있습니다. 예배는 모든 믿음을 존중하는 방식으로 진행합니다. 이것이 여러분이 이전에 하던 예배에서 많이 벗어난 것이더라도 한 번쯤 방문해보는 것도 괜찮습니다. 마음에 들어 다닐 수도 있고, 맞지 않아서 다시 방문하지 않을 수도 있습니다.

퀴어 기독교인을 위한 자료들

미국인의 과반수가 자신을 기독교인이라고 말한다. 다음 자료들은 특별히 동성애와 성경의 문제를 다룬 것들이다.

〈물 밖의 물고기Fish Out of Water〉[30]

종교 지도자들과의 인터뷰, 종교적인 배척을 경험한 LGBTQ와의 인터뷰를 담은 이 다큐멘터리는 LGBTQ 사랑을 죄악시하는 데 가장 많이 인용되는 일곱 개의 성경 구절에 대해 논의한다.

---

30 '물 밖의 물고기'는 상황에 적응하지 못해 어색하고 불편한 사람을 일컫는 관용적 표현이다.

《성서가 말하는 동성애》

천주교 신부인 다니엘 헬미니악Daniel Helminiak이 쓴 이 책은 성경 구절에 주석을 제공한다. 저자는 성경에는 동성애를 비난하는 근거를 제공하지 않는다고 결론 짓는다(번역서가 2003년 해울출판사에서 출간되었으나 현재는 품절 상태다).

《예수 성경 동성애》

신학 교수인 잭 로저스Jack Rogers는 이 책에서 기독교 안에서의 LGBTQ 문제를 토의한다. 퀴어와 기독교인이 상호 배타적이지 않다는 것이 그의 주된 주장이다(번역서가 2015년 한국기독교연구소에서 출간됐다).

〈성경이 내게 그렇게 말하기 때문에For the Bible Tells Me So〉

이 다큐멘터리는 기독교 근본주의와 동성애 사이의 갈등을 다루고 있으며 실제 가족이 그들의 경험을 이야기한다(www.forthebibletellsmeso.org).

국내 정보

《성경이 말하는 동성애》

동성애와 관련된다고 하는 성경 구절들을 두루 살펴보면서 핵심 쟁점들을 요약, 분석하고, 동성애를 창조 원리, 하나님 나라, 교회의 공동체성이라는 관점에서도 조명한다(홍석용. 동무출판사, 2020년).

《하느님과 만난 동성애》

동성애자 기독교인들의 진심 어린 고백과 동성애 혐오·차별에 반대하는 사람들의 냉철한 목소리를 전한다. 성소수자를 비롯한 사회적 약자들과 함께했던 고 임복라 목사의 글도 담겼다(슘 프로젝트 엮음. 한울, 2018년).

《성서, 퀴어를 옹호하다》

성소수자 이슈에서 성서를 어떻게 읽어야 하는가. 이 문제를 성서학자가 정면으로 다룬 저작이다. 관련 구절들에 대한 다양한 해석을 제시하고, 초대교회를 되돌아보며 교회 공동체의 바람직한 자세와 태도를 제시한다(박경미. 한티재, 2020년).

이제까지 제시된 방법 중 제게 맞는 게 없어요. 어떻게 해야 하나요?

잠깐만요, 더 있어요! 실제로는 훨씬 많은 방법이 있습니다. 일부 LGBTQ는 적어도 지금, 이번 삶에서는 기성 종교와 자신의 성적 지향 또는 성정체성을 조화시킬 수 없다고 결론을 내립니다. 여러분이 강한 종교적 배경에서 자랐다면 이런 미래가 두려울 수 있지만 종교와 영성은 탐색이라는 걸 기억하면 도움이 될 것입니다. 여러분에게 맞는 게 무엇인지 탐색할 기회를 자신에게 주세요. 드러내고 찾는 것이 결국에는 여러분의 믿음을 더 강하게 만들 겁니다.

더 열려 있고 여러분에게 더 잘 맞는 종교를 찾기 위해 다른 종교 전통을 살펴볼 수 있습니다. 새로운 교파로 옮기거나 여러분의 원래 교파에서 더 수용적인 신앙 커뮤니티가 있는 곳에 결국 정착할지도 모릅니다. 여러분 혼자서 믿음을 추구하기로 할 수도 있습니다. 기존에 정해진 형식 밖에서 개인적인 방법으로 신앙을 지키거나 영성을 탐색하면서 여러분이 진정으로 믿는 것이 무엇인지 선명하게 알게 될 수도 있습니다.

지금 어떤 결정을 하더라도 그것이 영원하지 않다는 걸 기억하세요. 언제든 마음을 바꿔도 됩니다. 적어도 지금은 기존의 종교를 떠날 필요가 있다고 결심할 수 있습니다. 그사이 개인적으로 종교적 의례를 지키거나 영적 신념을 탐구할 수 있습니다. 아니면 여러분의 인

"열네 살 무렵 나는 종교에 깊이 빠져 성경을 샀다. 정기적으로 교회에 다니고 성경 공부 그룹과 야간 성경 공부에 참석했다. 나는 신앙을 갖기 위해 애를 썼던 것 같다. 더 열심히 노력하면 된다고 생각했기 때문이다. 하지만 교회는 나를 위한 게 아니었다. 하나하나 생각해보면 내가 하는 모든 것 그리고 좋아하는 모든 것이 잘못이라고 했다. 따라서 나는 악한 사람이었다. 그러나 나는 악인이 아니다! 내가 나쁜 게 아니고 문제는 다른 곳에 있다. 그 후 나는 여러 다른 종교와 영성을 탐색했다."

_올랜도, 19세

생에 종교가 차지할 자리는 없다고 결정할지도 모릅니다.

기존의 종교를 떠나거나, 종교를 바꾸거나, 혼자 예배를 드리겠다는 결정이 가족들을 화나게 할 수도 있습니다. 그럴 땐 가족과 차분히 이성적인 대화를 나누세요. 특히 왜, 어떻게 그런 결정에 이르렀는지를 설명하는 것이 도움이 됩니다. 가족이 믿는 종교를 완전히 차단하는 것이 아니라(이것이 사실이면) 적어도 현재는 다른 길을 가겠다고 덧붙이세요. 다시 돌아올 수도 있고, 그렇지 않을 수도 있지만요.

부모와 보호자 중에는 싫더라도 여러분의 결정을 존중하는 분들도 있습니다. 그렇지 않은 분들도 있고요. 집에 산다면 여전히 가족이 믿는 종교의 집회에 참석해야 할 수도 있습니다. 이런 예배에서 퀴어를 반대하는 설교를 들어도 마음에 담지 않도록 하세요. 이런 메시지는 보통 두려움과 무지의 결과입니다. 그 종교의 모든 사람이 그 메시지를 믿는 것은 아니며 여러분도 믿을 필요가 없습니다. 여러분은 선하고 친절한 사람이며, 여러분 커뮤니티의 누구보다 사랑과 소속감을 누릴 가치가 있음을 알아야 합니다.

결혼을 꿈꾸며 자랐어요. 결혼을 포기해야 하나요?

이제는 미국 연방법 차원에서 동성결혼이 합법이지만 일부 종교 커뮤니티에서는 자신들의 교회나 절에서 동성결혼식을 하는 것을 허락하지 않거나 종교 지도자들의 결혼식 진행을 용납하지 않습니다.

그렇지만 많은 LGBTQ가 개인적으로 식을 올리거나 개방적이고 수용적인 종교 커뮤니티에서 식을 올려 자신의 믿음을 지키는 방법을 찾습니다. 동성결혼식이라고 해서 꼭 한 명은 턱시도를 입고 다른 사람은 웨딩드레스를 입어야 하는 건 아닙니다. 물론 여러분이 원하면 그래도 됩니다. 예식은 여러분과 파트너가 원하는 무엇이든지 가능합니다. 해변이나 부모님 집 뒷마당에서 하는 전통적인 결혼식일 수도 있습니다. 여러분에게 달렸습니다. 종교적 색채가 있는 결혼식이 여러분이 꿈꿔오던 것이라면 퀴어라는 이유만으로 포기할 필요는 없습니다.

종교 문제로 고민하는 사람을 어떻게 도울 수 있을까요?

여러분이 종교적 신념 그리고 성정체성이나 성적 지향을 조율해 서로 공존하는 데 성공했다면 다른 사람도 충분히 도울 수 있습니다. 그 공존이 쉬웠든, 치열한 자기 탐구의 결과였든 상관없습니다. 종교적 배경이나 믿음 때문에 자기 자신을 받아들이기 어려워하는 사람이 많습니다. 여러분의 경험을 공유함으로써 타인에게 용기를 주고 그들의 여정에서 필요한 도움을 제공할 수 있습니다.

여러분의 종교 단체에 있는 지원 모임의 일원이 되거나 직접 그런 모임을 만들 수도 있습니다. 이런 모임은 비슷한 경험을 가진 사람과 이야기를 나누고 이야기를 들을 기회가 적은 사람들을 돕습니다. 또한 LGBTQ와 관련된 문제들에 함께 맞서는 종교 간 연합을 위해 노력해도 됩니다. 이런 단체들에는 봉사의 기회가 많습니다. 그리고 종교적 문제로 어려움을 겪는 사람들을 위한 온라인 그룹에 참여하거나 새로 만들어도 좋습니다.

종교와 문화가 만나는 곳

많은 이에게 종교적 신념은 문화와 얽혀 있다. 인권캠페인은 특별히 라틴계, 흑인, 아시아태평양 미국인의 종교와 커밍아웃을 포함해 문화와 종교의 교차점에 관한 정보를 제공한다. www.hrc.org/explore/topic/religion-faith에서 더 많은 정보를 찾을 수 있다.

수많은 '나'가 모여 '우리'를 만든다

종교와 마찬가지로 문화적 전통도 일상생활의 커다란 부분입니다. 문화는 인종, 민족, 종교, 어디서 나고 자랐는지, 사용하는 언어 등 다양한 요소로 구성되어 있습니다. 그리고 이는 가족의 전통, 명절 지키기, 가족 구성원들 간의 관계, 별명, 가족이나 친구들과 말할 때 어떤 말을 쓰는지, 듣는 음악, 먹는 음식에 영향을 줍니다. 문화는 또한 어떻게 행동하고 옷을 입고 말을 해야 하는지 등의 젠더나 성역할 기대에 강한 영향력을 행사합니다. 심지어 데이트를 어떻게 해야 하는지에도 영향을 미칩니다.

문화와 가족의 전통을 자신의 성정체성과 성적 지향을 이해하고 수용하려는 욕구와 맞추는 일은 복잡하고 때로는 아픈 과정입니다. 자신의 정체성을 버리고 다른 선택을 강요당한다고 느낄 수 있습니다. 예를 들면 퀴어와 유색인종이 동시에 될 수 없는 것처럼 느낄지도 모릅니다. 더 복잡한 문제는 인종적, 민족적, 사회적 소수에 속하면서 LGBTQ인 사람들은 사회에서 두 개 또는 그 이상의 약점을 가지고 있다고 여겨지는 것입니다. 이런 사람들은 퀴어여서 마주하는 차별과 함께 흑인, 라틴계, 동양계, 태평양 원주민, 아랍계 혹은 미국 원주민이어서 받는 차별도 있습니다.

"나는 싱가포르에서 태어났다. 최근까지도 난 문화적 차이를 신학적 관점에서 보지는 않았다. 대신 유색인종인 퀴어 여성으로서의 경험을 통해 문화 차이를 인식했다. 문화 차이에 대해 내가 가진 본능적 인식 때문에 어떤 공간에서는 내 정체성을 전부 통합할 수 없었다. 예를 들어 동양인과 백인 혼혈인 나는 백인 친구들과 있을 때 동양인 정체성을 통합하기 어려울 때가 종종 있다. 그리고 사실상 모든 곳에서 퀴어 정체성은 통합은커녕 심지어 이해받지도 못한다."

_태미, 20세

때로는 LGBTQ의 존재가 보이지 않아 힘들 때도 있습니다. 여러분의 문화 안에서 LGBTQ의 자리가 없다고 느낄 수 있습니다. 퀴어는 되도록 드러나서는 안 된다는 무언의 압박을 받기도 합니다. 많은 문화는 가족과 커뮤니티를 중심으로 돌아가고, 이런 집단과 어떻게 관계를 맺는지 그리고 그 안에서 어떤 역할을 하는지가 여러분의 정체성에 영향을 미칩니다. 퀴어 커뮤니티 안에서도 비슷한 배경을 가진 사람들을 볼 수 없으면 여러분도 소외감을 느끼거나 없는 존재처럼 느껴질 수 있습니다. 롤모델, 커뮤니티, 자신을 둘러싼 사회에 투영된 나의 모습은 자신을 받아들이기 위한 중요한 요소들입니다.

"흑인 여성이 LGBTQ로 살기가 훨씬 더 어렵다. 사람들은 내가 레즈비언이면서 흑인이라는 점을 문제 삼는다. 이런 요소가 합쳐져서 내가 성공하지 못할 거라고 말하는 사람도 있다. 나는 내가 누군지 안다. 내가 속한 문화와 그 부정적 의미는 나를 더욱 강하게 만들 뿐이다. LGBTQ 흑인 여성이라는 점을 제외하면 많은 측면에서 나와 같다고 생각하는 사람들에게서 배척당하는 것만큼 끔찍한 일은 없기 때문이다. 나는 다른 사람들이 어떻게 생각하는지 신경 쓰지 않게 되었다. 왜냐하면 내가 나를 사랑하는 한 남들이 어떻게 느끼는지는 상관없기 때문이다."

_패트리스, 20세

출신 지역이나 민족적 배경이 무엇이든 여러분의 문화 안에는 퀴어가 반드시 있었고 지금도 있습니다. 그들을 어떻게 봤고 어떻게 대했는지는 문화마다 크게 다릅니다. LGBTQ 일부는 자신의 인종과 민족적 배경 때문에 자기가 퀴어라는 것을 힘들어하고, 특히 커밍아웃은 더욱 어려워합니다.

많은 문화적 전통이 종교적 신념과 묶여 있어 어려움을 겪는 사람들도 있습니다. 또 어떤 이들은 LGBTQ라는 것이 성역할과 젠더 표현에 대한 문화적 신념에 어긋나게 보이기 때문에 힘들어합니다. 어떤 문화에서는 퀴어가 가족의 결속을 약화한다고 여깁니다. 가문의 이름을 잇지 않고 가족의 기대를 저버리기 때문입니다. 한편 가족들이 커밍아웃을 수치스럽게 여기거나 사적인 것을 공적으로 밝혀 가족을 욕보였다고 생각하기 때문에 커밍아웃을 하기 힘든 사람도 있습니다.

이런 영향력은 LGBTQ들을 이해하고 받아들이는 데 커다란 장애물을 형성합니다. 불행하게도 많은 유색인종 퀴어가 커뮤니티로부터 소외감을 느끼는데, 바로 이런 이유들 때문입니다.

한편 일부 집단의 전통은 그 문화 안에서 LGBTQ들의 정체성에 매우 긍정적인 영향을 줍니다. 예를 들면 어떤 북아메리카인디언 문화는 LGBTQ 구성원을 인정하고 수용합니다. 나바호족들은

> "나의 체로키 인디언 유산을 소중하게 생각한다. 이것은 미세한 방식으로 인격의 틀을 잡아주었다. 내 민족적 유산과 성은 전혀 서로 충돌하지 않는다."
>
> _스콧, 19세

남성도 여성도 아닌 사람을 위한 '나들nadle'이라는 단어를 씁니다. 라코타족도 전형적인 성역할 밖에서 사는 남성과 여성을 묘사하는 단어가 있습니다. 오마하족의 '멕소가mexoga'라는 단어는 여성도 남성도 아닌 사람을 뜻하거나 반대 성으로 변형된 여자나 남자를 의미합니다.

진정한 '나'는 색색의 타일이 모인 모자이크다

종교와 문화는 개인의 정체성에 강한 영향을 미치지만 한 인간으로서 그리고 퀴어로서 여러분이 자신을 어떻게 보는지, 사회가 여러분을 어떻게 보는지에는 다른 많은 요인이 작용합니다. LGBTQ에게 정체성 문제는 해결하기 어려운 문제입니다. 이는 다른 방식으로 '다르게' 보이는 퀴어들에게는 더욱 도전인 문제입니다.

사회에서 '표준'이라 부르는 것은 실제로는 그냥 평균이거나 일반적인 것입니다. 이런 표준에 속하지 않으면서 LGBTQ인 사람은 자신의 정체성, 사람들과 섞이기, 존재를 인정받기 등의 문제를 다양한 차원에서 다뤄야 합니다. 사회에 표준이 있듯이 LGBTQ 커뮤니티 안에서도 표준이 있고 이는 누가 퀴어이고 퀴어는 어떠해야 하는

가에 대한 고정관념을 갖게 합니다.

여러분의 학교에 게이-이성애자 연대^{GSA}가 있다면 그 구성원들의 다양한 면면을 잠시 생각해보세요. 공통점이 많겠지만 아마도 그 안에서도 충분히 많은 다름이 있을 것입니다. 그리고 서로 다른 관심사, 장애, 경제적 배경 또는 전혀 다른 문제의 형태로 나타나는 차이점들 때문에 내가 어디에 속해야 하는지 잘 모르는 경우가 있습니다. 따라서 여러분은 사회 속 표준에 더해 LGBTQ 커뮤니티에서의 표준도 고민하게 됩니다.

한 가지 예로, 여러분이 휠체어를 탄다면 사람들이 여러분을 GSA 미팅에서 보고 놀랄 수 있습니다. 장애가 있는 사람이 퀴어일 수도 있다는 생각을 한 번도 해보지 않았기 때문입니다. 장애 학생 모임에서 여러분이 커밍아웃한다고 해도 비슷한 반응일 겁니다. 이는 나의 정체성을 내가 속한 다양한 커뮤니티와 맞춰가는 게 어떤 것인지를 보여주는 하나의 본보기입니다. 이 과정은 복잡하며 어른이 되고 다양한 경험을 하면서도 계속될 것입니다.

하지만 기억하세요. 복잡하더라도 다양성은 여러분과 주변 사람들의 삶을 풍요롭게 해주기 때문에 긍정적인 것입니다. '진정한 내 모습'의 각 측면이 색색의 타일들이고 그것이 모여 '나'라는 모자이크를 만든다고 생각한다면, 복잡하고 아름다운 내 모습을 만드는 색깔 하나하나가 얼마나 중요한지 알게 될 겁니다.

교차성 이해하기

교차성^{intersectionality}은 다양한 요인이 상호작용해 '나다움'을 만드는 방식을 살피는 것이다. 그런 요인에는 성별, 성정체성, 성적 지향, 인종, 문화 등이 있다. 《혁명의 목소리: 다문화 퀴어 청소년 문집Revolutionary Voices: A Multicultural Queer Youth Anthology》은 에세이, 시, 미술작품을 통해 교차적 정체성을 탐구하는 LGBTQ 젊은이들을 조명한다. 또 다른 책《디스 브릿지 콜드 마이 백This Bridge Called My Back》은 진보적인 유색인종 여성들의 글을 모은 것으로, 상호교차성 페미니즘의 고전이 되었고 많은 퀴어 이론 수업의 교재로 등장한다.

> **전문가의 귀띔** 수업 과제로 여러분의 교차적 정체성에 관한 미술작품이나 시, 에세이 등을 만들어볼 수 있다. 이를 여러분의 커뮤니티에 전시하거나 낭독해보자.

소외될 때 혼자가 아님을 기억하라

종교, 문화, 장애 등과 LGBTQ라는 사실을 어우르는 것이 어렵다면 여러분은 외로움, 혼란, 거부당한 느낌이 들 수 있습니다. 여러분의 눈에 항상 보이지 않아도 모든 종교, 민족, 문화 단체에는 LGBTQ가 있음을 기억하면 도움이 될 것입니다. 여러분이 누구든 절대 혼자가 아닙니다.

여러분과 비슷한 배경, 문화유산, 경험을 가진 다른 LGBTQ들과 대화를 나누면 도움이 될 수 있습니다. 문화, 인종, 종교와 관련된 문제에서 어려움을 겪는다면 당신을 응원하고 지지하는 누군가와 이야기를 나눠보세요. 사는 지역에 지원 단체가 없다면 인터넷에서 여러분이 겪는 일을 이해해줄 사람을 찾을 수 있습니다.

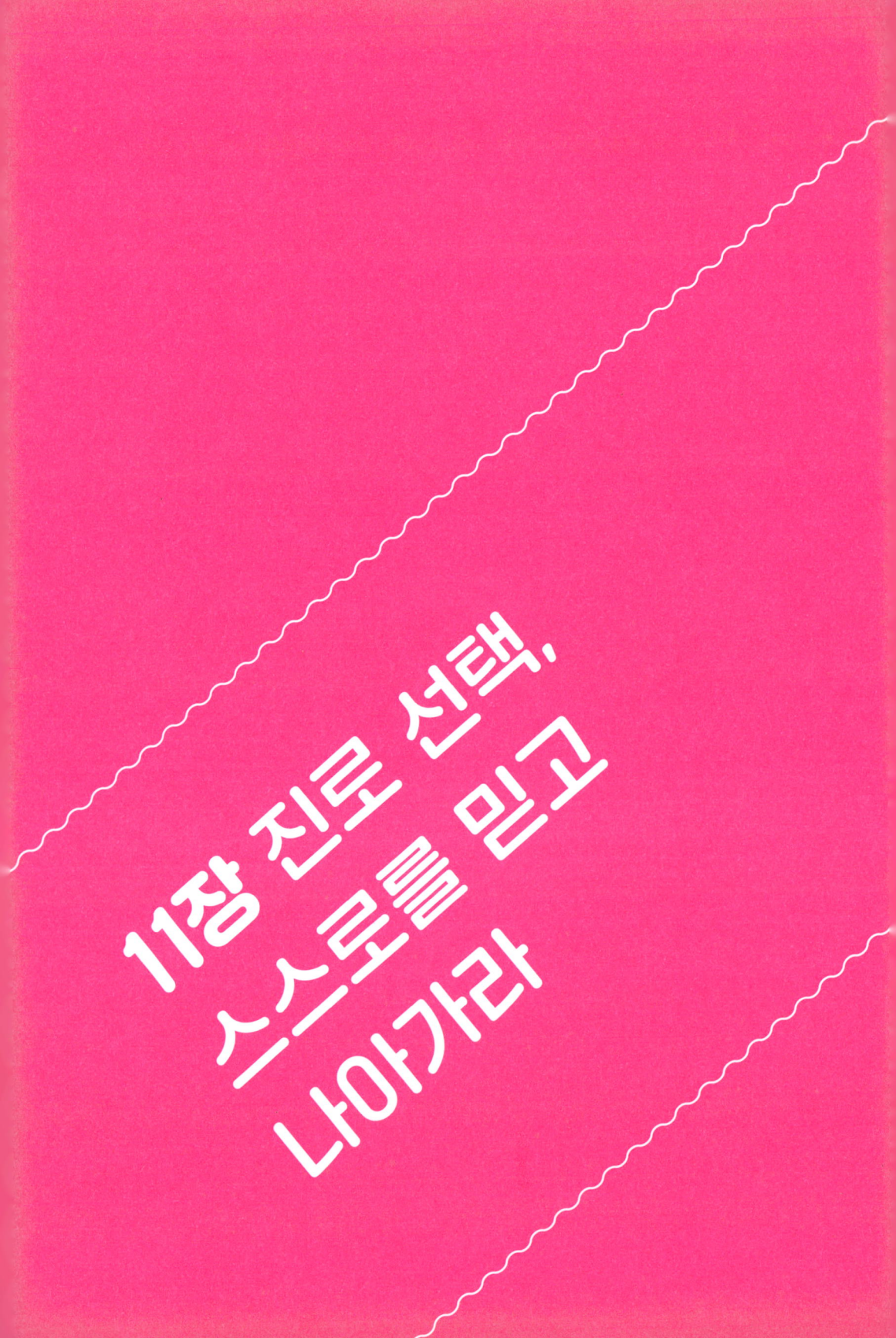

11장 진로 선택, 스스로를 믿고 나아가라

행복의 추구는
특별한 권리가 아니다

많은 십대가 고등학교에 다니는 동안 일을 처음 시작합니다. 한편 학업이 먼저여서 일과 직장은 나중에 생각할 계획인 청소년들도 있습니다. 어떤 경우든 여러분이 LGBTQ라면 사회생활이나 대학 생활을 시작할 때 이성애자·시스젠더 친구들은 생각할 필요가 없는 문제를 겪을 수 있습니다.

졸업 그리고 진로 선택의 갈림길에서

십대 LGBTQ들이 십대 이성애자·시스젠더들과 비교해 직업 선택이나 고등학교 이후의 진로 결정에서 뒤처진다는 연구가 있습니다. 2012년 인권캠페인 설문조사에서 이성애자·시스젠더 청소년의 54퍼센트가 성적 유지, 좋은 대학 가기, 대학 등록금 마련 등 교육 관련 문제를 현재 마주한 가장 어려운 문제로 꼽았습니다. 반면 LGBTQ 응답자들은 가족으로부터 배척받는 것, 학교에서의 괴롭힘, 커밍아웃의 두려움, 우울증이 가장 고민이라고 답했습니다. 서던메소디스트대학교의 상담학 교수 그레타 데이비스Greta Davis 박사에 따르면 LGBTQ 젊은이들이 이성애자·시스젠더 친구들보다 정체성 발달에 더 많은 정신적 에너지를 쏟기 때문에 직업적 포부에 많은 시간을 할애하고 집중할 수 없다고 합니다.

게다가 일부 LGBTQ 청소년들은 불안정한 주거, 가정이나 집에서의 지원 부족으로 고등학교 이후의 인생 설계에 대해 이성애자·시스젠더 친구들보다 정보와 자원 면에서 열악합니다. 4년제 대학에 들어가고 등록금을 마련하는 일은 눈부신 커다란 유니콘이 현관에 들어오는 것만큼 현실성이 없어 보일 수 있습니다. 또 다른 청소년들은 자기가 원하는 직장이나 학교가 LGBTQ를 배척하지 않을까 하는 걱정에 선택의 여지가 적다고 느낄 수 있습니다.

2014년 연구에서 연구자들은 LGBTQ 젊은이가 이성애자·시스젠더 젊은이들에 비해 이공계 분야를 직업으로 선택하는 비율이 적고 예술, 인문학, 사회과학 분야의 직업을 선택한다고 결론 지었습니다. 이는 타고난 성향 때문일까요? 아니면 LGBTQ들의 직업 선택에 대한 인식 때문일까요? LGBTQ 학생들이 STEM 과목을 선택하면 지지와 응원을 덜 받는 걸까요? 큰 그림을 완성하려면 더 많은 연구가 필요합니다.

이에 더해 학교에서 괴롭힘을 당한 LGBTQ 청소년들은 고등학교를 졸업한 후 대학이나 직장에서도 그런 경험이 계속되리라 생각하거나 두려워할 수 있습니다. 앞에서 언급한 2012년 인권캠페인의 연구에 따르면 설문에 응답한 LGBTQ 젊은이의 63퍼센트가 새로운 환경에 잘 녹아들기 위해서는 고향을 떠나거나 다른 지방으로 이주해야 한다고 답했습니다. 이는 이성애자·시스젠더 젊은이의 31퍼센트만이 이렇게 대답한 것과 비교됩니다.

물론 이런 상황이 모든 LGBTQ에게 적용되는 것은 아닙니다. 그러나 우리가 알고 있어야 하는 중요한 문제입니다. 많은 이성애자·시스젠더 학생이 자신의 교육과 커리어를 생각할 때, LGBTQ 학생들은 그저 하루를 무사히 넘기려고 애를 씁니다. 따라서 이들이 미래에 집중하기 위해서는 상담사, 선생님 그리고 다른 어른들의 지원이 필요합니다.

여러분의 경험, 목표, 걱정, 꿈이 무엇이든 이 장에서는 고등학교 이후 사회에 첫발을 내딛는 여러분에게 더 나은 인생을 설계하기 위한 전략을 제공하고자 합니다. 고등 교육이나 커리어의 일부 측면에서는 여러분이 이성애자·시스젠더 친구들보다 더 많은 도전을 겪을수 있습니다. 하지만 좋은 소식은 여러분을 도울 사람들과 자원이 있다는 것입니다.

고등학교 이후 LGBTQ 청소년들이 선호하는 진로

서던메소디스트대학교의 겸임교수인 테라 와그너Terra Wagner는 상담 프로그램의 임상 감독관이자 텍사스주 댈러스의 지원 센터에서 지역 LGBTQ 커뮤니티를 돌보는 일을 한다. 와그너는 LGBTQ 젊은이들 사이에 몇 가지 일반적인 경향을 볼 수 있다고 말한다. 우선 많은 학생이 LGBTQ 커뮤니티 안에서 이들의 권리를 옹호하는 일을 하기 바란다. 이는 LGBTQ 권익 운동을 도우려는 욕구를 충족시킬 뿐 아니라 안전하고 환대받는 커리어 환경을 찾는 방법이기 때문이다. 또한 와그너의 경험에 따르면 트랜스젠더 학생들은 대학교 진학을 성전환 이후로 미루고 싶어하는 경우가 종종 있다고 한다. 마지막으로, 일부 LGBTQ 학생들은 괴롭힘과 학대를 피하기 위해 고등 교육을 온라인으로 받고 싶어 한다.

LGBTQ에 우호적인 직장 찾기

고용주가 LGBTQ에 우호적인지 상관하지 않는 십대들도 있지만 이 사항이 매우 중요한 사람들도 있습니다. 점점 많은 공공 기업과 일반 기업들이 사규에 성적 지향과 성정체성에 따른 차별을 금지하는 항목을 포함하고 있습니다.

회사들은 현재 직원이나 지원자들에게 회사의 인사정책을 공개하는 경우가 많기 때문에 특정 회사 사규에 차별 금지 조항이 있는지 꽤 쉽게 찾아볼 수 있습니다. 회사의 웹사이트를 찾아보거나 회사 관계자에게 문의하면 됩니다. 직원을 위한 안내서에도 회사의 차별 금지 정책에 대한 정보가 있을 겁니다. 많은 회사가 구내식당이나 휴게실에 사규를 붙이거나 회사 지원서에 명시하며, 아니면 다른 고용 관련 서류와 함께 자동적으로 배포합니다.

인권캠페인에서도 직장에서의 LGBTQ 문제에 대한 정보를 얻을 수 있습니다. 이 단체는 회사가 LGBTQ에 얼마나 우호적인지를 기반으로 하는 기업평등지수Corporate Equality Index를 정기적으로 업데이트합니다. 인권캠페인은 또한 데이터베이스가 있어서 어떤 회사 사규에 LGBTQ 차별 금지 조항이 있는지, 동성 파트너에게도 회사에서 제공하는 혜택을 제공하는지, 사내에 퀴어 직원 단체가 있는지 찾아볼 수 있습니다.

2017년 인권캠페인의 기업평등지수를 보면 515개 주요 기업들이 LGBTQ 친화성에서 100퍼센트 평가를 받았습니다. 이는 이 지수 역사상 한 해 동안 가장 많이 증가한 수치입니다. 법률회사부터 금융회사, 건강보험회사, 광고회사, 텔레콤 회사까지 다양한 분야의 회사들이 직원들이 성적 지향이나 성정체성, 젠더 표현 때문에 다양성, 교육, 혜택 등의 측면에서 차별을 받으면 안 된다고 회사 문서로 보호하고 있습니다.

2002년에 기업평등지수가 처음 발표된 후 트랜스젠더 고용인들이 큰 혜택을 받고 있습니다. 2002년 인권캠페인 평가에서는 5퍼센트의 기업만이 성정체성이나 젠더 표현을 근거로 한 차별을 금지했으나 2017년에는 96퍼센트로 도약했습니다. 이에 더해 387개 주요 기업이 트랜스젠더를 더 포용하려는 목적으로 직원들의 성전환 가이드라인을 채택했습니다.

직장에서 LGBTQ로 살아가기 위한 선택들

LGBTQ라는 사실을 직장에서 밝히거나 숨길 것인지는 사람마다 다릅니다. 우연히 밝혀지지만 않는다면 자신이 퀴어임을 드러내지 않는 편을 택하는 사람이 있고, 동료들이 자신이 퀴어임을 아는 게 중요하다고 생각하는 사람도 있습니다. 그리고 트랜스젠더의 경우 성전환된 모습으로 직장을 다니려면 주위에 알릴 수밖에 없습니다. 이 문제에 정답은 없습니다. 여러분이 처한 상황에서 가장 편안하게 느끼는 대로 행동하면 됩니다.

면접을 볼 때 LGBTQ라고 말해야 할까?

면접을 볼 때 상사가 될 수도 있는 사람들에게 커밍아웃해야 하는지 궁금해하는 사람들이 종종 있습니다. 이는 개인적인 결정입니다. 특히 많은 십대는 자신이 LGBTQ임을 알릴 필요가 있을 때 커밍아웃을 하려고 합니다. 예를 들면 LGBTQ 단체에 지원하는 경우처럼 LGBTQ라는 사실이 업무와 관련이 있다면 이 정보를 공유하는 것이 맞습니다.

완전히 '아웃'한 사람 중에는 나중에 직장 생활을 할 때 성적 지향이나 성정체성으로 문제를 만들지 않기 위해 처음부터 솔직히 털어놓기를 선호하는 사람들이 있습니다. 하지만 면접에서 여러분이 LGBTQ라고 상사에게 말한다면 둘 다 불편한 상황이 될 수도 있습니다. 이성애자·시스젠더인지, LGBTQ인지는 여러분이 업무를 얼마나 잘 수행할 수 있는지와 아무 상관이 없는데 면접에서 커밍아웃한다면 잘못된 인상을 줄 수 있습니다. 구직 활동을 하거나 면접을 볼때는 어떤 직장 또는 업무가 여러분에게 잘 맞는지에 집중해야 합니다. 회사가 LGBTQ에게 친화적인지 알아내야 하지만 그것을 위해 커밍아웃을 할 필요는 없습니다.

다음은 회사의 퀴어 친화성을 알기 위해 할 수 있는 질문들입니다.

회사의 사규에 대해 물어본다

"사원 차별 금지 조항이 있나요? 거기에는 어떤 것이 포함되나요?" "회사의 사원 차별 금지 조항에 LGBTQ인 사람들도 포함되어 있나요?" "회사의 사원 차별 금지 조항에 트랜스젠더인 사람들도 포함되어 있나요?" 이 정도로 자세하게 묻는 것이 걱정된다면 그냥 회사 사규를 보고 싶다고 부탁하면 됩니다.

"여기 업무 환경은 LGBTQ 직원들에게 어떤가요?"

이 질문은 여러분이 LGBTQ라는 사실을 꽤 분명하게 암시하기 때문에 이 질문을 할지 말지는 여러분 결정입니다. 일부 트랜스젠더들은 면접에서 커밍아웃을 선택합니다. 특히 직장을 다니면서 성전환을 할 계획이거나, 자신은 여성 또는 남성으로 사는데 정부에서 발급한 증명서가 다른 젠더를 표시하고 있다면 그렇습니다. 채용 과정 혹은 채용 후에 인사과 담당이 이 공문서를 확인하기 때문입니다.

동료들에게 커밍아웃을 해야 할까?

입사 후 직장 동료들에게 커밍아웃하는 것은 멋진 경험이 될 수 있습니다. 여러분이 편하게 본연의 모습으로 지낼 수 있는 업무 환경을 조성하기 때문입니다. 그러나 직장 동료와 꼭 절친이 될 필요는 없음을 기억하세요. 동료들과 개인적인 이야기를 얼마나 공유할지는 여러분에게 달렸습니다.

사회생활을 하다 보면 종교, 정치, 사회적 신념이 여러분과 많이 다른 사람을 만나기도 합니다. 때로는 이런 만남이 짜증 나고 스트레스가 됩니다. 하지만 만나는 사람들 중에는 여러분이 그들이 만난 첫 번째 퀴어일 수 있고, 그들의 믿음에 긍정적인 영향을 미칠 수 있습니다. 물론 커밍아웃하고 싶지 않다고 해도 괜찮습니다. 여러분이 편안한 대로 행동하는 것이 중요합니다. 그리고 마음은 변할 수 있습니다.

직장에서는 LGBTQ의 권리를 어떻게 보호할까?

미국에는 직장에서의 차별을 다루는 법이 제정된 주들이 있습니다. 연방 수준에서는 2017년 4월에 시카고에 있는 연방항소법원이 오래전부터 있던 시민권법Civil Rights Act을 직장 내 LGBTQ 고용인 차별을 금지하는 데도 적용해야 한다고 판결을 내리면서 그런 표적 행위는 성차별이라고 규정했습니다. 2018년에는 미국 제6순회항소법원이 트랜스젠더 여성이라는 이유로 해고된 에이미 스티븐스Aimee Stephens 사건에 대해 직장에서의 성차별을 금지하는 연방법 '타이틀 나인'으로 트랜스젠더 직원의 권리도 보호한다고 결정했습니다. 이런 판결들은 사회가 앞으로 나가는 커다란 발걸음이며 중요한 전진입니다.

"미국에서 LGBTQ의 삶의 질이 나아지고 있다고 생각하지만 아직 확실하게 훌륭하다고 말할 수는 없다. 아직도 LGBTQ들에게 허락되지 않은 혜택과 권리가 많다. 사실 게이라는 것이 전에는 내게 별로 부정적 영향을 주지 않았지만 사회에 나오자 온갖 증오와 편견을 보게 되었다. 그러나 다른 게이들이 이제까지 버티고 이뤄온 것들을 보니 이 나라에서 게이로 사는 것이 훨씬 좋다고 생각하게 되었다."

_벤지, 15세

몇십 년 동안 인권운동가와 LGBTQ 활동가들은 고용차별 금지법Employment Non-Discrimination Act, ENDA 통과를 위해 로비를 해왔습니다. 이 법안은 1994~2013년까지 한 해를 제외하고는 매년 국회에 상정되었습니다. ENDA는 성적 지향과 성정체성, 젠더 표현을 근거로 한 직장 내 차별에 대해 연방 차원에서 기본적 보호를 제공하고 실제 혹은 보이는 성적 지향이나 성정체성 때문에 누군가를 해고, 고용 거부, 괴롭히는 것을 불법으로 봅니다. 많은 주요 기업이 이 법안을 지지했지만 국회에서 통과하지 못했습니다.

2015년에 미 국회는 평등법Equality Act을 상정했습니다. 이 법안은 고용, 주거, 공공교육, 연방 지원을 포함한 영역에서 LGBTQ에 대한 차별을 불법화하기 위해 1964년의 시민권법Civil Rights Act을 개정하는 것이었습니다. 이때는 이 법안이 통과되지 못했지만 2017년 214명이 공동 발의하여 다시 상정되었습니다. 이는 어떤 LGBTQ 옹호 법안보다 많은 의원의 지지를 받은 법안이었습니다. www.hrc.org를 찾아보면 평등법의 진행 상태를 확인할 수 있습니다.

직장에서 차별을 받고 있을 땐 어떻게 해야 할까?

차별의 형태는 여러 가지입니다. 성희롱, 저속한 발언, 승진에서 누락시키기 등이 모두 차별입니다. 실제로 퀴어가 직장에서 차별을 마주하는 경우가 종종 있지만 그렇다고 이를 당연한 듯 받아들여서는 안 됩니다. 상사에게 차별받는다고 생각할 때 해야 할 일에 대한 몇 가지 팁을 제공합니다.

멈추고 생각하기

LGBTQ여서 차별받는 것이 확실한가요? 그럴 수 있습니다. 하지만 여러분이 상황을 잘못 읽고 있을 수도 있습니다. 그러니 행동을 취하기 전에 멈추고 다시 헤아려보세요. 그 상사나 특정 동료가 이전에도 LGBTQ 혐오 행동을 한 적이 있나요? 여러분이 말을 잘못 이해한 건 아닌가요? 믿을 만한 동료가 있다면 조언을 구하세요. 여러분이 직접 듣거나 우연히 들은 말을 동료에게 말하고 의견을 물어보세요. 인사과도 도움이 될 겁니다. 때로는 인사과가 차별의 근원이 될 수도 있지만요.

적어두기

여러분이 LGBTQ이기 때문에 차별을 받거나 받고 있다고 의심이 들면 그 장면을 목격했을 만한 다른 사람의 이름을 포함해 사건을 상세히 기록합니다. 그런 일이 여러 번 발생하면 모두 적어둡니다. 그 문제와 관련해 상사와 있었던 상호작용을 상사의 반응까지 포함해서 모두 기록하세요. 문제가 원만하게 해결되지 않아 그 이상의 행동을 취해야 할 때 이 기록은 매우 유용할 것입니다. 인사과 담당자 대부분은 이런 사건들의 기록이 있어야 조사를 시작할 수 있다고 말할 겁니다.

계획 세우기

여러분을 돕는 인사부 담당자가 있다면 아마도 그 사람이 계획 수립을 돕거나 아니면 인사부에 이미 정해진 행동 절차가 있을 수 있습니다. 이런 절차들은 일반적으로 법률적 규제와 지침에 따른 것들입니다. 인사과에서 도움을 얻을 수 없어 혼자 문제를 다루고 있다면 상사나 동료에게 뭐라고 말할지 계획한 뒤 차분하고 이성적으로 대화를 시도합니다. 상사나 동료에게 이야기를 나누고 싶다고 한 뒤 함께 앉아 상황을 설명하고 왜 여러분이 차별이라고 느꼈는지를 설명합니다.

그런 뒤 (여기가 중요합니다) 답변을 듣습니다. 여러분이 납득할 만하게 설명할 수도 있으니 기회를 주세요. 그들이 차별을 인정할 수도 있고 완강히 부정할 수도 있습니다. 침착함을 유지하세요. 프로다운 모습을 보여야 여러분을 더 진지하게 받아들일 겁니다.

상사나 동료가 부정적으로 나오면 어떤 행동을 취할지 결정하기

그냥 잊고 다시 업무로 돌아갈 수도, 직장을 그만둘 수도, 다른 방법을 시도할 수도 있습니다. 어떻게 상황에 대처하는지에 정답은 없으며 무엇이 여러분에게 맞는지 정해야 합니다. 이 문제에 쏟을 시간, 에너지, 법적 대응에 드는 돈이 여러분에게 없을 수도 있고 그 직장이 정말 필요할 수도 있습니다. 또는 여러분이 도저히 참을 수 없는 상황이라고 느낄지도 모릅니다.

바로 위 상사나 동료라면 그 사람의 상사를 찾아갈 수 있습니다. 다시 한번 기억하세요. 침착하게 이성적으로 행동하고 여러분 생각이 아닌, 오직 사실에 집중해서 말합니다.

문제를 계속 밀고 나가기로 결심했다면 인권캠페인, 람바다 법률 회사, 미국인권협회American Civil Rights Union, 남부빈곤법센터가 주법에 따른 여러분의 권리를 상담해줄 수 있습니다. 이런 단체들은 필요하면 여러분이 사는 지역의 변호사를 소개해줄 수도 있고, 여러분의 사건을 직접 맡을 수도 있습니다.

차별은 모욕적이며 좌절감을 줍니다. 차별에 어떻게 대처할지에 상관없이 이는 무지의 결과라는 점을 기억하세요. 인간으로서의 여러분과 아무 상관이 없습니다.

LGBTQ인 내게 맞는 대학 찾기

4년제 대학이나 전문대학 또는 직업학교에 갈 때 여러분에게 맞는 학교를 선택하기가 쉽지 않을 겁니다. 먼저 대학을 가려는 다른 십대들이 하는 모든 과정을 거쳐야 합니다. 2년제 대학을 갈지 4년제 대학을 갈지 결정하고 직업학교, 전문대학교, 주립대학교, 사립대학교 사이에서 골라야 합니다. 인문학 위주 학교에 갈지, 아니면 더 전문적인 분야나 직종을 선택해야 합니다. 등록금 마련을 어떻게 해야 할지, 장학금이나 등록금 지원 신청도 고려해야 합니다. 그러나 이렇게 선택지가 좁혀졌다고 해도 여러분이 갈 곳이 LGBTQ에게 우호적인 환경이라는 것을 어떻게 확신할 수 있을까요?

LGBTQ 우호적인 학교 찾는 팁

LGBTQ에 우호적인 학교를 찾는 것은 생각만큼 어렵지 않습니다. 다음은 도움이 될 만한 몇 가지 방법입니다.

온라인 검색 이용하기

'LGBTQ에 친화적인 대학', 'LGBTQ에 친화적인 전문대학', 'LGBTQ에 친화적인 기술대학' 등을 온라인에서 검색합니다. 또한 퀴어 친화적 대학에 관한 기사를 실은 퀴어 웹사이트나 출간물도 찾아볼 수 있습니다. 이 중에는 알고 싶은 사항에 대해 학교별로 독자들의 투표 결과를 게시한 것들도 있습니다.

자료 조사에 관하여

현재는 LGBTQ에 우호적인 기술학교보다 LGBTQ에 우호적인 4년제 대학과 전문대학의 정보를 찾는 것이 좀 더 쉽습니다. 그러나 직접 물어볼 수도 있습니다. 관심 있는 학교에 전화해서 차별 금지 교칙이 있는지, 재학생 중에 LGBTQ가 있는지 등을 물으면 됩니다. 여러분이 직접 하기가 떨린다면 친구나 믿을 수 있는 어른에게 도움을 청하세요. 학교 진로상담 선생님이 도와주실 수도 있습니다.

상급학교 진학과 장학금과 같은 문제에 대해 자료조사를 할 때는(많은 기술학교와 직업학교가 장학금과 등록금을 지원합니다) 학교나 동네 도서관에서 도움을 받을 수도 있습니다. 사서들은 온갖 정보를 찾는 사람들을 돕도록 잘 훈련된 훌륭한 탐정들로, 많은 사서가 여러분을 기꺼이 도울 것입니다.

인터넷으로 여러분이 관심 있는 학교를 조금 더 자세히 들여다볼 수도 있습니다. 차별 금지 교칙을 찾아보고 전공과 교과목을 차근차근 살펴보면서 어떤 동아리가 있는지, LGBTQ를 위한 동아리는 있는지 알아볼 수도 있습니다. 또한 학교가 위치한 동네나 도시가 LGBTQ에 친화적인지 아닌지도 찾아볼 수 있습니다.

트랜스젠더 학생들에게 개방된 여자대학교/남자대학교

전통적인 흑인여자대학교인 스펠만 칼리지는 2017년에 트랜스젠더 여성도 입학 대상자에 포함하는 것으로 입학 기준을 바꾼다고 발표했다. 트랜스젠더 여성과 어느 쪽으로도 성별을 확정하지 않은 학생들을 허용하는 다른 여자대학교는 아그네스 스콧 칼리지, 바나드 칼리지, 브린 모어 칼리지, 밀스 칼리지, 마운트 홀리요크 칼리지, 스크립스 칼리지, 시몬스 칼리지, 스미스 칼리지, 웰즐리 칼리지가 있습니다. 남자대학교인 세인트

존대학교도 트랜스젠더 남성을 받고 있으며 2017년에는 전통적 흑인남자대학교인 모어하우스 칼리지가 같은 입학사정을 고려하고 있음을 암시하는 발표를 내놓았다.

대학교 안내 가이드 찾아보기

가장 최신의 정보를 담고 있고 쉽게 접근할 수 있는 자료는 아마도 온라인 캠퍼스 프라이드 지수Campus Pride Index(www.campusprideindex.org)일 것입니다. 이 사이트는 캠퍼스 프라이드Campus Pride라는 비영리 단체가 운영하며, 이 단체는 대학에 LGBTQ 친화적인 환경을 조성하기 위해 애쓰는 학생 지도자들과 단체들이 만든 미국 전역을 아우르는 단체입니다. 캠퍼스 프라이드 지수는 전통적인 4년제 대학과 전문대학들이 얼마나 LGBTQ에 친화적인가를 평가한 리뷰와 점수를 제공하고 있습니다. 또한 각 학교의 규모, 제공하는 학위 과정, 학비 그리고 특별히 LGBTQ 학생들을 위한 학비 지원에 대한 정보도 갖추고 있습니다.

내가 선택한 학교, 좀 더 자세히 알아보자

LGBTQ 친화성 측면에서 점수가 높지 않은 학교에 마음이 뺏겼다면 어떻게 해야 할까요? 어떤 학교가 LGBTQ 친화적이라고 알려지지 않았다고 해도 그 학교가 LGBTQ 학생에게 좋지 않다는 의미는 아닙니다. 다음은 여러분이 관심을 가진 학교가 퀴어 우호적인지를 알아보는 방법입니다.

학교의 차별 금지 조항 살펴보기

모든 대학은 이 조항이 있습니다. 학생편람이나 입학 가이드를 찾아보세요. 학교 웹사이트에 게시되어 있을지도 모릅니다. '성적 지향'과 '성정체성'이 차별로부터 보호받아야 하는 범주에 포함되어 있으면 좋은 징조입니다. 그런 단어가 없다면 만약 여러분이 대학이나 동료 학생으로부터 괴롭힘이나 차별을 받는 희생자가 되었을 때 의지할 곳이 없을 수 있습니다.

캠퍼스의 분위기 알아보기

학교에 LGBTQ 학생 단체가 있나요? 그 단체가 활발하게 활동하나요? 일부 학교 캠퍼스에는 퀴어 자료나 커뮤니티 센터도 있습니다. 학교에서 LGBTQ 학생 맞춤 보건 서비스를 제공하나요? 젠더 중립 화장실과 기숙사를 선택할 수 있나요? 학교의 공식 기록에 있는 젠더 표시를 바꾸는 것이 어렵지 않도록 되어 있나요?

학생들과 이야기해보기

LGBTQ 단체나 게이-이성애자 연대가 있다면 그 단체에 연락해서 구성원 몇 명과 이야기를 나눠보세요. 그 단체가 얼마나 활발한지, 어떤 종류의 활동과 이벤트들이 있는지, 학교 분위기가 어떤지 등을 알아볼 수 있습니다. 대부분의 단체는 즐겁게 도와줄 것입니다.

교육과정 확인하기

학교에 퀴어 연구 혹은 이와 비슷한 교육과정이 있다면, 아니면

> "나는 고향의 친한 친구들에게는 커밍
> 아웃을 했었다. 그러나 대학에 들어간
> 후 다시 벽장으로 들어갔다. 대화의
> 상대가 없었고 길을 잃은 느낌이었다.
> 그러다 학교 안의 연대 모임을 찾았고
> 지금까지 활발하게 활동하고 있다. 올
> 해에는 공동 회장을 맡았고 전체 캠퍼
> 스에 커밍아웃을 했다."
>
> _캐시, 20세

젠더인류학, 게이와 레즈비언의 역사 같은 과목이라도 몇 개 있다면 이 학교는 퀴어에 친화적일 확률이 꽤 있습니다. 퀴어 연구 프로그램이나 전공이 따로 있는 학교는 흔하지 않지만 퀴어 이론이나 '젠더와 사회' 같은 주제의 수업이 몇 개 있는 학교들은 많습니다. 영어영문학과, 정치학과, 사회학과, 연극학과 등도 종종 퀴어 관련 주제의 과목들이 있는 곳입니다. 수업 과목에 대한 정보는 온라인에서 많이 찾을 수 있습니다. 학교에 전화를 걸어 특정 학과나 학사 관련 담당자와 이야기를 나누고 싶다고 요청할 수도 있습니다.

여러분에게 맞는 학교의 조건은 다양하며 학문적인 측면 역시 간과할 수 없습니다. 여러분이 관심 있는 수업이 없거나 원하는 전공이 없다면 그 학교가 아무리 공식적으로 퀴어 친화적이라고 하더라도 여러분에게 훌륭한 짝이 될 수 없습니다.

가장 관심이 많은 학교 방문해보기

가능하다면 제일 가고 싶은 학교를 방문합니다. 캠퍼스를 직접 가보면 가이드북, 대학 자료, 상담 자료에서 제공하지 않는 많은 것을 느낄 수 있습니다. 이때 LGBTQ 자료 센터나 커뮤니티 센터를 방문해도 되고 학교의 퀴어 단체에 있는 사람을 만날 수도 있습니다. 그러지 않더라도 학교 식당에서 밥을 먹거나 학교 게시판에 붙은 전단지와 학교 신문을 읽는 것 같은 단순한 조사 활동으로도 학교의 문화와 분위기를 알 수 있습니다.

캠퍼스에 있을 때 어떤 기분인지에 주의를 기울이세요. 편안한가요? 아니면 보고 듣는 뭔가가(아니면 보이지 않고 들리지 않는 뭔가가) 여러분을 불안하게 만드나요? 또한 학생들에게 학교 주변 동네가 퀴어에 우호적인지 물어보세요. 이 모든 정보가 여러분이 어디로 갈지 결정할 때 유용하게 쓰일 것입니다.

비용 부담

지금처럼 LGBTQ 학생들을 위한 장학금 기회가 많은 적이 없었다. 'LGBTQ 장학금'이라고 인터넷에 치기만 하면 전문대학교부터 대학원까지 온갖 종류의 선택지의 자료들이 쏟아진다. 장학금 중에는 경제적 형편을 기준으로 하는 것도 있고, 학업 성적이나 공부하고자 하는 분야 등을 기준으로 하는 것들도 있다. 컴퓨터가 없거나 자료조사가 필요하면 학교나 동네 도서관 사서, 학교 상담 선생님에게 도움을 청할 수 있다.

퀴어에 우호적인 대학생 사교 모임, 프래터너티와 소로리티[31]

대학에 진학한 많은 LGBTQ가 프래터너티fraternity나 소로리티sorority에 들어갑니다. 실제로 델타 람다 파이Delta Rambda Phi는 '모든 남성을 위해 게이가 만든' 프래터너티라고 그들을 표현합니다. 이들

---

31 프래터너티와 소로리티는 원래 공통의 목적이나 관심을 가진 사람들의 모임을 뜻하는데, 미국 대학교 문화에서는 주로 남학생 사교 모임(프래터너티)과 여학생 사교 모임(소로리티)을 지칭하며 회원이 되면 형제나 자매처럼 친하게 지낸다. 이들 모임 이름이 그리스 문자로 지어진 경우가 많아 프래터너티와 소로리티 모임을 합쳐 그릭 조직Greek organization이라 부른다.

의 웹사이트 dlp.org를 방문하면 더 자세한 정보를 얻을 수 있습니다. 다른 프래터너티와 소로리티도 스스로 퀴어 친화적이라고 하지만 이는 모체가 되는 그릭 조직보다는 각 학교의 분위기에 따라 다릅니다. 람다10 프로젝트는 LGBTQ 그릭 조직들을 위한 정보 센터로 그릭 조직과 퀴어에 관한 다양한 문제들을 다루고 있습니다. www.campuspride.org/lambda10을 살펴보세요.

"나는 버지니아대학교에 다닌다. 몇몇 친구들과 나는 학교에 LGBTQ 모임이 많이 있지만 프래터너티와 소로리티의 경우 LGBTQ 학생들이 선택할 수 있는 여지가 충분하지 않다고 생각했다. 전국적 조직망을 갖춘 게이 프래터너티와 레즈비언 소로리티가 몇 개 있지만 우리 지역에는 없다. 그래서 우리가 새로운 프래터너티 시그마 오미크론 로Sigma Omicron Rho, SOR를 만들기로 했다. 내가 알기로 SOR은 미국 내에서 유일한 젠더 중성적 퀴어 프래터너티 조직이다.

우리는 전통적인 그릭 경험과 그에 따른 동지애를 퀴어와 연대인들, 일반적인 프래터너티나 소로리티 가입이 불편한 젠더 논컨퍼밍gender nonconforming[32] 학생들에게 제공하는 것을 목적으로 한다. 회원들에게 어떤 식으로든 성별을 묻지 않으며 LGBTQ든, 이성애자든 상관없이 모든 사람에게 완전히 열려 있다. 모든 구성원이 인간적으로 서로를 보살피고 가치를 인정하기 때문에 놀랍도록 좋다. 나는 지난 학기 한 이벤트에서 주위를 둘러보고 감동을 받아 진짜 눈물을 흘렸다. SOR의 존재 자체가 정말 현실적인 방법으로 사람들의 삶을 어루만졌다는 것을 깨달았기 때문이다."

_메러디스, 21세

---

[32] 사회의 성별 관습을 따르지 않는 걸 의미한다.

나를 지켜준 나 자신을 믿고 나아가라

고등학교 졸업은 모든 십대에게 큰 전환점이지만 특히 십대 LGBTQ들에게는 전혀 새로운 세상으로 가는 관문일 수 있습니다. 독립하면서 다른 LGBTQ와 만날 기회도 많아지는데, 도시로 가게 되면 더욱 그렇습니다. 신나고 놀랍고 숨통을 틔울 완전히 다른 사회를 발견할 수도 있고, 고등학교 때보다 자신의 환경을 더 자유롭게 통제할 수도 있을 겁니다. 고등학교까지 거쳤던 모든 경험이(그것이 정말 힘든 경험들이었더라도) 여러분을 꽤 강하고 훌륭한 인간으로 만들어주었음을 깨달을지도 모릅니다.

이런 모든 변화는 즐거운 시간을 선물합니다. 그동안 해보지 못했던 모임과 데이트에 시간 대부분을 쓸 수도 있고, 새로운 세상을 접하는 기회가 많아지면서 지켜야 할 선을 넘을 수도 있습니다. 하지만 고등학교 시절 자신을 지키고 평정심을 유지하게 도와주었던 본능이 여전히 귀중하다는 걸 알아야 합니다.

"LGBTQ여서 가장 좋은 점은 커뮤니티 속 다양성이다. 내가 누구인지를 만드는 건 LGBTQ 이외에도 많은 요소가 있고 그중 하나가 우리를 뭉치게 해준다. 우리는 다른 사람에게 도덕적 잣대를 들이대지 않을 줄 알며 함께 성장한다. 이 커뮤니티의 누군가가 긍정적인 일을 하면 모든 이에게 영향을 미치는데, 바로 이 점이 중요하다. 우리는 항상 한 걸음 전진한다. 모두 다 같이."

_이본느, 20세

여러분에게 가장 좋은 것이 무엇인지 결정할 때 여러분 자신을 믿으세요. 환경과 사람들이 바뀌었어도 여러분의 직감은 변하지 않았습니다. 새로운 세상을 마음껏 탐색하고 무엇보다 여러분 자신과 인생을 만끽하기를 바랍니다. 여러분은 그럴 자격이 있습니다.

무엇보다 가족들에게 고마움을 전합니다. 그들의 끊임없는 지지와 용기에 많이 의지했습니다. 우리가 피를 나눈 가족이라는 것이 참 감사합니다.

제가 선택한 가족인 친구들에게 감사의 마음을 전합니다. 이들은 저를 지원해주었을 뿐 아니라 운동가 역할을 자처했습니다. 특히 거의 매일 지속적인 지원을 해준 젠 셀레스틴과 리사 밀러에게 특별한 감사를 표합니다. 또한 레오 콜드웰과 질리언 와이스의 날카로운 리뷰 그리고 2장에 대한 매우 사려 깊은 조언에도 고마움을 전합니다.

출판사 프리 스피릿Free Spirit은 15년 전 위험을 무릅쓰고 이 책을 출간했습니다. 여전히 이 책을 믿어주고 많은 이슈에서 젊은이들의 목소리가 되어주어 감사합니다.

이 책의 초판과 2판에 기여한 모든 분에게 다시 한번 감사의 마음을 전합니다. 다양하고 때로는 복잡한 이슈들에 대해 정확한 사실과 의견, 전문 지식을 제공해준 전국의 단체들에도 감사합니다.

마지막으로, 이 책을 위해 자신의 목소리와 개인적인 이야기들을 빌려준 겁 없는 십대들과 젊은이들에게 고맙습니다. 여러분은 우리의 미래이며 그 미래는 밝게 빛날 것입니다.

여기 소개된 용어와 설명을 읽을 때 LGBTQ 커뮤니티의 용어가 계속 변하고 있다는 사실을 고려해주길 바랍니다. 이 책의 제목도 새 판마다 바뀌었으니까요. 단어는 우리가 원하는 것처럼 완벽하지도, 정확하지도 않습니다. 그러나 그런 용어들이 없으면 LGBTQ 문제들에 관해 이야기를 나눌 수 없습니다. 퀴어가 어떤 것인지 이야기를 나누는 것이 우리가 할 수 있는 가장 중요한 일인데도 말이지요.

여기 용어 설명은 LGBTQ 세계에서 흔히 사용되는 용어를 정의하고 있지만 일부러 이곳에 넣지 않기로 한 것들도 있습니다. 되도록 목록을 간결하게 만들고 싶었고, 이 분야가 정말 처음인 사람들에게 혼란을 주고 싶지 않았습니다. 더 자세한 리스트를 원한다면 마지막에 더 찾아볼 수 있는 자료를 제공했습니다.

간성intersex 전통적인 남성 또는 여성의 정의에 맞지 않는 생식기나 성기, 유전자 또는 호르몬 조합을 가지고 태어난 사람이다. 많은 경우 의사와 부모가 아기의 성별을 결정한다. 그리고 이 결정에 따른 해부학적 성별을 확실하게 주기 위해 유아기와 아동기에 걸쳐 일련의 수술이 뒤따르기도 한다. 그러나 그런 수술로 부여된 성별이 그 사람의 젠더와 항상 일치하는 것은 아니다. 간성 중 일부는 트랜스젠더지만 이 둘이 같은 것은 아니다. 자웅동체hermaphrodite라는 용어가 간성을 지칭하는 말로 쓰이기도 했지만 지금은 구식이고 모욕적인 말로 여겨진다.

게이gay 이 용어는 종종 동성애 남성과 동성애 여성을 모두 지칭한다. 동성애 남성을 말할 때 게이는 다른 남성에게 정서적으로, 로맨틱하게, 성적으로 끌리는 남자를 지칭한다. 1950년대가 되어서야 게이라는 말이 동성애자들을 일컫는 말로 널리 사용되기 시작했다. 그전에는 동성 간의 성관계를 의미하는 암호처럼 쓰였다.

게이-이성애자 연대gay-straight alliance, GSA 게이, 레즈비언, 양성애자, 트랜스젠더, 성 정체성을 고민하는 학생들과 그들의 이성애자 지지자들을 위한 학생 클럽이다. GSA는 퀴어 학생들에게 사회적 안식처와 지지를 제공하며 학교와 교육 시스템 안에서 LGBTQ 문제에 관한 긍정적 변화를 위해 힘쓴다. GSA는 연방 법원의 결정에 따라 법적 단체로서 자격이 주어졌다. 어떤 곳에서는 GSA가 젠더와 성 연대Genders and Sexualities Alliance의 줄임말로 쓰이기도 한다.

논바이너리nonbinary, **엔비**enby 논바이너리 정체성을 가진 사람은 자신을 여성 또는 남성으로 생각하지 않거나 두 가지 모두라고 생각한다. 엔비는 논바이너리인 사람을 지칭하는 속어로 'Non Binary'의 첫 알파벳 N, B를 따서 만든 말이다.

데미섹슈얼demisexual 누군가와 깊은 정서적 교감이 없으면 그 사람에게 성적으로 끌리지 않는 사람을 지칭한다. '데미demi'는 절반이란 뜻으로 이 용어는 섹슈얼과 에이섹슈얼 사이의 '절반'이라는 생각에서 비롯된다.

동성애자homosexual 이분법적 젠더 시스템에서 자신과 같은 성별의 사람에게 감정적, 신체적으로 끌리는 사람.

동성애혐오homophobia 어떤 사람이 이성애가 아닌 성적 지향을 가진 사람에게 두려움, 분노, 의심 등 부정적 감정을 느낄 때 동성애혐오라고 한다.

두 개의 영혼 Two Spirit 미국 원주민들과 일부 다른 국가의 토착민들이 젠더가 혼합된 영혼을 가진 사람을 지칭할 때 쓰던 말. 오늘날 일부 미국 원주민 커뮤니티에서는 레즈비언, 게이, 트랜스젠더라는 명칭 대신 이 용어를 다시 사용한다. 그들 커뮤니티에서 '두 개의 영혼'은 종종 선각자이며 치유자로 추앙받는다.

드랙퀸drag queen, **드랙킹**drag king 옛날에는 여장하는 남성을 드랙퀸, 남장하는 여성을 드랙킹이라고 했으나 지금은 이 정의가 젠더에 대한 구식의 사고방식으로 여겨진다. 이제 드랙퀸은 자신을 여성으로 생각하지 않으면서 이분법적 분류의 여자 옷을 입는 사람, 드랙킹은 자기를 남성으로 생각하지 않으면서 이분법적 분류의 남자 옷을 입는 사람을 말하며 이들은 주로 공연이나 오락의 목적으로 그런 복장을 한다. 드랙퀸과 드랙킹은 현실보다 과장된 여성과 남성의 모습으로 차려입는다. 드랙퀸이나 드랙킹이라고 해서 이것이 반드시 성적 지향이나 성정체성을 반영하지는 않는다.

레즈비언lesbian 다른 여성에게 감정적, 성적으로 끌리는 여성.

미스젠더misgender 젠더를 잘못 적용한다는 뜻이다. 어떤 사람에게 본인이 생각하는 젠더 이외의 젠더 명칭을 부여하는 것 또는 성정체성을 가지고 있지 않은 사람에게 젠더 명칭을 적용하는 것이다. 본인이 원하지 않는 대명사로 부르는 것도 여기에 포함된다.

바이젠더bigender 두 가지 젠더를 경험했거나 경험하고 있는 사람.

바이큐리어스bicurious 하나 이상의 젠더에 끌리거나 끌렸던 사람. 용어에 '호기심 있는 curious'이라는 말이 들어감으로써 이들이 이런 끌림을 탐색하고 경험한다는 의미를 내포한다.

벽장에 숨다closeted 자신의 성적 지향이나 성정체성을 밝히지 않는 것을 말한다. 소수의 사람에게만 커밍아웃하고 부분적으로 벽장에 숨은 사람도 있다.

부치butch 남성적이라는 고정관념에 맞게 행동하고 옷을 입는 사람을 묘사하는 용어.

사춘기 억제puberty suppression 청소년기에 사춘기 예방약을 사용해 이차성징 발달을 잠시 멈추거나 지연시키는 의료 과정. 사춘기 억제는 청소년과 가족들에게 호르몬 개입에 대해 선택할 시간을 벌어줄 수 있고, 트랜스젠더들이 사춘기를 지나며 종종 겪는 성별불쾌감을 줄이는 데 도움을 줄 수 있다.

사춘기 예방약puberty blockers, **사춘기 억제제**puberty suppressors 트랜스젠더나 논바이너리인 청소년들에게 나타나는 이차성징 발달을 막거나 지연시키기 위해 사용되는 약물들을 일컫는다.

생물학적 성별, 태어날 때 성별, 해부학적 성별, 신체 성별 예전에는 생물학적 성별이 남성과 여성 두 가지만이라고 생각했다. 이제는 젠더라는 개념과 함께 생물학적 성별의 이해도 확장되고 있다. 그 한 예가 간성이 이전에 생각했던 것만큼 희소하지 않다는 사실이다.

선호하는 젠더 대명사 Preferred Gender Pronoun, PGP 자신이 불리기를 바라는 대명사를 말한다. 예를 들어 "안녕하세요. 제 이름은 켈리입니다. 제 대명사는 '그녀/그녀의'입니다", "안녕하세요, 켈리. 저는 알릭스입니다. 제 PGP는 '그들/그들의'입니다"라고 대화할 수 있다.

성별불쾌감gender dysphoria(디스포리아) 자신의 성정체성과 태어날 때 주어진 성별 사이의 괴리로부터 생기는 고통, 불안, 혼란을 일컫는 용어다. 사회적 성역할과 젠더 표현에 순응하라는 압력과 그런 기대에 순응하지 않으면 사회에서 마주치는 용인 부족이 성별불쾌감의 원인이 된다. 정신건강 커뮤니티에서는 현재 성별불쾌감을 하나의 정신질환으로 진단한다. 하지만 그렇다고 해서 그 사람이 뭔가 잘못되었다는 의미는 아니다.

성역할gender roles 여성과 남성이기 때문에 기대되는 역할, 행동, 의무 등을 말하며 보통 문화, 종교, 또는 다른 사회적 규범에 근거를 둔다.

성적인 행동sexual behavior 성적인 행동은 성적인 행위만을 지칭할 뿐 성적 정체성sexual identity과는 상관없다. 예를 들면 게이 남성이 여성과 성적인 행동을 할 수 있으며 이는 이성애적heterosexual 행동이라고 본다. 또는 레즈비언이 아닌 여성이 다른 여성과의 성적 행위에 참여할 수 있으며 이는 동성애적homosexual 행동이다. 공공보건 연구자들은 이런 차이점에 주목해 게이 남성, 레즈비언, 남성과 섹스하는 남성MSM, 여성과 섹스하는 여성WSW을 구분하여 자료를 분석한다.

성적 정체성sexual identity 개인이 성적 지향, 감정적 끌림, 행동의 측면에서 자신을 어떻게 정의하는가를 말한다.

성적 지향sexual orientation 누구에게 감정적으로, 로맨틱하게, 성적으로 끌리는지를 말하는 용어. 이분법적 체계 안에서 동성이나 이성에게 끌릴 수도 있고 다른 사람의 성별이나 젠더를 고려하지 않고 끌릴 수도 있다. 성적 지향과 퀴어라는 것은 단지 누구와 섹스를 하느냐의 문제가 아니다. 이런 이유로, 예를 들면 감정 지향 또는 애정 지향과 같은 조금 더 정확한 문구의 제안들이 있다. 어쨌든 지금은 성적 지향이 일반적인 용어다.

성정체성gender identity 자신이 남성인지 여성인지 양성인지 또는 둘 다 아닌지를 느끼는 내면의 감각. 성정체성은 태어날 때 주어진 성별과 꼭 같을 필요는 없다.

성정체성을 고민하는 것questioning 자신의 성적 지향이나 성정체성에 확신이 없고 아직 탐색 중인 것을 말한다.

성정체성장애Gender Identity Disorder, GID 예전에는 정신건강 전문가들이 트랜스젠더인 사람들에게 성정체성장애라는 진단을 내리고 정신적 심리적 치료를 받게 했다. 하지만 GID 진단이 정신병이라는 낙인을 전달한다고 주장하는 사람이 많다. 정신건강 전문가들이 사용하는 《정신질환의 진단 및 통계 편람-제5판》에서는 GID가 삭제되고 성별불쾌감으로 재분류되었다. 성별불쾌감은 정신질환으로 취급되지 않는다.

스콜리오섹슈얼skoliosexual 자신의 젠더를 논바이너리라고 하는 사람들에게 매력을 느끼는 사람.

시스젠더cisgender, cis 태어날 때 성별과 지금 가지고 있는 성정체성이 일치하는 사람. 시스젠더는 이성애자와 같은 말이 아니다. 게이나 레즈비언도 시스젠더일 수 있기 때문이다. 시스젠더가 아닌 사람들은 보통 자신을 트랜스젠더, 논바이너리, 에이젠더, 바이젠더, 젠더퀴어, 또는 유동적 젠더gender fluid라고 부른다.

시스젠더주의cissexism 태어날 때 주어진 성별과 성정체성이 일치하는 시스젠더가 정상이고 트랜스젠더는 비정상이라는 생각이다. 시스젠더주의의 또 다른 예는 어떤 사람이 자신은 시스젠더가 아니라고 말하거나 드러내지 않는 한 모든 사람이 시스젠더라고 가정하는 것이다. 이성애주의가 동성애혐오로 이어질 수 있듯이 시스젠더주의가 트랜스젠더혐오를 불러일으키기도 한다.

아웃out 퀴어임을 알리고 사는 것. LGBTQ인 사람이 다른 사람들에게 자신이 퀴어임을 말하는 것을 '커밍아웃'이라고 한다. '아웃팅을 당하다outed'는 어떤 사람이 커밍아웃 준비가 되지 않았는데 다른 사람에 의해 우연히 또는 고의적으로 성적 지향이나 성정체성이 알려지는 것이다.

안드로진androgyne, **젠더 벤더**gender bender, **젠더 블렌더**gender blender 안드로진은 양성의 특징을 모두 지니고 있고 젠더 벤더, 젠더 블렌더는 여러 다양한 방식으로 젠더 표현을 융합한다. 예를 들어 이들은 이분법적 젠더를 합해서 표현하기도 하고 어떤 젠더도 아닌 표현을 내놓기도 한다. 양성적인 사람은(안드로진) 외모를 봤을 때 이분법적 젠더 어느 쪽으로도 자신을 표현하지 않는다. 또한 젠더를 섞는 사람(젠더 블렌더)도 있다. 예를 들어 젠더 블렌더는 머리를 밀고 전투화를 신었지만 화장을 하고 치마를 입을 수 있다. 안드로진이거나 젠더 벤더임이 반드시 개인의 성적 지향이나 성정체성을 반영하지는 않는다.

양성애자bisexual 감정적으로, 로맨틱하게 그리고 성적으로 두 개 또는 그 이상의 젠더에 끌리는 사람. 이전에는 양성애자를 남성과 여성 모두에게 끌리는 사람으로 지칭했기 때문에 퀴어는 게이나 레즈비언, 아니면 양성애자였다. 이제는 젠더와 성적 지향에 대한 이해가 확장되어 양성애자가 이분법적인 남성이나 여성 이상의 정체성에도 끌리는 사람을 의미한다.

앨라이ally LGBTQ를 지지하는 사람. LGBTQ가 아니면서 게이-이성애자 연대 회원이거나 자문 역할을 하는 사람. 프라이드 퍼레이드에서 함께 행진하고 LGBTQ의 평등권을 위해 함께 싸우는 일 등을 한다.

에이로맨틱aromantic, apro 타인에게 로맨틱하게 끌리는 경험이 거의 없거나 전혀 없는 사람. 이들은 특별히 로맨틱한 관계를 맺고 싶은 생각이 없으며 보통 우정이나 로맨스 이외의 인간관계에 만족한다.

에이섹슈얼asexual, ace 성적인 관심이 아예 없거나 거의 없는 사람.

에이젠더agender 성정체성이 남성도 여성도 아니거나 성정체성을 정하지 않는 사람.

엑스-게이 운동ex-gay movement 이 운동은 LGBTQ인 사람들을 이성애자·시스젠더로 바꾸는 것이 목적이다. 이 운동의 구성원들은 퀴어에게 개종이나 회복 치료를 받으라고 권장한다. 미국 주요 의학단체들은 엑스-게이 운동이 신빙성이 없다고 결론을 내렸고 퀴어가 되는 것은 선택이 아니고 바뀔 수가 없다고 선언했다.

옴니섹슈얼omnisexual '팬섹슈얼pansexual'을 참조하라.

이분법binary 인간을 여성과 남성으로만 나누는 고전적이고 전통적인 분류 방법이다. 이분법은 또한 해부학적 성별과 젠더를 같은 것으로 특징짓는 경향이 있다.

이성애자heterosexual 이분법적 젠더 시스템에서 자신과 다른 성별을 가진 사람에게 감정적, 신체적으로 끌리는 사람. '스트레이트straight'라고도 한다.

이성애주의heterosexism 이성애자들이 표준이고 LGBTQ들은 어떤 식으로든 비정상이라는 생각이다. 또한 이성애주의는 어떤 사람이 자기는 이성애자가 아니라고 말하거나 드러나지 않는 한 모든 사람이 이성애자라는 가정이다. 이성애주의는 동성애혐오로 이어질 수 있다.

이차성징secondary sex characteristics 사춘기나 호르몬 보충제 같은 호르몬 자극으로 나타나는 외적인 신체 특징이다. 이차성징은 다양하게 나타나며 그중 유방 발달, 얼굴이나 몸의 체모, 근육 발달, 지방분포의 변화 등이 포함된다.

젠더gender 이전에는 이 단어가 해부학적 모습을 묘사하는 데 쓰였으나 사실은 신체적 특징이 아닌 한 사람의 정체성에 대한 것이다. 젠더는 행동, 문화적 특징, 심리적 특징 등 많은 것으로 만들어진다.

젠더 논컨퍼밍gender nonconforming 태어날 때 주어진 성별과 결부된 전통적인 고정관념을 따르지 않는 행동 전반을 아우른다. 시스젠더인 사람도 논컨퍼밍일 수 있고, 트랜스젠더가 (성역할의 전통적 고정관념을 따르는) 젠더 컨퍼밍gender conforming일 수도 있다.

젠더 마커gender marker 출생증명서, 운전면허증, 학교 기록 등 공문서에 기록된 젠더 표시다. 보통 트랜스젠더는 법적으로 바꾸지 않는 한 태어날 때 주어진 성별로 젠더 마커를 갖게 된다. 미국에서 이것을 법적으로 바꾸는 것이 허용되지 않는 주도 있고, 허용되더라도 많은 단계를 거치고 비용이 들어간다.

젠더 전환gender transitioning 태어날 때 주어진 성별이 자신의 성정체성과 다를 때 자신의 성정체성을 정확하게 반영하는 방식으로 살기 위해 시작하는 복잡하고 다단계인 과정이다. 전환은 주로 사회적인 행동이 포함된다. 이름을 바꾸기, 옷을 다르게 입기, 헤어스타일이나 화장과 같은 외모적 측면의 변화, 버릇이나 목소리, 움직임 등을 바꾸는 것 등이 이에 해당한다. 신체적 전환은 호르몬 투여나 의료 전문가의 감독 아래 시행되는 약물 사용 등이 포함될 수 있다. 전환에 수술이 수반되는 사람들도 있다. 젠더확정수술을 받고 싶은 사람 중에는 실생활 경험Real-Life Experience, RLE이나 실생활 테스트를 먼저 거치는 사람들이 있다. 즉 생식기 재지정 수술Genital Reassignment Surgery, GRS을 받기 전에 자신의 진정한 젠더로 일정 기간(보통 1년) 동안 살아보는 것이다. 이 기간의 목적은 그 사람이 원하는 젠더로 사회에서 성공적으로 기능할 수 있는지, 남은 인생 동안 그렇게 살기를 원하는지 확인하는 것이다. 하지만 RLE를 필수 조건으로 요구하지 않는 의료인들도 있다. 대신 트랜스젠더들에게 전환에 대한 많은 정보와 그것이 인생에서 어떤 의미가 될 수 있는지를 알려준 뒤 RLE 없이 스스로 결정하도록 허락한다. 이를 '고지에 입각한 수술 동의'라고 한다.

젠더퀴어genderqueer 성정체성이 전통적인 남성과 여성이라는 이분법 밖에 존재하는 사람을 지칭한다. 젠더퀴어는 자기가 남성이면서 여성이라고 말하거나 여성도 남성도 아니다, 혹은 젠더를 넘어 단순하게 '기타'라고 말하기도 한다.

젠더 표현gender expression 자신의 성정체성을 어떻게 표현하느냐다. 이는 옷차림과 헤어스타일, 걸음걸이, 자세, 손동작, 버릇과 같은 보디랭귀지를 포함하며 말투도 해당된다.

젠더플루이드genderfluid 성정체성이 고정되지 않고 변하는 사람.

젠더확정수술gender confirmation, affirmation surgery 개인의 신체적 모습을 진정한 성정체성과 맞추는 것을 목표로 수행되는 외과적 절차를 아울러 지칭한다. 젠더확정수술에는 의사가 생식기의 모양을 바꾸는 수술, 유방이나 목젖과 같은 이차성징 특징에 대한 수술, 성형수술 등이 포함된다.

커밍아웃coming out 자신의 성적 지향이나 성정체성을 남들에게 밝히는 것을 말한다. 끝까지 커밍아웃하지 않는 사람, 소수에게만 커밍아웃하는 사람도 있지만 모두에게 커밍아웃하는 사람들도 있다. 그리고 어떤 사람들은 커밍아웃 과정을 서서히 진행하기도 한다.

퀴어queer 레즈비언, 게이, 양성애자, 트랜스젠더, 성정체성을 고민하는 사람 그리고 이성애자 이외의 다른 성정체성을 기진 사람들을 일컫는다. 때로는 비방하는 말로 쓰이기도 하지만 많은 LGBTQ가 자부심의 표현으로 사용하는 용어로 되찾았다. LGBTQ 중에는 레즈비언, 게이, 양성애자, 트랜스젠더라는 말보다 자신이 퀴어라고 말하는 것을 선호하는 사람도 있다. 이 말이 자신의 정체성을 더 포괄적으로 표현하고 전체 LGBTQ 커뮤니티와의 일체감을 더 강하게 준다고 느끼기 때문이다.

크로스드레서cross-dresser 이분법적인 성별로 봤을 때 이성이 입는 스타일의 복장을 하는 사람이다. 혼자 있을 때 이성 복장을 할 수도 있고 공공장소에서 그렇게 입을 수도 있다. 크로스드레서는 '의상도착자transvestity'라고 불리기도 하는데 남성과 여성이라는 젠더 이분법을 가정하는 용어인 '크로스드레서'와 '의상도착자'는 둘 다 점점 쓰이지 않고 있다.

트랜스섹슈얼transsexual 이 용어가 트랜스젠더와 같은 말로 사용된 적이 있다. 자신을 트랜스섹슈얼이라고 말하는 사람이 있기도 하지만 이 용어는 대부분 사용되지 않으며 모욕적으로 생각하는 사람도 있다.

트랜스젠더transgender 성정체성이나 젠더 표현이 태어날 때 주어진 성별과 다른 사람이다. 트랜스젠더는 많은 집단을 감싸는 광범위한 용어이며 트랜스젠더들은 자신을 다양한 방식으로 소개할 수 있다. 트랜스젠더라는 말은 성적 지향을 반영하지 않는다. 트랜스젠더는 이성애자, 레즈비언, 게이, 양성애자 또는 그 무엇도 될 수 있다.

트랜스젠더 남성, 트랜스 남성trans man 자신을 남성이라고 생각하는 트랜스젠더. 일부 젊은이들은 '트랜스 보이transboy, trans boy, transboi'라는 말을 쓴다.

트랜스젠더 여성, 트랜스 여성trans woman 자신을 여성이라고 생각하는 트랜스젠더. 일부 젊은이들은 '트랜스 걸transgir, trans girl'이라는 말을 쓴다.

트랜스젠더혐오, 트랜스혐오transphobia 어떤 사람이 트랜스젠더에게 두려움, 분노, 의심 등 부정적 감정을 느낄 때 이를 트랜스젠더혐오(트랜스혐오)라고 한다. 트랜스젠더에 대한 무지의 형태로 트랜스젠더혐오가 나타나기도 한다.

패싱passing 태어날 때 받은 성별과 현재의 성정체성이 다른데도 다른 사람들이 눈치채지 못하고 시스젠더로 생각하는 것이다. 실제로는 퀴어인데 다른 사람들이 이성애자라고 생각하는 사람을 표현할 때도 이 용어가 사용된다. LGBTQ 중에는 이성애자·시스젠더로 '패스'되고 싶어 하는 사람이 있을 수 있다. 그러나 일부는, 특히 트랜스젠더 커뮤니티에서는 패싱을 그렇게 중요하게 생각하지 않고 심지어 모욕적이라고 생각하기도 한다.

팬섹슈얼pansexual, **옴니섹슈얼**omnisexual 팬섹슈얼과 옴니섹슈얼은 성적 지향을 지칭하는 용어로, 이들은 생물학적 성별이나 젠더 표현에 구애받지 않고 누구에게라도 감정적으로, 로맨틱하게, 성적으로 끌릴 수 있다.

팬젠더pangender 복수의 성정체성을 아우르는 논바이너리 성정체성.

펨femme 여성적이라는 고정관념에 맞게 행동하고 옷을 입는 사람을 묘사하는 용어.

해부학적 모습anatomy 몸의 신체적 특징들을 말하며 종종 특정 성별과 관련해 이야기된다. 전형적인 해부학적 남성은 음경과 고환을 가지고 있고, 전형적인 해부학적 여성은 질, 음문, 난소, 음핵, 유방을 가지고 있다. 해부학적 모습과 자신의 성정체성이 같지 않은 사람은 종종 자신을 트랜스젠더라고 일컫는다. 간성인 사람들은 전형적인 여성과 남성의 해부학적 특징이 섞여 있고 성염색체가 섞여 있는 경우도 있다. 따라서 간성은 해부학적으로 완전히 남성도 완전히 여성도 아니다.

호르몬 대체 치료 Hormone Replacement Therapy, HRT 어떤 사람의 성정체성과 이차성징을 맞추려는 목적으로 하는 치료다. 주로 트랜스젠더나 성정체성이 생물학적 성별과 일치하지 않는 사람에게 성호르몬과 기타 호르몬제를 처방한다.

FAABFemale-Assigned At Birth 태어날 때 여자라고 정해진 사람을 말하는 이 용어는 종종 트랜스젠더와 간성인 사람들이 태어날 때 자신에게 부여되었던 성별이나 젠더를 소통할 때 사용된다. AFAB Assigned Female At Birth 혹은 CAFAB Coercively Assigned Female At Birth도 함께 쓰인다.

FTM, F-T-M, F2M 여성에서 남성female-to-male의 줄임말이며 태어날 때 주어진 성별이 여성이었으나 현재 성정체성이 남성인 트랜스젠더에게 쓰인다. 이들은 복장이나 헤어스타일 같은 외모로 이를 표현하기도 하고 호르몬 치료나 수술을 포함해 신체적 변화를 선택하기도 한다(트랜스 남성trans man도 참조하기 바란다).

IAFAB 'Intersex Assigned Female At Birth'의 줄임말로 간성인 사람 중 태어날 때 여성이라고 이분법적 성별이 주어진 사람.

IAMAB 'Intersex Assigned Male At Birth'의 줄임말로 간성인 사람 중 태어날 때 남성이라고 이분법적 성별이 주어진 사람.

LGBTQ '레즈비언, 게이, 양성애자, 트랜스젠더 그리고 성정체성을 고민하는 사람'의 앞 글자를 따서 만든 줄임말. 가끔 여기에 간성의 'I'와 에이섹슈얼의 'A'가 더해지기도 한다. 또 다른 줄임말로는 LGBTQ+가 있다. 여기서 '+'는 레즈비언, 게이, 양성애자, 트랜스젠더 이상의 퀴어 정체성을 표시한다.

MAAB 태어날 때 남자Male-Assigned At Birth의 줄임말. 이 용어는 종종 트랜스젠더와 간성인 사람들이 태어날 때 자신에게 부여되었던 성별이나 젠더를 소통할 때 사용된다. AMABAssigned Male At Birth 혹은 CAMABCoercively Assigned Male At Birth도 함께 쓰인다.

MTF, M-T-F, M2F 남성에서 여성male-to-female의 줄임말이며 태어날 때 주어진 성별이 남성이었으나 현재 성정체성이 우세하게 여성인 트랜스젠더에게 쓰인다. 이들은 복장이나 헤어스타일과 같은 외모로 이를 표현하기도 하고 호르몬 치료나 수술을 포함한 신체적 변화를 선택하기도 한다.

LGBTQ 용어에 대해 더 찾아볼 수 있는 자료

《LGBT+ 첫걸음》, 애슐리 마델, 팀 이르다 옮김, 봄알람, 2017년.

인권캠페인 용어
www.hrc.org/resources/glossary-of-terms

캘리포니아 주립대학교 데이비스 캠퍼스의 LGBTQIA 자료 센터

lgbtqia.ucdavis.edu/educated/glossary.html.

한국성적소수자문화인권센터가 제공하는 성적소수자 사전

http://kscrc.org/xe/board_yXmx36

옮긴이 **김혜림**

《LGBTQ로 살아가기》첫머리 '들어가기'에 담긴 저자의 진심에 이끌려 이 책의 번역을 시작했습니다. 미국 하버드대학교에서 사회심리학 박사과정을 수료했고 지금은 출판 기획 및 번역을 하고 있습니다. 옮긴 책으로《뇌과학의 비밀》,《돌봄의 언어》,《젠더 모자이크》,《올리버의 재구성》,《차별의 벽을 넘어 세상을 바꾼 101명의 여성》등이 있습니다.

LGBTQ로 살아가기

성정체성을 고민하는 10대들을 위한 안내서

초판 1쇄 2023년 5월 12일

지은이 켈리 휘걸 매드론
옮긴이 김혜림
감수 선호찬

책임편집 박광호 **교정교열** 김순영 **디자인** 민
펴낸이 허민정
브랜드 징검돌
주소 서울시 서대문구 증가로 6길 62-12 2층
인스타그램 @steppingstonepress
전자우편 friendpublisher@gmail.com
팩시밀리 02-6305-3607

발행처 동무출판사
출판등록 2013년 10월 28일(제2019-000077호)

ISBN 979-11-86323-53-3 43330